LA RÉVOLUTION IMPOSSIBLE

Questions contemporaines
Collection dirigée par B. Péquignot, D. Rolland et Jean-Paul Chagnollaud

Chômage, exclusion, globalisation… Jamais les « questions contemporaines » n'ont été aussi nombreuses et aussi complexes à appréhender. Le pari de la collection « Questions contemporaines » est d'offrir un espace de réflexion et de débat à tous ceux, chercheurs, militants ou praticiens, qui osent penser autrement, exprimer des idées neuves et ouvrir de nouvelles pistes à la réflexion collective.

Dernières parutions

Jacob ETIENNE, *Protection rapprochée et sécurité entreprise. Des nouvelles normes à l'international*, 2013.
Jacques ARNOL-STEPHAN, *Entreprendre dans un monde en mutation*, 2013.
Françoise HAY, Christian MILELLI, Yunnan SHI, avec la collaboration de Joëlle LE GOFF, *Faut-il encore investir en Chine ? Opportunités, risques et logiques économiques*, 2013.
Andreea ZAMFIRA, *Une sociologie électorale des communautés pluriethniques*, 2012.
Eric LAFOND et Vincent BELEY, *Emploi, ne pas renoncer*, 2012.
Geneviève GUILPAIN, *Les célibataires, des femmes singulières. Le célibat féminin en France (XVIIe-XXIe siècle)*, 2012.
François DI SALVO, *La Grèce à l'heure du décrochage européen*, 2012.
Grégory CARTEAUX, *Eva Joly et les affaires financières. Analyse du discours télévisuel*, 2012.
Alain CHEVARIN, *Fascinant/Fascisant. Une esthétique d'extrême droite*, 2013.
Marcelo BIDINOST, *La ville comme paysage du sentiment, Le sentiment urbain à Buenos Aires aux XIXe et XXe siècles*, 2012.
Gérard SAINSAULIEU, *Les trottoirs de la liberté. Les rues, espace de la République*, 2012.
Jean-Christophe TORRES, *Les enseignants. Quelle reconnaissance pour un métier en crise ?*, 2012.

Sébastien de Diesbach

LA RÉVOLUTION IMPOSSIBLE

Mes années avec *Socialisme et Barbarie*

L'Harmattan

5-7, rue de l'Ecole-Polytechnique, 75005 Paris

http://www.librairieharmattan.com
diffusion.harmattan@wanadoo.fr
harmattan1@wanadoo.fr

ISBN : 978-2-343-00071-8
EAN : 9782343000718

« Crois-tu que cendre devenus ou mânes ensevelis
nous y pensions encore ? »

Virgile, l'Énéide

CHAPITRE 1 : THÈMES DE CE LIVRE

Les deux passions : la nouvelle, « Changer la vie », l'ancienne, « Changer la société » - Socialisme ou Barbarie : les hommes doivent gouverner leur sort sans intermédiaires - Horreur de la hiérarchie - Dénonciation de la bureaucratie, nouvelle classe sociale - Contre le capitalisme à l'Ouest et la bureaucratie à l'Est - Dirigeants et exécutants - Tendance des ouvriers à diriger leur travail - Les ouvriers en passe de prendre le pouvoir - Éclaireurs de la nouvelle passion : les G.I. - Leurs méthodes de combat - La révolution des mœurs - Espoir d'une synthèse des deux passions - Conflit du Moi et du Nous dans La Chartreuse de Parme - Le triomphe du Moi et la fin de SouB.

*

* *

"La révolution impossible" est l'histoire d'un groupe politique, Socialisme ou Barbarie (SouB), auquel j'ai appartenu, comme modeste et jeune militant. La période dans laquelle se situe mon récit s'étend de la fin des années quarante jusqu'au milieu des années soixante. Mon livre est la description de deux passions, l'une nouvelle, qui arrivait, l'autre ancienne, qui était sur le départ.

La passion qui arrivait, comme portée par un de ces fronts dont parlent les météorologistes, installa un nouveau régime, celui de l'indépendance individuelle, du « je fais à ma manière », de la réalisation de soi. Elle chassa devant elle les vieilles passions des temps révolus, et prétendit changer la vie. La passion sur le départ fut celle que partageait SouB. Elle nous empoignait tout aussi souverainement que celle qui pousse cet homme que je vois aujourd'hui sous ma fenêtre, un demi-siècle plus tard, courir le long de la route, le front perlé de sueur.

« Pourquoi ne pas emprunter le chemin qui surplombe la route, ai-je demandé à ce passionné d'héroïsme intime, la vue est plus belle et vous seriez seul. - Sur la route, je contrôle mieux mon allure, dit le joggeur, et donc mon temps. » Son souci, le temps sur sa montre. Le nôtre, le temps sur le cadran de l'Histoire, un temps que nous allions modifier de fond en comble, faisant pour cela table rase. Le but de ce définitif remue-ménage : restituer aux gens le gouvernement de leurs vies (nous évitions la langue de bois, et préférions « gens » au pompeux : prolétariat) ; permettre donc à l'humanité de réaliser sa nature et d'accéder au véritable « bien vivre ».

Nous ne pensions pas que ceci passât par le système des élections : confier son sort à des représentants, puis se détourner de ce qu'ils faisaient pendant quatre, cinq ou sept ans, nous semblait absurde, irresponsable, enfantin. La Russie et son empire nous paraissaient, eux aussi, aux antipodes de cette responsabilité des hommes à l'égard de leur vie collective qui était, selon nous, le but suprême de la politique. Être un homme, c'était s'occuper des affaires de la Cité, et ceci personnellement, directement, sans intermédiaires : voilà ce à quoi nous croyions passionnément. La subordination nous faisait horreur : or celle-ci naissait chaque jour dans ces institutions qui formaient le cœur de la société moderne : les usines, bureaux et autres lieux de travail. Nos ennemis : les patrons, les bureaucrates, les chefs de tous bords.

Qu'un groupe marxiste, révolutionnaire, fustige les capitalistes et la hiérarchie qui les servait n'avait rien de nouveau : y ajouter la bureaucratie l'était. Rares étaient ceux qui, durant les années d'existence de SouB, identifiaient, dans la bureaucratie, l'apparition d'une classe nouvelle, exerçant un mode original de direction de la société fondée sur la manipulation des populations, la mystification idéologique et l'exercice de la terreur. En France, Élie Halévy, dans son *Ère des tyrannies* (1938) avait analysé l'apparition de la bureaucratie lors de la Première Guerre mondiale. Aux États-Unis : James Burnham (ancien dirigeant trotskiste) avait décrit, dans *The managerial revolution* (1941), l'apparition d'un nouveau type de dirigeants, les managers, qui exerçaient le pouvoir aux dépens des capitalistes. Et en Angleterre, Orwell dans *1984* (paru en1948) avait donné aux thèses de Burnham une traduction romancée, dramatique, extraordinairement pessimiste.

À ces voix solitaires (que nous ignorions ou ne voulions pas connaître), SouB joignit la sienne : personne ne nous accompagna, ni à gauche ni à droite. Au moment où la bureaucratie s'étendait en Europe de l'Ouest, se chargeant du bien-être de tous (santé, retraite, emploi, éducation, transport, énergie, information, loisirs), il était mal venu de critiquer une catégorie sociale qui, à l'Est, faisait la même besogne, et interdit de révéler que, sous la bannière du « bonheur », se cachaient, chez les Soviets, pénurie, famine, camps de concentration et esclavage industriel.

La révolution pour laquelle nous militions avait pour objet de renverser non seulement le système capitaliste occidental, mais aussi l'ordre similaire qui régnait dans le bloc communiste (« soi-disant communiste » disions-nous, puisque nous étions, nous, les vrais communistes). Peu importait qui possédait le capital, capitalistes individuels ou classe bureaucratique : dans les deux univers, on trouvait des dirigeants et des exécutants, qu'un même conflit opposait. Position risquée, celle-ci, qui nous faisait des ennemis à gauche comme à droite. Irréaliste ? Cela ne nous semblait pas être le cas. L'idée que « le monde puisse continuer ainsi » nous paraissait bien plus irréaliste. Aucun régime, pensions-nous, ne pouvait subsister longtemps s'il niait la tendance des hommes à gérer eux-mêmes leurs affaires.

On recueillit, dès la formation du groupe, le témoignage d'ouvriers, aux États-Unis et en France, qui exposaient comment eux-mêmes et leurs camarades s'organisaient spontanément, en dehors des syndicats, pour lutter contre hiérarchie, cadences et conditions de travail, mais aussi pour diriger eux-mêmes leur travail, en définir le rythme et les méthodes. Les sociologues américains, anglais, et français confirmèrent l'existence de ce fait. Encouragé par ces témoignages, SouB élabora la thèse selon laquelle, si la « lutte informelle » représentait la réalité de la journée de travail, il existait aussi, sous cette lutte négative, l'affirmation d'un « contrat social » entre producteurs. Au sein de l'usine, une autre société se constituait, une convention entre les citoyens-ouvriers se nouait, dessinant un brouillon de socialisme.

Les faits, au milieu des années cinquante, semblèrent nous donner raison. Aux États-Unis et en Angleterre, les grèves sauvages, en Allemagne de l'Est (1953), en Pologne et en Hongrie (1956), les révoltes ouvrières, témoignaient d'une irrésistible pression en faveur de l'organisation de la production par les ouvriers eux-mêmes, conduisant à une modification totale de la société.

Mais, pendant que nous nous enthousiasmions à propos de cette évolution et en tirions les conclusions les plus optimistes, une autre tendance se manifestait, que nous ne voulûmes pas voir. La passion révolutionnaire nous rendait aveugles, atteints comme nous l'étions de cette ivresse des sommets dont les grimpeurs des années 20 firent l'expérience : George Mallory, le plus grand grimpeur anglais de son temps, en mourut, sous le sommet de l'Everest. SouB mourut d'un autre type d'ivresse des sommets. Alors que, propulsés par la passion révolutionnaire, nous grimpions vers des sommets étincelants, un autre monde se formait dans la plaine, qui faisait sa propre révolution, mais pas la nôtre. Ce fut une révolution des mœurs. Il n'y eut pas de révolution sociale, mais des millions de révolutions personnelles qui visèrent à donner à chaque « révolutionnaire » un contrôle plus grand sur sa vie.

*

*   *

L'avant-garde de la révolution des mœurs de l'après-guerre fut formée par l'armée américaine et ses « citizen-soldiers ». La thèse que je défends ici n'est guère populaire : pourtant il est déjà arrivé, à plusieurs reprises, qu'une armée étrangère soit le véhicule d'une nouvelle manière de voir le monde. L'une de ces occasions fut notée par Stendhal. Les dix premières pages de *La Chartreuse de Parme* sont consacrées à évoquer l'impression que fit sur les Milanais l'arrivée, en 1796, de l'armée française commandée par son jeune (27 ans) général, Napoléon Bonaparte. Les « miracles de bravoure et de génie (de cette armée), écrit Stendhal, réveillèrent un peuple endormi. »

Les Milanais dormaient-ils donc ? Oui, expose Stendhal : après avoir « fait preuve de bravoure » eux-mêmes, les Lombards (les habitants de Milan) avaient été subjugués par les empereurs d'Allemagne : devenus de « fidèles sujets », ils avaient sombré dans des « mœurs efféminées ». L'armée française les éveilla en leur rappelant l'attraction des émotions fortes et en stimulant le goût d'exposer sa vie. Leçon reçue : « On vit que pour être heureux après des siècles de sensations affadissantes, il fallait aimer la patrie d'un amour réel et chercher les actions héroïques. » Les Français, qui, selon Stendhal, « riaient et chantaient toute la journée », apportèrent dans leurs bagages plus qu'une leçon de morale, mais aussi « la joie folle, la gaîté, la volupté, l'oubli de tous les sentiments tristes ou seulement raisonnables », bref une nouvelle manière de vivre, dont les Milanais avaient été privés par leurs moines depuis des siècles.

Comme les soldats français décrits par Stendhal, les combattants américains de la Seconde Guerre mondiale figurèrent une manière d'être jamais vue, mais à laquelle les Européens, ébahis, aspiraient secrètement. Ces « citizen-soldiers » étaient très loin de la traditionnelle chair à canon : ils ne subissaient pas la guerre, mais la faisaient. Et ils la faisaient à l'exemple des pionniers dans l'isolement et dans la solitude des grands espaces américains, avec l'idée que la solution des problèmes ne tomberait pas d'en haut et ne pouvait venir que de l'individu lui-même.

Le commandement militaire américain comprit que l'initiative de ses soldats était l'une de ses armes les plus puissantes. L'idée était simple et efficace : devant un problème que l'armée américaine ne connaissait pas (et il s'en trouva beaucoup !), le commandement se tourna vers la base, vers ceux qui vivaient le problème et dont les multiples métiers exercés dans la vie civile représentaient un réservoir immense de suggestions. Des groupes d'études se constituèrent, formés d'hommes de tous les rangs : les idées furent répertoriées, étudiées, sélectionnées, essayées. Une fois la doctrine établie, on passait à la formation. De là à l'application.

C'est ainsi que l'armée américaine réussit à résoudre le problème que posait la coordination des chars, de l'aviation et de l'infanterie, lors du débarquement en Normandie. Que, arrêtée par le bocage au Cotentin, elle s'en extirpa, grâce, entre autres, aux suggestions d'un ex-garagiste. Qu'elle apprit les techniques du combat de rue après s'être heurtée aux villages fortifiés dans l'est de la France, ce qui l'amena à

abandonner la doctrine officielle de la priorité de l'avancée et du contournement des points de résistance. Autre problème qui fut résolu par l'initiative de la base : le franchissement des nombreux cours d'eau qui sillonnaient l'approche de la Ruhr. Toujours la solution se trouva en bas, venant de soldats dont les Européens n'avaient encore jamais vu l'image : des hommes qui, quoiqu'appartenant à une vaste organisation hiérarchique, se comportaient comme des sujets libres.

Ce qui frappa aussi les Européens, ce fut la décontraction des Américains, leurs larges sourires, la confiance presque naïve qu'ils manifestaient, leur façon de donner aussitôt leur prénom, l'intimité qu'ils avaient avec leur propre corps, leur façon de s'installer confortablement n'importe où, le pied sur le rebord d'une table, le dos appuyé contre le premier mur venu, les mains nouées derrière la tête, comme si, par le biais de ce corps confortable, c'était le monde entier qui leur appartenait. « De grands enfants » disait-on ! Sous ces poses, on découvrit cependant des hommes résolus, élevés dans la culture du « no problem » et qui semblaient immunisés contre la crainte paralysante que l'éducation européenne faisait peser sur ses enfants : tout problème avait une solution, chacun pouvait la découvrir. On avait connu la sévère efficacité allemande : l'efficacité américaine était d'une nature différente, souriante, optimiste, reposant sur l'initiative individuelle et sur la bonne volonté de tous.

Ainsi fit-on la connaissance d'une nouvelle image de la liberté. Les Européens avaient renversé leurs tyrans et même des dirigeants peu tyranniques. Ils avaient limité les pouvoirs de l'Église. Leurs régimes démocratiques garantissaient les droits de l'homme : liberté de pensée, de réunion, de représentation. Mais, façonnés par des siècles de soumission, ils n'avaient pu se défaire de l'idée que là-haut, non plus au ciel, non plus au sein d'un palais royal, mais dans un bureau directorial, dans une administration, dans les organes d'un État bienveillant, quelqu'un savait ce qu'il fallait faire et connaissait mieux que le peuple les intérêts du peuple. La liberté était une revendication dont on avait à se servir en cas d'oppression intense : pour le restant du temps, on était heureux de déléguer sa liberté à d'autres et de rentrer, rassuré, dans le rang.

Les Européens s'étaient endormis dans les bras de l'État et des gens « d'en haut » : les Américains les réveillèrent en leur montrant que la liberté était plus qu'un slogan politique, mais aussi, mais surtout, une manière de parler, d'être avec les autres, de faire bouger son corps, de prendre des initiatives et des risques, de conduire une voiture (effrayés par le nombre d'accidents dus à ses soldats, le commandement américain afficha le long des routes le message suivant : « Death is so permanent ! ») - une manière de vivre (et de mourir). Stimulés par la vision de ces casse-cou généreux, les Européens portèrent plus rapidement la révolution au sein de leurs vies. Chacun de ces soulèvements intimes marqua une victoire sur les mœurs précédentes, sur les traditions séculaires qui, depuis des générations, réglaient la façon de vivre en Occident.

Pendant que progressait, répandue par les « grands enfants » d'outre-Atlantique, l'idée qu'on pouvait vivre autrement, la nécessité réduisit son étreinte : on commença de se libérer de la misère, émancipation incroyable à laquelle personne, jusqu'alors, n'avait cru. Ce fut le début des Trente Glorieuses, années d'expansion économique et d'élévation du niveau de vie, années au cours desquelles le « bonheur », objectif des Pères fondateurs américains et de nos propres révolutionnaires de 89, trouva une autre définition. Celle-ci dépassa l'aire politique et inclut désormais la qualité de la vie de chacun dans sa vie privée, l'extension des choix qui s'offraient à lui, le confort, la facilité de communication avec autrui, l'aisance du déplacement à travers l'espace, la diminution de la souffrance.

Un temps d'aventure et d'audace s'annonça. Vivre ne valait le coup que si l'on faisait du neuf et pour certains du grandiose. En quelques années, propulsé par le besoin de faire les choses à sa manière (« My way », comme le chantait Frank Sinatra), tout changea - arts, loisirs, sports, éducation, relations entre les sexes, vie familiale. Les jeunes membres de SouB, dont j'étais, avaient plus que de la sympathie pour les nouvelles mœurs. Ils sentaient qu'il existait une parenté entre les idées du groupe et les attitudes qu'ils voyaient se répandre autour d'eux et auxquelles ils étaient eux-mêmes adonnés. Pendant un moment - cela se situa à la fin des années cinquante - il sembla que la fusion allait se faire entre les deux tendances, celle qui animait SouB et celle qui agitait le monde, celle du « Nous » ambitionnant d'établir un pouvoir collectif sur le sort social et celle du « Moi » qui, comme un homme sortant d'un cachot étroit, étendait avec délices ses membres.

En réalité les deux tendances étaient irréconciliables. Qu'était-ce que « bien vivre » ? La réponse se trouvait-elle dans le « vivre avec » social ou dans le « vivre à ma manière » individualiste ? Nous nous heurtions, à SouB, à cette question éternelle, qui est celle que plusieurs grandes œuvres littéraires ont posée, dont *La Chartreuse de Parme*. J'y reviens parce qu'il me semble que le roman, souvent, donne une profondeur humaine à l'Histoire et nous rappelle que, après tout, celle-ci n'est jamais que l'objectivation de ce qui se passe dans l'âme des gens.

*

*   *

La Chartreuse peut se lire comme le récit de l'émergence du Moi, incarné par le héros du roman, Fabrice del Dongo, dans un monde et dans un temps où le Nous prédomine. Fabrice ne sait pas ce qu'il est, ce qu'il veut, ce qu'il aime ou pas. Ce qu'il sait, c'est qu'il ne veut pas se laisser définir par l'extérieur. Il a participé à la bataille de Waterloo : pourtant il n'a pas le sentiment d'y avoir été mêlé, ce qui le tracasse particulièrement. Il aime sa tante, la duchesse Sanseverina (qui l'aime) et pourtant il sent que le sentiment qu'il éprouve n'est pas vraiment de l'amour. Participant avec la duchesse à la vie de la cour de la principauté de Parme, il sent que ce n'est pas ainsi qu'il veut vivre : « Tous les intérêts si compliqués de cette petite cour méchante m'ont rendu méchant. »

Comment vivre ? Contemplant le village de son enfance, le château familial et au-delà le lac de Côme, il a une révélation : « Cette vue sublime lui fit bientôt oublier toutes les autres ; elle réveillait chez lui les sentiments les plus élevés. » Le centre de sa vie, décide-t-il, doit être là : « Rien d'aussi beau ne peut se voir au monde, du moins pour son cœur. À quoi bon aller si loin chercher le bonheur, il est là sous les yeux. » Fin de parcours ? Non : il faudra, pour que Fabrice trouve le sens de sa vie, qu'il rencontre l'amour véritable et qu'il le perde. À la fin du roman, alors qu'il va se cloîtrer dans la solitude de la Chartreuse de Parme, il formulera ce trait : « Tout ce qui n'est pas sensation de l'âme me paraît ridicule ».

Les autres personnages du roman, depuis la Sanseverina et le premier ministre de Parme, le comte Mosca, jusqu'au poète révolutionnaire Ferrante Palla, ont pour souci essentiel la société, le « vivre avec ». Pour la Sanseverina, la vie a pour ressort l'élévation du rang qu'on tient dans le monde, la puissance qu'on peut y accumuler, les avantages qu'on peut en tirer. Vivre en société, dit-elle, est comme jouer au whist : les esprits déterminés, agiles, un peu fous, à condition de connaître les règles, peuvent y remporter les victoires les plus surprenantes. Le but du comte Mosca est de maintenir à Parme, sous le gouvernement despotique du Prince, certaines conditions d'une vie civilisée. Celui du poète révolutionnaire de transformer Parme en une république.

Fabrice, pour lequel sa tante avait rêvé élévation au sein de l'Église, puissance et luxe, mourra cependant simple moine à la Chartreuse. Le nouveau Prince (le précédent ayant succombé au poison à la suite d'un attentat organisé par la Sanseverina et Ferrante Palla) sera « adoré de ses sujets », conclut Stendhal sèchement dans les trois dernières lignes de son roman, tandis que le comte Mosca, s'étant marié avec la Sanseverina, deviendra « immensément riche », non sans avoir « vidé les prisons de Parme ».

Le Moi, dans *La Chartreuse*, est éclipsé, ironiquement, par le Nous. Ce dont nous fûmes témoins, à SouB, à la fin des années cinquante, ce fut le Nous se préparant à succomber au Moi. Les « sensations de l'âme », refuge de Fabrice et des « happy few » auxquels Stendhal dédie son roman, devinrent la nouvelle réalité. SouB fit un effort pour entendre les vagissements de ce qui naissait, puis s'en détourna. Les nouvelles mœurs étaient un attrape-nigaud : en conduisant la personne à se cloîtrer dans sa vie privée, elles faisaient plus encore que de la livrer aux manipulations des dirigeants capitalistes ou bureaucratiques - elles enlevaient à l'homme la caractéristique essentielle de sa nature, qui était d'être « un animal politique ».

Elles étaient cependant là, solidement installées, ces mœurs. SouB décida de faire l'impasse, en attendant que le monde retrouve ses esprits. Un nouveau type d'homme arrivait, préoccupé seulement de lui-même, totalement divorcé de la politique, un homme « privatisé » ? En attendant que cette erreur de l'histoire disparaisse, SouB suspendit son existence. Deux ans plus tard, la déflagration de mai 68 annonça un processus qui connaîtra, pendant le demi-siècle à venir et même au-delà, l'accélération de la libéralisation des mœurs, l'extension des droits individuels et celle, concomitante, de la puissance de l'État et de sa bureaucratie, gérants des avantages concédés au Moi. Mai 68, qui fut pourtant d'une certaine manière l'enfant des thèses antiautoritaires et libertaires du groupe, cloua définitivement le cercueil de SouB.

CHAPITRE 2 : UN SCHISME DANS LE GRAND SCHISME

Au sein du trotskisme - Jeunesse des fondateurs - Penchant intellectuel – Antiautoritarisme - Marxistes purs et durs - Le film de l'unité d'après-guerre : « Rome, ville ouverte » - L'unité fracassée : le Grand Schisme - SouB contre les deux camps - Lefort ostracisé par Sartre à propos de l'affaire Kravchenko - Le mouvement révolutionnaire en ruines - Le relancer en dissipant les confusions - La bureaucratie n'est pas la classe ouvrière - La nationalisation n'est pas le socialisme - Premières tentatives pour définir la nature du socialisme - L'appel de la vertu - La guerre inévitable - De la 3e guerre mondiale à la barbarie - Une seule chance : le prolétariat - « 1984 » : la réponse négative d'Orwell - Que veulent et que peuvent les ouvriers ?

*

* *

Socialisme ou Barbarie fut le nom que se donna une tendance au sein du parti trotskiste (Parti communiste internationaliste, PCI), la tendance Chaulieu-Montal, Chaulieu cachant l'identité de Cornelius Castoriadis, Montal celle de Claude Lefort. Depuis 1946, la tendance bataillait contre la majorité du parti à propos de la ligne du mouvement, de ses pratiques militantes et de la nature du régime en URSS. Cette dernière question était essentielle. Si, comme Trotski et la direction du parti trotskiste le pensaient, la Russie restait un état socialiste malgré les déviations et les crimes de Staline, il en résultait que, vaille que vaille, l'opposition antistalinienne devait défendre le régime face à ses adversaires capitalistes. Si au contraire, comme l'affirmait la tendance

Chaulieu-Montal, la Russie était sous la coupe d'une nouvelle classe exploiteuse, dont le régime était à l'opposé du socialisme, alors on devait livrer contre cette classe un combat tout aussi vigoureux que celui que l'on menait contre le capitalisme et la bourgeoisie en Occident. En 1949, la tendance coupa le cordon ombilical et sortit au grand jour. Désormais, il lui fallut confronter non des camarades sceptiques, mais toute la classe politique et intellectuelle française de gauche qui, immédiatement, détesta les jeunes iconoclastes.

De cette haine immédiate, les fondateurs du nouveau mouvement ne se firent guère de souci. Ils étaient jeunes : la jeunesse, cuirassée par ses vérités, ne craint pas d'être rejetée. Claude Lefort et Cornelius Castoriadis avaient 25 et 27 ans, au moment où notre histoire commence, en 1949 ; lorsque leur tendance se forma au sein du parti trotskiste, ils en avaient quatre de moins. Leurs camarades n'étaient pas plus vieux. Ceux qui les rejoindront dans les mois à venir étaient de la même génération. Georges Petit, qui quittait lui aussi le PCI, avait 25 ans, Henri Simon 27 ans, Jacques Signorelli, 29 ans, Jacques Gautrat (de son nom de clandestinité puis de plume : Daniel Mothé), l'un des ouvriers du groupe, 25 ans. Alberto Véga était l'un des plus âgés : 31 ans. Ces jeunes hommes militaient depuis qu'ils avaient vingt ans, parfois, comme Castoriadis, depuis leur enfance. Ils étaient peu nombreux : autre preuve qu'ils étaient sur le bon chemin. Au moment où elle sortit du mouvement trotskiste, la tendance comptait une dizaine de personnes. Une autre dizaine rejoindra SouB au cours des deux ou trois années à venir, venant principalement d'un autre groupuscule, le FFGC (Front français de la gauche communiste). Ces solitaires qui rejoignaient d'autres solitaires firent encore une solitude.

Les fondateurs comptaient quelques intellectuels. Lefort préparait son agrégation de philosophie. Castoriadis était un de ces hommes qui semblent posséder toutes les langues, maîtriser toutes les disciplines, pratiquer tous les arts et tous les sports. Tout piquait sa curiosité, y compris les plaisirs de la vie. Grec, il préparait mollement un diplôme de philosophie en vue de prolonger son permis de séjour en France. Parmi les premiers membres de SouB, il y eut aussi un ancien élève de l'École normale supérieure qui préparait, comme Lefort, l'agrégation de philosophie et un étudiant en droit. La majorité des fondateurs, cependant, n'était pas faite d'intellectuels : on y trouvait une modiste-couturière, un cheminot, un relieur, un représentant de commerce, un joaillier, deux ou trois ouvriers. La plupart n'avaient pas connu l'existence paisible de la Fac. George Petit, entré en résistance au moment où d'autres se lançaient dans leurs études universitaires, avait été arrêté puis déporté à Buchenwald. Véga avait participé aux combats en Espagne comme membre du POUM, le parti anarchiste espagnol ; il avait connu la répression stalinienne, la défaite devant les forces franquistes, puis l'arrestation par la police vichyste.

Cependant, intellectuels ou pas, les membres de SouB partageaient le même penchant intellectuel. D'anciens trotskistes, se remémorant les années durant lesquelles ils avaient connu la tendance Chaulieu-Montal, se souvinrent qu'on la qualifiait de « groupe d'intellectuels » et qu'on daubait ses thèses comme étant abstraites, en dehors de la vie. La grande passion des jeunes gens de SouB - philosophes ou non - était de définir le vrai, autre trait de la jeunesse, qui ne peut imaginer que la vérité ne triomphe dès lors qu'elle sera présentée clairement, rationnellement. La première tâche que le groupe se fixa, dès sa sortie du trotskisme, fut de publier une revue : on l'appela « Socialisme ou Barbarie », avec pour sous-titre : « Organe d'orientation et de critique révolutionnaire ». Le premier numéro de la revue, payé par les cotisations des membres du groupe, sortit en mars 1949.

Un autre trait des fondateurs : leur antiautoritarisme. Le monde dans lequel ils arrivaient à visage découvert était dirigé par des générations qui avaient enfanté la modernité : en 1949 Picasso avait 68 ans, Le Corbusier 62, Breton 53. Quoiqu'ayant changé le vieux monde, ils en partageaient bien des préjugés, dont l'idée que la vérité, nécessairement, venait d'en haut. Les jeunes gens de SouB, eux, avaient sucé la modernité au biberon, elle faisait partie de leur vie : pour eux, la création était incessante, l'initiative partout, la vérité venait d'en bas. Étudiants, ils avaient été enflammés, comme toute la jeunesse intellectuelle le fut, par les révolutions artistiques des années 20 et 30 - cubisme, dadaïsme, futurisme, surréalisme ; ils n'ignoraient pas que ces mouvements s'étaient formés en refusant les contraintes de la tradition, et en affirmant le droit de chaque artiste de voir les choses à sa manière ; ex-trotskistes, ils savaient que leur ancien leader (contrairement à Staline et ses thuriféraires) ne refusait pas la compagnie des artistes modernes, prétendait les comprendre et affirmait que leurs vues révolutionnaires étaient compatibles avec les siennes ; anciens des auberges de la jeunesse (ce que plusieurs furent, comme Jacques Signorelli, Garros en clandestinité, et sa femme Louisette), ils y avaient connu les premiers effets de la grande vague libertaire qui inspirera la révolution des mœurs de la seconde moitié du 20e siècle. Leur âge, les influences qu'ils avaient subies, cette modernité dont ils étaient les enfants, leurs traits personnels aussi les rendaient sensibles à l'idée que les hommes subissaient rarement leur destinée : l'histoire leur semblait non une fatalité, mais une création.

Cependant, cette tendance antiautoritaire, généreuse, qui faisait confiance aux hommes, cohabitait, au sein de chaque fondateur, avec son contraire, un marxisme pur et dur qui prétendait que le sort de l'humanité ne dépendait nullement d'elle, mais de lois économiques aussi incontestables que la gravitation newtonienne ou l'évolution des espèces de Darwin. Le marxisme, professa SouB dans le premier numéro de la revue, était « la base de granit sur laquelle seule on peut bâtir solidement et que l'on ne peut pas remettre en question. » On verra comment le groupe va tenter, plus tard, de se débarrasser de la fameuse « base de granit ». Mais continuons l'énoncé de la vulgate marxiste telle que SouB la formulait dans sa première déclaration publique. Le Manifeste communiste, œuvre de la « plume géniale de Marx et d'Engels » avait établi « une fois pour toutes le caractère fondamental et définitif » de l'Histoire : celle-ci était l'œuvre non des grands hommes ou des idées, mais de la lutte des classes.

La période actuelle, continuait la déclaration, était celle de la lutte des capitalistes et du prolétariat. Le cadre de cette lutte, c'était l'usine et le lieu où les capitalistes seraient vaincus par leurs ennemis c'était encore l'usine. Les lois économiques imposaient cette défaite : les capitalistes, pour préserver leurs profits, devaient nécessairement augmenter l'exploitation du prolétariat, exiger plus de travail pour moins de salaire : d'où la résistance des ouvriers, leurs luttes et, d'étape en étape, la révolution. Celle-ci conduirait au socialisme, à l'expansion sans limites de la production et à la suppression de la lutte de l'homme contre l'homme puisque, l'abondance régnant, il y aurait de tout pour tous.

Le socialisme comme un ordre créé spontanément par les hommes ou le socialisme comme résultat prédéterminé de l'Histoire : la question, qui se fragmentera en d'autres pôles antagonistes (Liberté ou Nécessité ? Culture ou Économie ? Conseils ou Parti ? « Gens » ou Ouvriers ? Société ou Usine ? Réalité ou Idéologie ?) tourmentera le groupe pendant toute son existence, provoquera scission après scission et finira par conduire SouB à la tombe. Cependant, en 1949, à la création du groupe, les fondateurs étaient inconscients de la contradiction de leur pensée : s'ils en avaient eu l'idée, ils s'en seraient fichus : on ferait plus tard des retouches au chef-d'œuvre ! Pour le moment, ils devaient répondre à l'appel que l'Histoire leur lançait : sauver l'humanité de la 3e guerre mondiale !

*

* *

Pour effacer la mimique moqueuse à l'égard des positions de SouB qui se creuse sur les lèvres d'un lecteur éloigné de plus de trois quarts de siècle des événements que je relate dans ce livre, il faut remonter à l'année 1945, l'année où, le nazisme et le fascisme étant proches de l'effondrement, l'accord paraît devoir régner sur le monde. Roberto Rossellini est à Rome, qui été libérée en juin 1944. Un commando allemand est parvenu à sauver Mussolini de sa prison sur le Gran Sasso, dans les Abruzzes. Transporté en Italie du Nord, l'ex-dictateur, devenu la marionnette des nazis, est forcé par Hitler de créer une nouvelle république fasciste, dite de Salo. Une partie des milieux du cinéma s'est repliée à Venise avec les fascistes. Resté dans la capitale, Rossellini, avec des moyens de fortune, réalise *Rome, ville ouverte*.

Le film de Rossellini est un chant pathétique en l'honneur de l'union face au mal. Le mal, c'est la Gestapo qui, dans une Rome encore occupée par les Allemands, pourchasse les résistants. L'union face au mal est ici représentée par l'association fortuite de deux hommes : un dirigeant communiste et un curé. Les deux sont arrêtés, le premier torturé. Impuissants à faire parler leur prisonnier, les tortionnaires augmentent tellement leurs sévices que celui-ci meurt sous leurs mains. « Tu n'as pas parlé ! » confirme le curé au torturé avant que celui-ci ne succombe. Le Gestapiste en charge montre l'agonie du communiste au curé : « Voyez où vous menez vos brebis ! » - « Je ne mène rien, répond le curé, je suis là pour rendre service à ceux qui ont besoin de moi. » La dernière scène du film montre le curé devant le peloton d'exécution. Un confrère veut l'aider à supporter l'épreuve. « Il n'est pas difficile de mourir bien, lui dit le supplicié, ce qui est difficile c'est de vivre bien. »

« Vivre bien » était la profonde motivation de ceux qui, soldats ou résistants, avaient lutté contre le nazisme. Elle semblait établir entre tous les combattants, morts et vivants, un lien éternel. Le « bien vivre » semblait inspirer aussi les Grands. À la conférence de Yalta (qui eut lieu la même année que le tournage du film de Rossellini), Roosevelt, Churchill et Staline s'accordent pour définir les zones d'influence des vainqueurs. Au sein de sa zone, chacun respectera la volonté des populations. Malgré les réserves de Churchill, Roosevelt est persuadé de la bonne foi du dirigeant soviétique : il se targue d'avoir une bonne relation avec Uncle Joe, comme il le nomme plaisamment. Les trois Grands s'entendent aussi sur la création d'une organisation internationale, les Nations unies, dont le rôle sera de « préserver les générations futures du fléau de la guerre ». Quant au sort de l'Allemagne, il sera réglé prochainement entre Grands. En France et en Italie, communistes, socialistes, chrétiens, unis comme dans la Résistance, s'associent, au sein des gouvernements respectifs, pour relancer l'économie et promouvoir les réformes sociales nécessaires.

Rapidement cependant des fissures apparaissent dans l'union : le « bien » de l'un n'est pas le « bien » de l'autre. Le « bien » pour Staline, c'est d'installer des régimes communistes à sa dévotion dans les pays occupés par l'armée rouge. Il fait assassiner ou déporter les leaders des formations non communistes qui le gênent. Des émissaires du gouvernement polonais en exil à Londres, invités à se rendre à Moscou pour discuter de l'organisation du pays, sont kidnappés et expédiés au pays des ombres. Nikola Petkov, leader du principal parti non communiste bulgare, est pendu, en septembre 1947, après un procès qui en annonce bien d'autres. En février 1948, Staline règle le cas de la Tchécoslovaquie, où ni le ministre des Affaires étrangères ni le chef de l'état ne sont communistes : ce fut le « coup de Prague ». Jan Masaryk, le ministre, fils du fondateur de la République, est « suicidé », Benes, le président, est forcé de céder la direction du pays aux sbires du dictateur soviétique. L'ordre stalinien tient alors toute Europe de l'Est dans sa poigne.

Le « bien » pour les Américains et pour les Anglais, c'est de préserver le système capitaliste et le régime démocratique, tout en relançant l'économie afin de couper l'herbe sous le pied des communistes. Churchill, qui va bientôt perdre les élections et disparaître de la scène internationale, s'émeut : « De Stettin sur la Baltique à Trieste sur l'Adriatique, un rideau de fer s'est abattu sur le continent », déclare-t-il en mars 1946. Truman, qui accède à la présidence après le décès de Roosevelt, déclare que « les États-Unis doivent soutenir les peuples libres qui résistent à des tentatives d'asservissement ». Concernant l'Allemagne, Américains, Anglais et Français décident de transformer leurs trois zones en un état souverain, la République fédérale allemande (avril-juin 1948). Staline réagit en interdisant tout accès à Berlin : les Américains en réponse font voler des escadrilles armées de la bombe atomique tout en alimentant Berlin par les airs. L'année d'après, les Russes font éclater leur propre bombe.

Voilà ce qu'était le monde en 1949, au moment où SouB sort de la chapelle trotskiste. Un Grand Schisme (pour utiliser l'expression que Raymond Aron avait forgée l'année précédente) avait remplacé l'union. Impossible, semblait-il, de ne pas prendre position. Impossible de ne pas considérer qu'il existait désormais un conflit fondamental entre les deux blocs, lesquels jamais ne pourraient partager la même conception du « bien vivre ». Impossible d'ignorer que ce conflit mettait en cause le sort de chaque être humain sur la planète. Selon les communistes, il fallait évidemment lutter du côté de l'Union soviétique, sans oublier « que l'activité de l'ennemi se mène précisément dans tous les domaines : économique, politique, militaire et idéologique » (Maurice Thorez, le leader des communistes français). Pour la droite, on devait s'opposer tout aussi fermement à l'autre bloc :

« La religion communiste n'a pas de rivale, elle est la dernière de ces religions séculières qui ont accumulé des ruines et répandu des flots de sang. Elle est la plus redoutable de toutes et peut-être est-elle promise à la victoire. » (Raymond Aron)

Quant aux « entre-deux », malgré des déclarations vertueuses d'impartialité, ils penchaient vers le bloc soviétique. Voici, à titre d'exemple, deux réactions d'Emmanuel Mounier, directeur de l'influente revue chrétienne, Esprit. Concernant la pendaison de Nikola Petkov, Mounier exprima son angoisse. Mais celle-ci n'était pas suscitée par le martyre de Petkov. « Ce qui nous angoisse, exposa Mounier, ce n'est pas qu'un gouvernement réagisse rigoureusement et poursuive son chemin face à des forces hostiles. C'est le sentiment qu'un mécanisme inexorable puisse consumer la révolution socialiste en même temps que ses adversaires. » Autrement dit : qu'on mette la corde au cou des adversaires du « socialisme » (c'est-à-dire : du régime que les Soviétiques imposaient aux pays qu'ils occupaient) était acceptable – à condition que la « révolution socialiste » (la prise de pouvoir des communistes) ne se fît pas de mal à elle-même. Le coup de Prague ? « Le coup, écrivit-il, marque un recul du capitalisme, l'accroissement du contrôle ouvrier, le début de la distribution de la propriété privée. » - « Il n'y a aucun régime dans le monde aujourd'hui ni dans l'histoire, continua-t-il, qui n'ait commencé par la force, ni aucun progrès qui n'ait pas été initié par une audacieuse minorité face à la paresse instinctive de la majorité. » Les communistes français risquaient-ils de faire leur coup de Prague à Paris ? Un collaborateur de la revue de Mounier suggéra que l'on ne s'affole pas : « Cette vieille civilisation (SD : la nôtre) qui en subit l'assaut (SD : du communisme) va l'absorber et l'enrichir. Ceci pourrait être en effet la contribution de la France. La Russie a vu apparaître le communisme ; la France pourrait le conduire à maturité. »

*

*   *

À droite, à gauche, au centre, tous (y compris les trotskistes qui se rangèrent du côté de l'homme qui avait fait assassiner leur leader) choisirent leur camp. Mais pas SouB qui, au sein du Grand Schisme, opéra son propre schisme. Pour ces schismatiques d'un nouveau type, il n'y avait pas de choix à faire : les deux blocs étaient tout aussi détestables l'un comme l'autre. Des deux côtés on trouvait un régime d'exploitation organisé par une classe dirigeante, capitalistes privés ici, bureaucrates là, qui réduisait la classe ouvrière à la misère et la privait de l'attribut essentiel de l'humanité : celui de se gouverner soi-même.

Le schisme de SouB impliquait, pour les membres du groupe et pour leurs idées, un danger considérable : ne pas choisir, rejeter les deux blocs, c'était se faire des ennemis partout, à gauche, à droite et situés dans ce faux centre qui, comme je l'ai rappelé, était essentiellement philosoviétique. Pendant des années, aucune porte ne sera ouverte aux gens de SouB, aucune référence faite à leurs idées, aucune mention de leur revue. On ne réfutera pas SouB : on fera mieux, on l'ignorera.

Claude Lefort eut un avant-goût de l'ostracisme qui frappera le groupe jusqu'à son extinction, dix-huit ans plus tard. Simone de Beauvoir, lors d'un séjour aux États-Unis durant le printemps de 1947, tomba sur un livre qui enthousiasmait le public américain, *J'ai choisi la liberté*. Elle en signala l'intérêt à Sartre : « Victor Kravchenko (l'auteur du livre), écrivit-elle de New York, raconte son expérience qui rejoint exactement les récits de Koestler et je crois qu'il faudrait honnêtement en donner des morceaux dans les Temps Modernes (la revue de Sartre). » (Koestler, ancien communiste, avait décrit dans son roman, « *Le Zéro et l'infini*, le système qui avait forcé les dirigeants bolcheviks, destitués par Staline, d'avouer les crimes les plus absurdes.) *J'ai choisi la liberté* parut la même année en français : inutile donc que les TM en publient des extraits. Quelqu'un (pas Sartre, en tout cas) demanda à Claude Lefort d'écrire un papier sur le livre, qui connaissait d'ailleurs un succès phénoménal en France. Lefort appartenait au comité de rédaction des Temps Modernes, où l'avait fait entrer son ancien professeur de philosophie, Maurice Merleau-Ponty – membre influent du comité - impressionné par les qualités de son élève. Celui-ci fut impressionné par *J'ai choisi la liberté*. L'intérêt de ce livre, écrivit-il, résidait dans le fait que Kravchenko faisait lui-même partie de la bureaucratie : il décrivait le système stalinien depuis l'intérieur, non comme un opposant, mais comme un témoin et un acteur ; étudiant, il avait assisté à l'extermination par la famine des paysans ukrainiens qui n'avaient pas voulu céder leurs récoltes ; ingénieur, directeur d'usine, il commandait à des ouvriers soumis à des rendements toujours croissants imposés par les organismes de planification centraux, et avait été, comme l'ensemble du personnel, surveillé constamment par le Parti et par la police secrète ; il parlait de la misère, de la terreur policière, des disparitions, du travail des concentrationnaires. Était-ce là les caractères d'un régime socialiste ?

L'article de Lefort, « Kravchenko et le problème de l'URSS », parut dans le numéro de février 1948 des TM. Entre-temps, Kravchenko était devenu, grâce à une intense propagande communiste, un fieffé menteur, un sale traître, un agent secret américain dont le livre avait été rédigé par le State Department. La classe intellectuelle comprit qu'il ne fallait pas toucher *J'ai choisi la liberté*, même avec des pincettes. De son auteur, André Pierre, éditorialiste du Monde, trancha avec hauteur : « J'avoue que je n'aime pas la race des apostats. »

Sartre eut un haut-le-cœur en lisant l'article de Lefort. Il le laissa passer, bizarrement, tout en l'accompagnant d'une observation sévère, que Merleau-Ponty signa à ses côtés : « Le ton du réquisitoire nous paraît déplacé dans un monde qui n'est nulle part innocent et qui ne paraît pas être gouverné par une raison immanente. » (En clair : tout se discutant et rien n'étant évident, il était néanmoins interdit à Lefort de dire du mal de l'Union soviétique). De ce jour-là jusqu'à l'insurrection hongroise en 1956, le « ton de réquisitoire » à l'égard du régime soviétique sera banni des Temps Modernes. La naissance de SouB, l'année d'après, sera ignorée, la revue jamais citée. Pour les TM, il existait dans l'espace un trou : dans ce trou, ils mirent Socialisme ou Barbarie.

*

* *

Voici donc SouB en 1949, seul, empli d'un jeune sang, impatient d'entrer en bataille contre les deux blocs et contre la quasi-totalité des organisations politiques. Autour de lui, il ne voit que ruines. Non pas celles des villes anglaises, italiennes, russes, polonaises, allemandes : celles-ci importaient peu à la froide raison de nos jeunes gens. Car que fut la Seconde Guerre mondiale pour nos marxistes purs et durs sinon « l'annexion, au profit de l'impérialisme vainqueur du capital des autres pays impérialistes, dans la tentative d'organiser l'ensemble de l'économie et de la vie du monde en vue des intérêts du groupe impérialiste dominateur. » Bref, hors jargon, une lutte de rapaces !

Les vraies ruines, celles qui intéressaient nos fondateurs et qu'ils décrivirent dans le premier numéro de la revue, ce sont celles du mouvement révolutionnaire : « Un siècle après le Manifeste communiste, trente ans après la Révolution russe, le mouvement révolutionnaire semble avoir disparu, tel un cours d'eau qui en s'approchant de la mer se répand en marécages et finalement s'évanouit dans le sable. » Le mouvement révolutionnaire « évanoui dans le sable », il ne restait au monde que « l'horreur et l'abjection du régime d'exploitation ». Exploitation à l'Ouest, évidemment. La classe ouvrière se trouvait « devant une détérioration lourde et constante de son niveau de vie, ses droits élémentaires arrachés au prix de longues luttes à l'État capitaliste sont abolis ou gravement menacés ». (Le lecteur du 21e siècle serait tenté de remarquer que l'Europe de l'Ouest entamait alors le début des Trente Glorieuses, années d'élévation constante du niveau de vie ; qu'on continua durant ces années d'édifier l'État providence dont les fondations avaient été jetées à la Libération - Sécurité sociale et retraite pour tous - qu'on étendit les congés payés… Mais la « plume géniale » de Marx avait prévu l'extension de la misère : c'était donc elle qui l'emportait dans l'analyse de SouB !) Exploitation à l'Est, en Union soviétique. Sur celle-ci, la revue prononça un jugement que l'intelligentsia française ne lui pardonnera jamais : « Le “socialisme” russe apparaît comme inséparable des camps de concentration, de l'exploitation sociale la plus intense, de la dictature la plus atroce, du crétinisme le plus étendu ». (L'histoire confirmera ce jugement. La France intelligente ne l'a jamais avalé.)

Comment, devant ce spectacle de dévastation, relancer le mouvement révolutionnaire ? La tâche semblait surhumaine. SouB savait cependant par quel bout commencer : nommer l'erreur, énoncer le vrai,. Comme le Christ chassant les marchands du temple, SouB se proposa de purifier le temple de la révolution en dénonçant la confusion « qui constitue l'obstacle principal à la reconstruction du mouvement révolutionnaire ». D'abord la clarification intellectuelle, ensuite l'action : ce fut toujours la méthode de SouB.

Donc, d'abord dénoncer la confusion. Celle, tout d'abord, qui établissait une fausse identité entre l'Union soviétique existante et l'union des soviets ouvriers qui, au lendemain de la révolution russe, avait tenté de s'établir. En vérité, l'Union soviétique actuelle n'était pas dirigée par des conseils d'ouvriers : le pouvoir était entre les mains d'une couche dirigeante professionnelle, les ouvriers avaient été, eux, renvoyés à leurs usines, où ils faisaient désormais ce qu'on leur disait de faire.

Effet de l'oppression et de la terreur, cette subjugation des hommes qui avaient fait la révolution d'Octobre ? Pas seulement : « Après avoir renversé le gouvernement bourgeois, après avoir exproprié les capitalistes, après avoir occupé les usines, les ouvriers ont cru qu'il était fort naturel d'en laisser la gestion au gouvernement, au parti bolchevik et aux dirigeants syndicaux. De cette manière, le prolétariat abandonnait lui-même son rôle principal dans la nouvelle société qu'il voulait créer. » Les dirigeants du parti bolchevik, ses militants, les cadres de l'armée rouge, quelques spécialistes de l'ancien régime s'installèrent dans le vide laissé par les ouvriers. Il fallait faire tourner les usines, remettre les administrations en route, chasser les armées tsaristes : ils le firent et devinrent les nouveaux maîtres.

À ce point il faut souligner que, pour SouB, la bureaucratie n'était pas une création russe, mais un phénomène mondial qui avait ses racines dans deux terreaux, le terreau du mouvement ouvrier et celui de l'économie moderne. S'agissant du mouvement ouvrier : celui-ci, avec ses vastes organisations, ses partis puissants, ses syndicats, avait obtenu, au début du 20e siècle, avant la catastrophique Première Guerre mondiale, une amélioration considérable de la condition ouvrière, en Allemagne, en France, en Angleterre, aux États-Unis. Il s'était formé entre responsables ouvriers et ouvriers une relation de berger à troupeau, tandis qu'entre les bergers eux-mêmes s'établissaient des relations du même type, les bergers travaillant au grand air recevant leurs ordres de marche de bergers abrités de la pluie dans leurs vastes palais. Ainsi, commencés comme une « bande de frères », les bergers devinrent les gestionnaires d'une vaste machinerie hiérarchisée, avec ses journaux, ses bureaux d'étude, ses caisses de retraite, ses organismes d'assistance médicale, ses centres de vacances, ses écoles. Colonisée par les communistes en France et en Italie, avant et après la Seconde Guerre mondiale, restée indépendante en Angleterre et aux États-Unis, la machinerie bureaucratique ouvrière joua le rôle d'intermédiaire entre les capitalistes, l'État et le prolétariat, lançant et arrêtant les grèves, négociant les accords, et décidant de ce qui était bon ou non pour les ouvriers. À la bureaucratie ouvrière s'en ajouta une seconde : celle que produisait l'économie moderne, dont la mission était de coordonner, planifier, harmoniser le travail de millions d'hommes. Cet ensemble, d'origine ouvrière et capitaliste, n'avait rien à voir avec la classe ouvrière, les intérêts du premier et du second étaient absolument divergents.

Une seconde confusion devait être dénoncée : celle qui nommait « socialisme » les mesures que la bureaucratie avait appliquées dans le sang en Russie, et que ses cousins occidentaux se proposaient de mettre en œuvre dans la douceur, de leur côté. Pour la gauche comme pour la droite, pour ses partisans comme pour ses adversaires, le socialisme, c'était la suppression de la propriété privée, l'extinction des capitalistes par le peloton d'exécution (en Russie) ou par la nationalisation de leurs entreprises et par l'impôt (à l'Ouest) ; le socialisme c'était aussi la planification économique, le contrôle des échanges internationaux, le rassemblement des terres des petits paysans dans de grands ensembles dotés de moyens modernes. N'était-ce pas ce qu'avaient fait les dirigeants soviétiques, dans la peine et dans le sang, mais avec succès ? N'avaient-ils pas réalisé le socialisme en Russie ? Ce jugement faisait horreur à SouB. Pouvait-on nommer socialisme, du nom de l'une des aspirations les plus nobles de l'esprit humain, un régime qui courbait chaque travailleur, chaque personne, sous l'autorité de l'état, du Parti, d'une classe exploiteuse ? Était-il possible d'attribuer à l'humanité l'aspiration de devenir une masse moutonnière, attendant qu'on la conduise là où des despotes et des esprits éclairés avaient décidé qu'elle serait au mieux ? Est-ce que la pérégrination millénaire des hommes pouvait avoir comme point d'arrivée qu'ils seraient un peu mieux soignés par leurs maîtres, un peu mieux nourris, un peu moins battus qu'ils ne l'étaient au début de leur histoire ?

Se différenciant totalement de la dictature sanglante de la bureaucratie stalinienne ou celle, doucereuse, des bureaucraties occidentales, le socialisme était, selon SouB, l'entrée de l'humanité dans l'ère de la totale responsabilité, ou, plus concrètement, l'ordre social où « le prolétariat est capable d'assumer collectivement la direction de l'économie et de l'état sans la déléguer à des spécialistes, des techniciens, des “révolutionnaires professionnels” et autres sauveurs intéressés de l'humanité ». La conception d'une société entièrement et en tous moments gouvernée par l'intégralité de la population travailleuse, sans l'aide d'aucun « sauveur intéressé de l'humanité », pouvait paraître naïve ; aujourd'hui elle le semble encore plus. Cependant, il faut y voir plus qu'une sorte de maximalisme ouvriériste. Ce que SouB proposait, c'était un idéal social qui se rapprochait plus des vues des révolutionnaires américains et français de la fin du 18e siècle que de celles du mouvement ouvrier du 19e et 20e siècles.

En 1786, David, le peintre à la mode, qui, lors d'un voyage à Rome, a décidé d'abandonner les niaiseries à la Boucher pour adopter un sévère style romain, montre son Serment des Horaces : on se précipite pour le voir, les étrangers et en particulier les Américains avec autant de hâte que les foules parisiennes. Pourquoi cet intérêt ? C'est que par cette image du père tendant à ses fils leurs trois épées sur lesquelles ils font serment de fidélité, David représentait symboliquement ces qualités qui avaient déjà arraché à l'Angleterre ses colonies américaines et allaient bientôt abattre la royauté en France : le désintérêt, le don total de soi à la cause commune, la vertu républicaine.

Je n'ai jamais entendu, au sein de SouB, que l'on établisse une identité entre notre conception de la société et celle des révolutionnaires américains et français : le mot de « vertu » aurait fait plus que provoquer le sourire. Pourtant, plusieurs décennies après, Castoriadis, devenu philosophe et commentant « ce qu'était la Grèce » (la Grèce de l'antiquité) ne manquait pas de souligner que les Athéniens, dont beaucoup vivaient dans les campagnes environnantes, se levaient au cœur de la nuit pour se rendre à l'agora et y participer au gouvernement de la cité : le sens des responsabilités les tenaillait. Les ouvriers, pour SouB, avaient leur agora, c'était l'usine. Leur aspiration de diriger celle-ci, et, à travers elle l'économie et l'ensemble de la société, ne relevait pas de l'appétit matériel, mais d'un pur sentiment social. Il ne s'agissait pas d'accroître son gain ni d'améliorer ses conditions d'existence, mais de vivre dans la vertu, c'est-à-dire dans le souci de la société : c'était là, pour SouB, le sens profond du combat pour le socialisme.

Si la lutte des ouvriers avait ce caractère, peu importait alors que l'usine, le terrain de la lutte pour le socialisme, fût entre les mains de propriétaires privés ou entre celles de dirigeants appartenant à la bureaucratie. La question de la propriété était sans importance : l'essentiel était la situation de subordination des ouvriers, et l'impossibilité où ils se trouvaient de gouverner leur propre travail, gouvernement qui était le monopole d'une autre catégorie sociale, capitaliste ou bureaucratique. « L'opposition dominante dans les sociétés cesse graduellement d'être celle entre les possédants et les sans propriété pour être remplacée par celle qui existe entre les dirigeants et les exécutants dans le processus de production. »

*

*   *

Pendant qu'ils s'efforçaient de voir clair dans le monde et de disséminer, à travers la revue et par divers contacts, ce qu'ils en avaient appris, les jeunes gens de SouB, comme tous les habitants de la planète se demandaient quels jour, mois, année, la 3e guerre mondiale éclaterait. Car elle éclaterait : c'était une certitude ! Marx et toutes les têtes pensantes du marxisme - Rosa Luxembourg, Lénine, Trotski - avaient établi, prouvé, et répété le mantra : le capitalisme ruinant le prolétariat, et donc son premier marché, doit trouver un autre débouché pour ses produits ; il découvre celui-ci dans les pays sous-développés ; d'où luttes entre les nations capitalistes pour se partager le monde et guerres, lesquelles deviennent de plus en plus importantes, finissent par produire de vastes conflagrations lesquelles, à leur tour, permettent à la classe ouvrière de prendre le pouvoir et d'introduire le socialisme. D'où la fin de l'Histoire.

SouB avait démontré que l'URSS n'était pas moins capitaliste que les USA, la guerre était donc inévitable entre les deux. Pourquoi pas une coexistence armée, caractérisée par la formule de Raymond Aron : « Paix impossible, guerre improbable » ? Non, l'Histoire devait s'accomplir jusqu'au bout, propulsée par son implacable moteur, l'économie. « La tendance inexorable des couches dominantes, dans l'un ou l'autre système, à augmenter leurs bénéfices et leur puissance les oblige toujours à rechercher un terrain plus étendu pour y exercer leur pillage. » Ce terrain, où se trouvaient les usines de l'autre bloc et ses travailleurs, était évidemment inaccessible sans une invasion militaire : d'où la guerre, « seule solution ». De la guerre à la barbarie. Car le groupe dirigeant, américain ou russe, qui exterminerait son rival n'aurait plus besoin de développer l'économie, n'ayant plus de compétiteur. Vainqueur, il dormirait sur ses lauriers, laisserait tout à vau-l'eau, permettrait à ses séides de se massacrer pour des riens, transformerait la noble marche de l'histoire en une suite de rixes entre mauvais garçons. Les connaissances régresseraient, la culture ferait marche arrière. L'humanité s'endormirait dans l'état de barbarie.

Fatale, celle-ci ? Non, car il existait une autre option, la tragédie pouvait avoir une autre fin : cette autre fin, c'était celle qui surviendrait si la révolution prolétarienne, qui attendait en coulisse, « envahissait la scène historique », chassait capitalistes et bureaucrates et établissait une société « libre et humaine ». Or la révolution prolétarienne avait deux conditions : l'une déjà assurée, l'autre nullement. La condition que capitalistes et bureaucrates assuraient eux-mêmes gracieusement, c'était l'oppression : misère et sujétion. Celles-ci ne pouvaient que s'accroître : c'était là une loi économique. Mais la seconde condition dépendait de la conscience du prolétariat : elle relevait de la liberté, non de la nécessité. Se soulever contre l'oppression et la misère était une chose, revendiquer le gouvernement des usines, de l'économie et de toute la société en était une autre. L'oppression, la misère c'était, à la limite, la mort : or lutter contre la mort, protéger leurs femmes et leurs petits, les hommes avaient toujours su le faire. Mais se prendre en main, « bien vivre » en véritables hommes responsables d'eux-mêmes et de la société, le prolétariat s'élèverait-il à ce niveau ?

*

* *

On comprend mieux les préoccupations des fondateurs de SouB si on les rapproche de *1984*. L'ouvrage d'Orwell fut publié en Angleterre en 1948, en France en 1950 : SouB le connaissait-il ? En tous cas, on n'en fit jamais mention, ni dans la revue, ni dans aucune circonstance à laquelle j'ai pu participer.

Orwell, qui épuise dans *1984* ses dernières forces et meurt l'année suivant la publication de son roman, décrit le monde de l'après 3e guerre mondiale. Un monde de misère où tout manque (y compris les lames de rasoir), où l'état surveille ses serviteurs, manipule leurs consciences par l'usage de la terreur et de l'endoctrinement, simplifie le langage au point de rendre toute pensée autonome impossible, réécrit l'histoire. Néanmoins, le héros du roman d'Orwell, Winston Smith, croit, comme SouB, qu'il existe une sortie à l'enfer : celle que ménagera le prolétariat. « S'il y a un espoir, écrit Winston dans le journal qu'il écrit à l'abri des caméras-espion, il réside dans les prolétaires. »

Il se trouve que ceux-ci, méprisés par le Parti, qui les considère comme incapables de se révolter politiquement, connaissent, dans leurs ghettos, une totale liberté. Comme les hippies des années 60 et 70 (qu'Orwell ne connaîtra jamais), ils vivent dans l'intuition du moment, dans le désir instantané, sans règles morales - ils boivent, se saoulent, chantent, dansent, se battent entre eux, se pavanent, se parfument, font l'amour. Ils représentent l'exact contraire de l'idéal du Parti, lequel condamne ses militants à une existence d'abstinence, de militantisme mécanique et de travail borné. Winston voit, chez les ouvriers, une pulsion de vie, un instinct animal, le désir simple et indifférencié qui, à la longue, aurait raison du Parti. La jouissance sexuelle était « un coup porté au Parti. C'était un acte politique. »

Mais il y avait plus dans le prolétariat, note Winston, que chairs, muscles, estomac, jouissance : on y observait une attitude affectueuse des gens vis-à-vis de leurs semblables et donc un restant de sens social. « Ce qui importait, c'était les relations individuelles, et un geste absolument inefficace, un baiser, une larme, un mot dit à un mourant, pouvaient avoir en eux-mêmes leur signification. Winston pensa soudain que les prolétaires étaient demeurés dans cette condition. Ils n'étaient pas fidèles à un Parti, un pays ou une idée, ils étaient fidèles l'un à l'autre… Les prolétaires étaient demeurés humains. Ils ne s'étaient pas durcis intérieurement. Ils avaient retenu les émotions primitives. »

Le prolétariat cependant ne sauvera pas Wilson ni son amie, Julia, puisque tous deux seront saisis par la Police de la pensée, laquelle leur fera admettre tout ce que le Parti veut qu'ils admettent et nier tout ce que le Parti veut qu'ils nient, y compris leur amour. Les ouvriers sauveront encore moins le monde : libres de vivre comme ils l'entendent dans l'enclos de leurs quartiers, ils fuient la responsabilité et n'ont aucune envie de changer l'histoire. Améliorer leur sort, peut-être, mais prendre en main la direction des usines, de l'économie et de la société ? Pourquoi le feraient-ils ? À cette question, SouB n'avait pas encore trouvé de réponse satisfaisante. De son côté, Orwell donnait à son roman deux conclusions effrayantes : l'homme n'est pas de taille à lutter contre le Parti, le prolétariat est impuissant à modifier son sort.

CHAPITRE 3 : LE RETOUR AU RÉEL

La mystique de l'ouvrier - Gabin - Rencontres dans le trolleybus - Le Procès, de Kafka - Délires de la fragmentation et de la subordination - La condition ouvrière décrite par un ouvrier américain - Absence de sens - Contrôle plutôt que production - Le cancer moderne : l'inefficacité - L'enquête ouvrière, idée de Lefort - Lefort et Castoriadis : l'eau et le feu - Première critique de Marx - Le retour au réel et l'esprit du temps - Le néoréalisme italien - La phénoménologie - Échec de l'enquête - Portrait de Mothé - Tribune Ouvrière, journal ouvrier - Correspondence, groupe américain, a les mêmes positions que SouB - Son journal - Les ouvriers : on sait ce qu'ils veulent, pas ce qu'ils peuvent - Les événements de Pologne et de Hongrie suspendent le débat.

*

*   *

Pour les créateurs de SouB, la vénération de l'ouvrier était une posture instinctive : la question de savoir si la classe ouvrière avait les épaules assez larges pour sauver l'humanité de la barbarie se présentait donc très favorablement pour les récipiendaires de cette mission. Cet a priori positif n'était pas propre à la gauche révolutionnaire : il était dans l'esprit du temps. On était alors loin du misérabilisme de Zola. L'ouvrier, c'était cet homme aux yeux francs, au parler bref, aux gestes retenus que Jean Gabin, avant-guerre, incarnait au cinéma. Quand il aimait, l'ouvrier Gabin murmurait à sa flamme, « T'as d'beaux z'yeux, t'sais » », et c'était bouclé, son cœur avait dit tout ce qu'il fallait dire ! Il avait fait la révolution russe, participé aux grands mouvements des années 30, fait le coup de feu contre l'envahisseur nazi. Face au bourgeois bavard, manœuvrier et pleutre, il incarnait l'homme vrai : on pouvait lui faire confiance ! (Dès les années 50 cependant, Gabin abandonna le blouson de cuir au profit du costume croisé, et troqua le rôle d'ouvrier contre celui de caïd ou de patron : un acteur peut être meilleur sociologue ou analyste politique que ceux qui pensent être les spécialistes de ces questions !)

Lorsque, étudiant à la Sorbonne, avant même de rejoindre SouB, je rencontrais un ouvrier, le cœur me tombait dans les chevilles. La scène de cette rencontre, quotidienne, se déroulait dans le trolleybus reliant Suresnes et la porte de Champerret, en passant par Neuilly, où j'habitais, et le Boulevard Bineau. À l'arrêt où je prenais le bus, se trouvait fréquemment Georges Carpentier : la présence du grand champion de boxe des années vingt, mince et toujours rapide sur ses pieds, avec son long visage au nez aristocratiquement cassé, vêtu d'un élégant manteau en poil de chameau, m'impressionnait bien moins que celle du premier ouvrier que je heurtais en accédant à la plateforme du trolley. Ils étaient là, ces ouvriers, ces porteurs de l'Histoire, ces constructeurs d'un monde nouveau, revenant de leurs usines, en veste de cuir, la casquette enfoncée sur le crâne ou rejetée en arrière, une cigarette noircie de salive fumant au coin des lèvres, qui vissaient sur moi, le représentant de la classe exploiteuse, un regard profond, sévère. Honteux, je me glissais devant le contrôleur et allais m'asseoir devant, avec les employés et les ménagères.

SouB ne se contentait pas, évidemment, de ressentir sympathie et admiration pour la classe ouvrière. Dans le cadre du programme que le groupe s'était fixé, celui de dissiper la confusion, il s'agissait de fonder sérieusement la capacité du prolétariat, non seulement à renverser la vieille société, mais d'en créer une nouvelle. Comme SouB était persuadé de se trouver dans le lit de l'histoire, on devait trouver dans les faits eux-mêmes la preuve de la capacité bâtisseuse du prolétariat. Or cette preuve était moins qu'évidente. Au moment où le pouvoir s'offrait à lui, en 1917, le prolétariat russe avait accepté d'être mis sur la touche au profit des bolcheviks. Trois années auparavant, les ouvriers français, anglais, italiens, allemands, autrichiens, russes, avaient suivi leurs bergers à la boucherie et s'étaient immolés dans les tranchées. On se consolait : il y avait eu la Commune de Paris et quelques autres flambées révolutionnaires. Mais ces journées glorieuses n'avaient été que cela : glorieuses. Elles n'avaient guère fait avancer l'humanité sur le chemin de l'autonomie.

Pour les communistes orthodoxes, cette défaillance ouvrière était du pain bénit : elle prouvait la nécessité de leur existence. Pour SouB cela faisait problème. Ou bien le prolétariat n'avait ni la capacité ni même le désir de gérer la société, et il lui fallait des bergers pour le conduire, ce que SouB rejetait. Ou bien cette capacité existait, ce désir était là, et il devrait être possible de mettre le doigt dessus : c'est ce que le groupe voulut faire en dévoilant la vérité de la condition ouvrière, son incontestable réalité. Pour les marxistes traditionalistes, communistes, trotskistes, socialistes réformistes, la condition ouvrière se résumait en un mot : misère. Socialisme ou Barbarie consacra ces cinq premiers numéros à l'étude d'un ouvrier travaillant dans l'industrie automobile, à Détroit, Paul Romano (nom de clandestinité), membre du groupe américain ex-trotskiste Correspondence, laquelle offrait une description tout à fait différente de la condition ouvrière.

L'intention de Romano, qui ne se voulait nullement un écrivain, mais qui avait de l'oreille et un œil, était de rédiger un « journal de la vie quotidienne des ouvriers » - la sienne, celle de ses camarades. Le résultat pouvait sembler assez banal : cadences, contrôles, conditions de travail médiocres, on ne pensait pas, en effet, que la vie de l'ouvrier soit une partie de plaisir. Mais l'auteur n'entendait pas souligner la dureté de la vie en atelier : son but était d'en signaler l'absence de sens.

*

*   *

Un an avant la fondation du groupe, en 1948, parut en France la traduction du *Procès* de Franz Kafka. Joseph K., le héros du roman, et les ouvriers que décrit Romano appartenaient au même monde, un monde absurde. J'abandonne momentanément le métallurgiste américain pour suivre l'écrivain tchèque.

Joseph K., fondé de pouvoir dans une banque, est soudain mis en état d'arrestation, tout en restant libre, bizarrement, de vaquer à ses occupations. De quoi est-il coupable ? Comment se défendre ? En tentant de répondre à ces questions, Joseph K. pénètre dans un univers d'où tout sens semble avoir disparu. Personne n'a la moindre idée de ce qui se passe : les policiers qui l'arrêtent ne savent pourquoi ils le font, son avocat ignore le sort des requêtes qu'il rédige pour lui, les juges eux-mêmes vivent dans la confusion totale, les dossiers qui leur sont confiés, dont celui de Joseph K., prenant aussitôt le chemin d'autres bureaux ; ils ne peuvent pas même se référer à la jurisprudence, puisque les sentences, s'il y en a, ne sont jamais publiées.

L'absurdité et l'irrationalité marquent tout autant les comportements que les situations : les employés de justice, dont le rôle est de tourmenter les accusés, se préoccupent également de leur bien-être ; les accusés s'abaissent devant leurs avocats lesquels ne manquent pas de les humilier tant qu'ils le peuvent ; Joseph K., plutôt que de préparer sa défense, s'emploie à courtiser diverses femmes, dont l'une lui déclare qu'elle le sauvera car « il a de beaux yeux ».

Le monde de la justice que Joseph K. explore est frappé par un double délire de fragmentation systématique et de subordination constante. Fragmentation : rien ne s'accomplit jusqu'au bout, tout acte est morcelé, tout lieu est éclaté, comme dans un de ces tableaux cubistes où la réalité paraît avoir été l'objet d'un attentat à la bombe, les bouts et les échardes résultant de l'explosion ayant été recollés les uns aux autres au hasard. L'interrogation de Joseph K. a lieu par morceaux, tous les dimanches, et ceci devant une foule qui approuve ou non ses réponses ; l'assassinat du héros du roman au coin d'un bois par des tueurs professionnels s'accompagne de gestes d'une politesse délicieuse entre eux, chacun passant le couteau à l'autre (« Mais non, après vous ! »), comme si cette procédure était bien plus importante que d'aller droit au but et d'en finir rapidement avec l'accusé « comme un chien », constat que fait celui-ci en expirant. L'union de la fonction et du lieu où elle s'accomplit est méprisée, le tribunal se réunit dans le logement d'un huissier, les employés de justice étouffent sous les toits dans des chambres de bonne jointes par des couloirs tortueux, le lit de l'avocat sert de bureau. Les tâches sont distribuées aux personnes de la manière tout aussi hasardeuse, le peintre jouant le rôle d'avocat, tel employé de justice tenant celui de conseiller des accusés sous prétexte qu'il est fort bien habillé.

Subordination : tout niveau - celui du policier, du juge, des « fonctionnaires supérieurs » - agit en fonction d'instructions venant d'en haut, dont on ignore le sens. Aux questions de Joseph K concernant la démarche à adopter pour sa défense, les réponses sont vagues et contradictoires puisqu'on ignore ce que les gens « d'en haut » font et veulent : la consigne est « d'attendre et voir ». La révolte elle-même fuit vers le haut : « Tout le monde se révolte en ce moment », déclare un huissier. Pourtant Joseph K. ne perçoit aucun signe d'une telle révolte et ne peut qu'imaginer vaguement une « conspiration » ourdie par « les hauts fonctionnaires ».

*

*   *

Entre le roman de Kafka et le texte de l'ouvrier américain, il y a de nombreuses ressemblances : le premier éclaire singulièrement le second. Comme Kafka plaçait les bureaux de justice dans un cadre misérable, inadapté, inconfortable, Romano décrivit le cadre tout aussi misérable dans lequel se déroulait la production industrielle, pourtant prioritaire parmi toutes les fonctions de la société moderne ; il montra l'huile qui dégoulinait des machines, tachait les vêtements et les mains, se répandait sur le sol ; le bruit (« Ce sacré bang-bang-bang de la machine me rend timbré, s'exclamait un ouvrier, je deviens fou. ») ; le froid extrême, la chaleur insupportable, l'air vicié (« Ces sacrées usines sont des prisons, jette un ancien soldat, on y est emmuré sans même avoir la possibilité de prendre un bol d'air frais. ») ; la lumière insuffisante ou excessive, l'éclair des lampes à souder qui blessaient cruellement l'œil de l'ouvrier-soudeur.

Le « Journal de la vie ouvrière » évoquait le rythme de travail qui s'accélérait, les tâches qui s'accumulaient, la productivité qui augmentait et l'inquiétude des ouvriers, esclaves contribuant à leur propre extinction, qui, voyant les articles sortir de l'usine en nombre croissant, craignaient la surproduction, la crise et le chômage. L'auteur n'oubliait pas de mentionner les jaunes (espions) que la Direction infiltrait dans les ateliers, glissait dans le syndicat et poussait vers les nouveaux venus pour les tester et les convertir, jetant ainsi la suspicion sur le moindre contact. Il signalait les bruits contradictoires que la Direction répandait quant à ses décisions futures et qui laissaient les ouvriers dans l'incertitude, ne sachant jamais ce qui allait leur arriver.

Comme Kafka dans son *Procès*, Romano décrivait la contradiction dans le comportement des dirigeants (chez Kafka : les gens de justice), ceux-ci combinant, à l'égard des ouvriers (chez Kafka : les accusés), mépris et considération, férocité et bonté d'âme. Tout en créant des conditions de travail infectes et sans manquer de pourrir la vie des ouvriers par la paie au rendement, les jaunes, les faux bruits, on prétendait aussi faire ami-ami, on offrait au personnel nombre de clubs (baseball, pêche, tir), on se souciait des familles dont on embauchait prioritairement les membres, on se préoccupait paternellement de la sécurité au travail.

Cependant, ces comportements contradictoires frappaient moins Romano que l'absurdité dans l'organisation de la production : « On pourrait croire, à première vue, que la compagnie sacrifie tout à la production. Ce n'est pas vrai… L'objectif est bien la subordination et le contrôle des ouvriers. » Subordination et contrôle, en effet, caractérisaient tout le système d'organisation de l'usine : le travail au rendement, la division des hommes en fonctions séparées qui ne pouvaient communiquer que par le haut, jamais latéralement, le règlement qui restreignait au maximum l'utilisation que l'ouvrier pouvait faire de son temps, en étaient les moyens. Le résultat en était que la bureaucratie, avec sa maîtrise, ses agents de méthodes, ses chronométreurs, ses pointeaux, ses services qui s'empilaient les uns sur les autres, pervertissait l'organisation du travail, alourdissait les tâches, ralentissait l'action et produisait ce cancer du travail moderne : l'inefficacité.

« Les ouvriers ne veulent pas être transformés en esclaves, disaient les interlocuteurs de Romano, avec des méthodes différentes, on pourrait obtenir une production supérieure... Si l'on donnait carte blanche aux ouvriers, la production pourrait être de 20 à 30% plus élevée. » L'inefficacité scandalisait les camarades de Romano et suscitait en eux une haine profonde à l'égard du système d'organisation de l'usine. L'exaspération de l'ouvrier « devant l'absence d'efficacité éclate à tout propos, note Romano, il (l'ouvrier) tente en vain de mener une lutte contre la paperasserie, le laisser-aller et la bureaucratie. » Voici par exemple un ouvrier qui, selon le règlement, n'avait pas le droit de cesser son travail pour entretenir lui-même son outil de travail, mais « à qui l'odeur écœurante de sa machine soulève l'estomac (et qui) la stoppe tout à coup en s'écriant : qu'ils aillent se faire foutre avec leurs catégories ! J'en ai plus que marre ! Je vais la nettoyer moi-même, cette putain de machine ! » Un autre ouvrier constatant que son outil de coupe n'a pas le bon profil veut s'entendre avec l'outilleur pour le modifier. Sa hiérarchie s'aperçoit de sa démarche et lui signifie qu'il n'a pas à prendre une telle initiative. Il lui faut suivre la voie officielle, adresser une demande à son contremaître, laquelle la fera suivre à l'atelier d'outillage, lequel, prenant son temps, effectuera la réparation et renverra l'outil par le même canal. Les dirigeants eux-mêmes, selon Romano, étaient rendus impuissants par leur propre système. Chacun pratiquait le « truc de la pomme de terre chaude » : « Du sommet de la direction jusqu'en bas on se refile les responsabilités. Ces pratiques finissent par engendrer une situation si confuse que les divers échelons de la direction eux-mêmes se montent les uns contre les autres et se contredisent. »

La conclusion que tirait Romano de ses observations est éclairée par l'un des épisodes du *Procès*. Joseph K. rencontre un abbé dans la cathédrale qu'il est supposé faire visiter à un client important de sa banque (qui d'ailleurs ne vient pas). L'homme d'Église file à son intention le conte d'un homme qui souhaite se présenter devant la Loi. Un soldat garde les portes qui y donnent accès : « Ce n'est pas le moment d'entrer », signifie-t-il à l'homme. Celui-ci, résigné, s'assoit, attend. Les années passent, la mort vient. Alors que l'homme expire, la sentinelle, toujours la même, lui annonce que c'est maintenant pour elle le moment de partir : « Car ces portes ne pouvaient s'ouvrir que pour toi. » Pour Romano, l'ouvrier était comme cet homme qui cognait à la porte de la Loi : elle était faite pour s'ouvrir à lui, pourtant elle restait close. C'était un « individu instruit » qui avait passé « au moins douze ans à l'école primaire puis secondaire. Ses connaissances embrassent un large domaine, et il peut parler de mécanique, d'autos, de politique, du gouvernement, de cinéma... Suffisamment en tous cas pour pouvoir avoir une opinion, quel que soit le sujet qui est en discussion. » Suffisamment pour que la porte s'ouvre à ses coups.

Ria Stone, une des animatrices de Correspondence, contribua à ce portrait de l'homme qui frappe à la porte de la Loi, dans le commentaire qui accompagnait le texte de Romano et que Socialisme ou Barbarie publia à la suite de celui-ci. Elle évoqua l'expérience des soldats mobilisés durant la Seconde Guerre mondiale : « Quatorze millions d'hommes et de femmes, observa-t-elle, indépendamment de leurs occupations précédentes, se sont trouvés occuper des fonctions non seulement au combat, mais dans les transports, les bureaux, les hôpitaux et les intendances. Des valets de ferme ont été transformés en spécialistes ; des employés de magasins de chaussures sont devenus infirmiers de première ligne, administrant de la morphine ou du sérum aux blessés, selon leur appréciation de la nature des blessures, et des possibilités de guérison. Tout cela faisait partie de l'expérience routinière de tous les mobilisés. » La guerre poussait à la recherche de responsabilité. Le retour à la vie civile fut un choc : « De la ferme à la chaîne d'assemblage, de la maison à l'atelier, du bureau à la machine, du village à la métropole, du Texas à Paris, ils (les GI) ont expérimenté dans quelques brèves années la variété infinie du monde moderne » avant de retrouver, rentrant au pays « la monotonie mortelle du processus de travail, l'insécurité sociale et les possibilités étroitement limitées qu'offre le capitalisme aux individus. »

C'est donc cet homme, éduqué par la guerre et la vie moderne et pourtant lamentablement limité dans son travail qui frappe aux portes de la cité future. Son vœu, selon Romano ? « Faire de son travail quelque chose qui ait un sens dans son existence, un mode d'expression de l'ensemble de sa personnalité. » La racine de ce vœu ? La conviction, profondément ancrée dans la conscience de chaque ouvrier, selon laquelle « le travail est le fondement même de son existence. »

La publication de l'étude de Romano témoigne qu'en 1950 SouB avait franchi la première étape de son investigation. La révolution aurait lieu, la porte de la cité nouvelle serait franchie sous la poussée du besoin de donner du sens à son travail et donc à sa vie. De même que la faim poussait tout homme à mettre la main sur ce qui lui permettait de se nourrir, lui et sa famille, de même la faim de signification pousserait les ouvriers à « entreprendre une complète réorganisation de la production qui, selon les paroles de Romano, soit basée sur la libération des capacités humaines. »

On ne pouvait cependant ignorer qu'il y avait loin de la coupe aux lèvres : le besoin était clarifié, mais besoin ne signifiait pas action, encore moins révolution. D'autres voies étaient possibles : la résignation, la découverte d'autres satisfactions, la trahison et le passage dans le camp des jaunes. Restait donc à définir le chemin.

*

* *

En 52, Claude Lefort fit une étrange proposition : il s'agissait de réaliser une enquête sur la condition ouvrière, de collecter des témoignages d'ouvriers sur la réalité de leur existence et de publier ces témoignages dans la revue. Curieuse idée ! Pour SouB, la condition ouvrière n'était pas une inconnue, loin de là : hissé sur le « granit » de la pensée de Marx, qu'avait-on à apprendre sur ce sujet ? Marx avait dit ce qu'il fallait en dire, Romano avait mis les points sur le i, que l'on avance maintenant! Enquête ! Le mot sonnait bizarrement pour une communauté habitée de certitudes. Enquête, c'était pourtant ce que Lefort proposait, suggérant que l'on posât des questions telles que : tel ouvrier « a-t-il travaillé dans d'autres usines, sur d'autres machines, dans d'autres productions ? » - « Préférerait-il faire une partie de son travail sur machine et l'autre dans des bureaux ? » - « Quel milieu fréquente-t-il en dehors de l'usine ? ».

Je n'appartenais pas encore au groupe dans ces années-là, mais il ne m'est pas difficile d'imaginer la fureur de Castoriadis entendant les propos de Lefort le soir où celui-ci présenta son idée au groupe, réduit à un squelette d'une quinzaine de personnes. Lefort, long corps rejeté en arrière, long visage à moitié masqué par la fumée de sa pipe, longs bras faisant de vagues gestes, avançant un point, le corrigeant, revenant en arrière, repartant, tournant autour de son idée avec des précautions de chasseur qui craint que le moindre bruit n'effraie sa proie. Castoriadis, impatient de savoir où l'on va, ardent à passer aux actes, penché en avant sur la table sur laquelle, à côté d'une cigarette fumant dans le cendrier, s'accumulent cahiers, piles de documents, vieux numéros de la revue, les constants compagnons de cet homme toujours au travail. Tantôt inclinant avec accablement son crâne prématurément chauve ; tantôt, pendant que les volutes de la fumée de la pipe de Lefort s'épaississent autour de la tête du philosophe, jetant un coup d'œil autour de la salle pour compter ses partisans.

Les deux hommes étaient aussi différents que l'eau et le feu. L'eau, c'était Lefort : profond, silencieux, cachant des fonds jamais explorés, échappant à toute main qui veut la saisir. Le feu, c'était Castoriadis : consumant tout matériau qui pût mettre l'incendie au monde, totalement identifié à un projet unique, allant toujours sur sa voie. Lefort était du côté des questions, Castoriadis de celui des réponses. Or voici que Lefort semblait vouloir soumettre à enquête le cœur même de la doctrine du groupe ! Mais je conçois que la réprobation de Castoriadis devait être sous contrôle. La situation de SouB était alors particulièrement dramatique : l'urgence était de rapiécer le groupe plutôt que d'ajouter à la division.

Lefort ne faisait d'ailleurs plus partie de SouB, formellement : il en avait démissionné à la suite d'une discussion qui avait opposé les membres du groupe, l'année précédente (1951), à propos de la nécessité de créer, ou non, une organisation politique. Castoriadis, soutenu par la majorité (une dizaine de personnes), affirmait que le moment de recréer un parti révolutionnaire n'était certainement pas venu, mais que l'on devait néanmoins « poursuivre l'élaboration d'une idéologie révolutionnaire, définir un programme, faire un travail de diffusion et d'éducation. » Lefort, entouré de quelques camarades, rejetait, comme il était dans sa nature de le faire, l'ardente conviction de Castoriadis : « Une collectivité révolutionnaire… ne peut se proposer d'exprimer à l'avant-garde ce qui est en elle (SD : elle, cette avant-garde) sous forme d'expérience et de savoir explicite… En aucune manière elle ne peut fixer pour tâche d'apporter à l'avant-garde un programme d'action à suivre, encore moins une organisation à rejoindre. » À la suite de ce débat, Lefort et son petit clan avaient déclaré qu'ils démissionnaient du groupe, tout en acceptant de participer à la revue. J'imagine que, une année après ces démissions, Castoriadis et les siens, lassés, découragés, durent penser que la suggestion d'enquête de Lefort fournirait un moyen de coopération des uns et des autres et maintiendrait au moins la revue en vie. Non seulement la proposition d'enquête fut acceptée, mais le texte qui l'accompagnait fut publié comme un éditorial de Socialisme ou Barbarie, sans signature, comme si le groupe et Lefort ne s'étaient jamais séparés.

L'éditorial de Lefort composait un texte copieux : toute action nécessitant réflexion, selon le principe essentiel de la culture du groupe, le philosophe eut le souci de justifier sa proposition, apparemment modeste, par une ample théorie - celle de l'expérience ouvrière. S'il s'agit de pousser la pensée en avant, tout marxiste commence par Marx : Lefort, au début de sa réflexion, se tourna donc vers le maître. Il nota que le Marx de la maturité, celui du Capital et du virage vers l'économisme, avait éliminé tout à fait l'idée que le prolétariat pût être le sujet d'une expérience. Ce prolétariat, il le voyait comme La Bruyère, deux siècles plus tôt, considérait le paysan : dépouillé « de tout caractère humain, au physique comme au moral ». (La Bruyère : « L'on voit certains animaux farouches, des mâles et des femelles répandus par la campagne, noirs, livides et tout brûlés de soleil, attachés à la terre qu'ils fouillent avec une opiniâtreté invincible ; ils ont comme une voix articulée, et quand ils se lèvent sur leurs pieds, ils montrent une face humaine, et en effet ce sont des hommes. ») La condition ouvrière ? Selon le mot de Marx : « la perte de l'homme ». L'« humanité » (ou l'absence d'humanité) de l'ouvrier n'était cependant pas ce qui intéressait Marx au stade ultime de sa pensée : l'ouvrier comme le bourgeois n'étaient que « la personnification de catégories économiques », travail et capital, lesquelles étaient destinées à s'opposer selon les « lois d'airain » de l'économie - l'expérience, la conscience, la sagesse ou la folie des hommes ne jouant aucun rôle dans son système.

Face à cet escamotage du prolétariat en tant que communauté humaine, Lefort posa la question : comment un prolétariat dépeint dans « des termes si sombres » pourrait-il « s'élever à la conscience de sa condition et de son rôle dans la direction de l'humanité » ? Comment une classe « radicalement exclue de la vie sociale », pourrait-elle « accomplir avec succès les innombrables tâches politiques, économiques, culturelles qui découlent de son pouvoir ? » Marx éloigné sinon répudié (ce qui était une première dans l'histoire du groupe), il fallait donc que Lefort continue son investigation avec ses propres moyens. Il démarra par cette observation : l'intérêt du bourgeois était de continuer d'être un bourgeois, celui de l'ouvrier de ne plus en être un. Le bourgeois jouissait d'un état qu'il n'avait nulle envie d'abandonner, l'état de l'ouvrier n'était que source de souffrance, il ne pouvait que le rejeter. Ainsi, selon Lefort, le bourgeois et l'ouvrier entretenaient avec leur environnement social une relation opposée. Le bourgeois était le pur produit de son monde : ce n'était pas un « individu », mais une « moyenne ». On comprenait que le bourgeois était avare, faux, peureux, qu'il personnifiait étroitement, servilement, bassement, sa classe. (Comme la littérature aurait été simplifiée si Lefort avait eu raison ! Combien inutile serait la lecture de Proust et de bien d'autres tomes !) Le prolétaire (toujours selon Lefort) au contraire rejetait son état et son environnement. De ce fait, comme tout artiste moderne (c'est moi qui parle ici, non Lefort), il dépassait cet état et cet environnement, acquérait originalité, personnalité, individualité et pénétrait dans le paradis des hommes qui se sont faits eux-mêmes. Un tel dépassement permettait à l'ouvrier, j'entends l'ouvrier générique, d'accumuler une expérience propre, de générer des idées, des réactions, des sentiments, un savoir, une mémoire, bref une culture qui soit la sienne.

Ce que Lefort voulait dire, et qui perçait à travers des détours qui avaient dû impatienter Castoriadis, revenait à un appel à continuer sur la voie tracée par Romano, et par là redécouvrir le réel : voyez donc l'ouvrier comme il est ! Ce n'est pas l'automate que vous croyez et qu'il croit lui-même être ; de sa vie, de son travail, de sa condition et de la condition de ses compagnons il a extrait des leçons, des manières de voir le monde, des façons de s'y comporter qui ont de la profondeur et qui le rendent apte à jouer un rôle crucial dans le gouvernement de la société. Cependant, signala Lefort, peu voyaient cette réalité d'un prolétariat conscient, réfléchi : pas les bourgeois, évidemment, et pas les ouvriers eux-mêmes. Une culture bourgeoise qui avait le verbe haut, « une série d'échecs révolutionnaires et la domination de la bureaucratie ouvrière », avaient eu pour effet de miner « la confiance du prolétariat dans sa capacité créatrice et son émancipation ». Le but que Lefort donnait donc à sa suggestion d'enquête était de restaurer cette confiance, de dire aux ouvriers : voilà ce que vous êtes dans la réalité de vos vies. Lisant les résultats de cette enquête, prenant connaissance des témoignages de leurs compagnons, les ouvriers lecteurs de la revue (si jamais il devait y en avoir !) verraient là « un moment de leur propre expérience, un moyen de formuler, de condenser et de confronter une connaissance ordinairement implicite, plutôt “sentie” que réfléchie et fragmentaire ».

*

*   *

La proposition de Lefort était liée, tout autant qu'au marxisme, à l'esprit de l'époque. Les années d'après-guerre virent en effet la recrudescence de la passion pour la « vraie vie », l'accroissement d'intérêt pour les « choses comme elles étaient » et un dégoût pour l'artifice dans tous les domaines. On voulut rejeter les fadaises du passé, abandonner les formules polies, quitter une bonne fois le style guindé, lâcher le commentaire pour aller droit aux faits et les énoncer dans leur nudité. On redécouvrit la littérature américaine, principalement Hemingway et Dos Passos dont le style était celui des dépêches d'agence. Les photographes de guerre, comme Robert Capa, s'inspiraient des mêmes préoccupations de rapidité, de sécheresse, d'absence d'émotion : leurs images hantèrent l'imagination de plusieurs générations de jeunes gens. On se passionna pour des films venant d'Italie qui affichaient leur volonté de tourner le dos aux conventions : ils furent baptisés « néoréalistes ». Les cinéphiles parisiens se précipitèrent pour voir, souvent à la Cinémathèque, laquelle, sans domicile fixe, voyageait d'un quartier à l'autre, *Voleur de bicyclette* de De Sica, *Rome ville ouverte* (dont j'ai parlé précédemment) et *Païsa* de Roberto Rossellini, *Riz amer* de Giuseppe De Santis, *La terra trema* de Visconti. Le retour au réel fut d'abord pour ces réalisateurs le retour au social. Retour, car le cinéma italien d'avant-guerre avait été celui du « téléphone blanc », des intérieurs bourgeois et de la psychologie : plusieurs des créateurs du néoréalisme y avaient d'ailleurs participé, comme acteurs (De Sica) ou comme réalisateurs (Rossellini et d'autres). Le néoréalisme fut donc une sorte de renaissance, la renaissance à la critique sociale, aux autres, au peuple et à la vie comme elle était.

Les grandes œuvres néoréalistes, dont j'ai nommé plusieurs, sont des chroniques de la misère du peuple, de sa malchance, de sa solitude face à l'adversité. Les héros de ces films, plutôt victimes que héros, proviennent du bas de la société : chômeurs, pêcheurs, paysans, femmes travaillant à la tâche dans les rizières, petits truands, moines misérables, prostituées. La malchance les poursuit : le colleur d'affiches se fait chiper son instrument de travail, la rémunération des femmes qui travaillent, l'eau à mi-jambe, dans les rizières du Pô est détournée par un escroc, le pêcheur qui veut acquérir son indépendance est ruiné et doit subir à nouveau l'exploitation d'un « gros ». Dans trois des six contes qui forment *Païsa,* le sort frappe des malheureux qui pourtant n'ont pas, comme les personnages de la tragédie grecque, insulté les dieux : la jeune paysanne qui veut sauver un soldat américain se fait tuer, avec lui ; une femme qui s'est prostituée est reniée par l'homme qui aurait pu la sauver ; un groupe de paysans-partisans est abandonné par le commandement anglo-américain (en même temps que celui-ci lâche ses propres agents) et se fait massacrer par l'ennemi.

Cependant, les cinéastes néoréalistes allaient plus loin que la simple mise en question de la société capitaliste, même si celle-ci était certainement dans les intentions de plusieurs d'entre eux, dont De Santis, qui fut toute sa vie un membre influent du Parti communiste italien. Il s'agissait aussi, plus profondément, plus durablement, de voir le monde dans sa nudité, dans sa présence vraie. D'où le refus de ces réalisateurs de tourner en studio et le transport de la caméra dans la rue pour capter ces vues de ruines où l'on se terrait, d'autobus bondés, de foules d'hommes attendant le travail devant les bureaux de placement. Peu de lumière artificielle, ce qui donnait à ces films l'aspect de bandes d'actualité. Économie dans les dialogues, car l'essentiel n'était pas ce que les personnages disaient, mais ce qu'ils faisaient. Quant aux acteurs, une nouvelle génération arrivait. Certains venaient de la rue et y retournèrent. D'autres appartenaient à l'environnement des réalisateurs : scénaristes, avocats, journalistes de cinéma ou autres se retrouvèrent de l'autre côté de la caméra. Les hommes, comme Marcello Pagliero, avocat (le communiste torturé de *Rome ville ouverte*) ou encore Raf Vallone, footballeur et journaliste (le gendarme de *Riz amer*), créèrent un type de héros populaire, massif, avare de paroles, fidèle aux siens et à la cause qu'il servait. Les actrices (l'effervescente Anna Magnani, la troublante Silvana Mangano), elles, composèrent des femmes naturelles, donnant libre cours à leurs sentiments, peu attirées par l'artifice, libérant leur bouche du rouge à lèvres et leurs jambes des bas de nylon, portant la splendeur de leur corps sans faire de façon, incarnant ainsi ce qui deviendra la figure de la femme moderne.

Ces diverses formes d'art, le roman américain redécouvert, la photographie de guerre, le cinéma italien néoréaliste satisfaisaient l'idée selon laquelle, en plongeant dans le chaos de la vie, on y voyait soudain plus d'ordre et de sens. Comme si en écoutant sans préjugés et en regardant sans œillères, on pouvait mieux comprendre ce que le monde nous disait. De là à penser que la description par les ouvriers de leur situation et la circulation de cette description parmi eux (comme Romano l'avait fait avec son texte) leur permettrait d'y voir plus clair, il n'y avait qu'un pas à faire.

*

* *

Claude Lefort était, par son métier, philosophe. Or il se trouvait que, si le public était séduit par le « retour aux choses », les philosophes aussi. Selon la célèbre formule de Goethe, l'arbre de la vie est toujours vert : un jeune philosophe est nécessairement attiré par tout ce qui contribue au rajeunissement de l'arbre philosophique. Or le reverdissement de la philosophie en France, après la guerre, avait un nom, la phénoménologie et un propagateur, Maurice Merleau-Ponty, l'ami de Sartre, l'ancien professeur de Lefort et son mentor dans l'Olympe intellectuel parisien.

En lisant les ouvrages de son maître et ami, le jeune philosophe Lefort (comme je le fis moi-même, étudiant à la Sorbonne un peu plus tard) put pousser un soupir. Voilà qu'enfin on sortait des fastidieux débats entre les deux camps qui avaient séparé les philosophes depuis le début des temps : celui des idéalistes et celui des matérialistes. Tous se battaient férocement sans pouvoir défaire les éternels nœuds de l'union du corps et de l'esprit, de la liberté et de la nécessité, de la transcendance et de la contingence, du Moi et des Autres. Aux jeunes gens qui découvraient les majestueux amphithéâtres de la Sorbonne, ce qui s'y enseignait sentait le vieux bois : voici que se présentait une pensée qui permettrait de fermer les poussiéreux volumes. La grande idée de la phénoménologie, celle en tous cas qui retenait les nouvelles générations de philosophes, était de fuir les anciens dogmes afin de revenir au réel. On devait abandonner les constructions de l'esprit, faire peau neuve, retrouver un « contact naïf » avec le monde et renouer ainsi avec le sens spontané, déjà donné, des choses. Le mantra de la doctrine était : « Toute conscience est conscience de ». Les jeunes philosophes répétaient ces mots, heureux de se rabattre sur une formule qui les libérait des miasmes de leurs âmes torturées et les projetait vers le monde, source de tout sens, de toute vérité, de toute lumière.

Appliquée au prolétariat, la recherche d'un « contact naïf » impliquait ceci. Tout d'abord que l'on se débarrasse des concepts élaborés en vue d'intégrer ce phénomène, l'ouvrier, dans un schéma explicatif (celui, par exemple, de Marx). Pour les auteurs de ces schémas, le prolétariat n'avait pas d'autre sens que celui qui lui était donné de l'extérieur (pour Marx : les lois économiques et l'exploitation capitaliste). Mais pour le phénoménologue, le sens du prolétariat était dans le prolétariat, il coulait de sa vie. Ceci établi, il fallait appliquer au prolétariat la méthode qui était au cœur de la théorie phénoménologique : la compréhension. Comprendre, c'est-à-dire saisir immédiatement le sens d'un comportement, d'une situation, sans avoir besoin d'aucun schéma explicatif. On n'avait pas à forcer une interprétation sur l'expérience des ouvriers. Cette expérience, nous devions la prendre comme elle était. Enfin, si la vie de l'ouvrier avait un sens dont celui-ci était parfaitement conscient, il fallait encore qu'il puisse l'exprimer, l'offrir au débat et à l'éclaircissement. On en arrivait donc à l'idée de témoignage - recueilli, publié, répandu dans la classe ouvrière, discuté.

*

*   *

À la suite de la proposition de Lefort, on aurait pu imaginer, dans les pages de la revue, une floraison de témoignages ouvriers, accompagnés de quelques commentaires respectueux des têtes de SouB, qui diraient ce que ces paroles prolétariennes signifiaient en vérité. Ce ne fut pas le cas. Le seul témoignage suscité par l'appel de Lefort vint d'un ouvrier de l'entreprise Chausson, membre du groupe, qui s'efforça, dans un langage parfait, d'énoncer ce qu'il fallait penser de la condition ouvrière. Ce « témoignage », qui occupa 5 numéros de la revue, entre 1952 et 1955, sous le titre de « La vie en usine », ne répondait nullement à l'idée que Lefort se faisait de l'exercice : il était pollué par l'interprétation politique et ne dégageait nullement ce parfum de vérité nue, brute, à laquelle le philosophe s'attendait ; de surcroît il ne comportait pas la moindre référence à ce que Lefort et le groupe attendaient d'un témoignage ouvrier - l'horreur de l'insignifiance du travail. Les idées de l'auteur de « La vie en usine » sur le prolétariat étaient frappées au coin d'un bon sens décourageant. L'ouvrier, selon l'auteur, était essentiellement préoccupé par sa rémunération, ses conditions de travail et les avantages sociaux. Il concevait la vie en usine sous l'aspect de la lutte de tous contre tous, et cherchait tout d'abord à améliorer sa situation individuelle. Constatant l'inefficacité de ses efforts solitaires, il se tournait alors vers la lutte collective et rentrait dans la classe ouvrière.

Selon la proposition de Lefort, les témoignages, quel que soit leur sens, devaient être discutés - la discussion était précisément l'un des buts de l'opération, puisqu'elle devait éclairer les ouvriers, leur donner confiance en eux-mêmes et susciter d'autres témoignages. À ma connaissance, « La vie en usine » ne donna lieu à aucun débat. La dernière partie du texte, comportant les « conclusions » de l'auteur, annoncée, ne fut jamais publiée. De Vivier, le nom (clandestin) de l'ouvrier de chez Chausson, il ne fut plus question : au moment où j'ai rejoint SouB en 1956, il avait disparu.

Le « retour du réel » de Lefort n'eut donc pas lieu. Pourtant sa proposition d'enquête poussa le groupe à accorder une prime particulière à l'expression autonome, spontanée, des ouvriers. Avant, la vérité ; maintenant, la vérité dite par les ouvriers. Un des nouveaux militants qui jouèrent par la suite un rôle très important au sein du groupe fut affecté par cette inflexion : il s'agissait de Daniel Mothé (j'utiliserai, dans ces pages, son sobriquet de clandestinité, car ce fut sous celui-là que Jacques Gautrat publia par la suite plusieurs livres).

Mothé, avant de se retrouver P3 outilleur chez Renault, avait tout un passé d'aventures, qui comportait une expédition au Spitzberg avec un explorateur anglais, un temps dans les mines à ciel ouvert à Albi, un autre comme docker à Marseille, un engagement dans la résistance qui le voit participer avec un groupe de maquisards à la libération du Sud-Ouest. Mince, agile, les yeux plissés dans un sourire rarement absent, un accent du sud-ouest donnant de la bonhomie à ses propos, même lorsqu'ils s'inspiraient de l'idéologie la plus sévère, Mothé inspirait une sympathie immédiate. Il avait une légèreté, une grâce, un optimisme, tout stendhaliens. L'improvisation ne lui faisait pas peur. « Nous n'avons pas de tente, constata-t-il, un jour que nous devions, lui, une de nos amies, et moi-même, descendre le cours de l'Ardèche et nous rendre sur la Côte d'Azur, tant pis : nous dormirons à la belle étoile. » Ce que nous pratiquâmes pendant plusieurs semaines, sous un ciel indulgent qui ne fit tomber sur nous pas la moindre goutte de pluie !

Mothé adhéra à SouB en 1952. Deux ans plus tard, il faisait partie du noyau d'ouvriers de chez Renault, qui créèrent Tribune Ouvrière, journal écrit par des ouvriers pour les ouvriers. Le premier numéro sortit en avril 1954. « Ce que nous voulons, annoncèrent les animateurs de T.O. (Tribune Ouvrière), c'est faire cesser la tutelle que depuis plusieurs années exercent sur nous les grandes organisations dites ouvrières. Nous voulons que tous les problèmes concernant la classe ouvrière soient débattus par les ouvriers eux-mêmes. [...] Ces feuilles sont ouvertes à tous les ouvriers qui ont quelque chose à dire sur les problèmes qui touchent la classe ouvrière dans son ensemble. » T.O. rejetait l'idée qu'un journal ouvrier puisse posséder jamais un appareil administratif et un corps de journalistes professionnels. Ses rédacteurs, ses diffuseurs, ses gestionnaires, ses financiers, ses stratèges seraient toujours des ouvriers qui y consacreraient leur temps privé et leurs ressources personnelles, ressources auxquelles s'ajouteraient celles des lecteurs ouvriers.

Le journal créé par Mothé et ses camarades formait ainsi une sorte de brouillon du socialisme. « Le socialisme n'est réalisable que si les ouvriers sont capables de gérer cette société, écrivit Mothé. Cependant cette gestion ne peut se faire dans la production capitaliste, mais seulement dans la lutte contre la gestion capitaliste. Comment développer cette capacité gestionnaire de la classe ouvrière ? C'est à cette question que doit répondre le journal ouvrier non seulement dans son contenu, mais aussi dans sa conception et dans son mode de fonctionnement : c'est-à-dire qu'il doit être géré lui-même par les ouvriers. »

L'objectif de T.O. était de susciter des témoignages, mais pas dans le sens où Lefort l'entendait. Il ne s'agissait pas de collectionner les points de vue sur la condition ouvrière, mais de susciter l'expression, par les ouvriers, des « problèmes » qui les touchaient immédiatement. Les militants politisés qui avaient créé T.O. ne s'interdisaient pas de commenter les problèmes rapportés par leurs camarades non politisés, ni ne se refusaient de les lier à des conceptions plus larges, plus théoriques, qui mettaient en cause la totalité du système d'exploitation : « Le journal ouvrier, disait Mothé, doit être à la fois l'expression de l'expérience des ouvriers et le moyen d'arriver à cette théorisation, et par là d'aider à ce processus de politisation de la classe ouvrière ».

*

* *

Correspondence, le groupe américain auquel appartenaient l'auteur de « L'ouvrier américain », Romano, et Ria Stone, était arrivé à peu près au même point que SouB, constatation qui satisfaisait pleinement les Français, convaincus d'assister à la naissance d'une nouvelle internationale ouvrière. À sa création, en 1951, Correspondence avait lancé, lui aussi, un journal ouvrier, du même nom.

Le groupe américain fut d'abord, comme SouB, une tendance au sein du mouvement trotskiste, la tendance Johnson-Forrest, ceux-ci étant les noms de clandestinité de ses animateurs principaux, C.L.R. (Cyril Lionel Robert) James et Raya Dunayevska. Les Johnsonites, comme on les appelait, soutenaient que l'Union soviétique, était un régime capitaliste : le capitalisme privé avait été aboli, mais nullement l'aliénation du prolétariat. Le socialisme n'avait rien à voir avec les statuts de propriété, mais tout avec le sort de l'homme face au pouvoir et face à son travail. « L'objectif, écrivit James, est d'abolir l'organisation, d'appeler, d'enseigner, de développer la spontanéité - la libre activité créatrice du prolétariat ».

James, né en 1901, était originaire de Trinidad. Avant de s'installer aux États-Unis, en 1938, il avait publié en Angleterre plusieurs livres dont lui était venue une certaine notoriété, dont *Les Jacobins noirs*, une étude sur Toussaint Louverture et la révolution noire à St Domingue. Outre que James s'intéressait à toutes les branches de la culture, dont la littérature et la philosophie, c'était aussi un passionné de cricket, joueur lui-même et critique dont les articles paraissaient, durant les années trente, dans le Manchester Guardian (en 1962 il écrivit le livre considéré comme établissant les fondements philosophiques de ce sport : *Beyond a boundry*). Raya Dunayevska, qui était née en Russie, partageait avec James une passion pour la philosophie. Elle découvrit, après la guerre, les « Manuscrits économiques et philosophiques » du jeune Marx dans une traduction russe et les publia en anglais : ces manuscrits mettaient l'accent non sur les relations de propriété, mais sur la répression de l'essence même de l'humanité chez les prolétaires, ce qui justifiait les positions de la tendance Johnson-Forrest. Elle traduisit et publia les Notes sur la dialectique de Lénine, qui prouvaient, selon elle, la ligne antibureaucratique du leader bolchevik. Grace Lee (Ria Stone de son nom de clandestinité) fut la troisième animatrice de la tendance. De parents chinois (son père possédait un grand restaurant chinois à New York), Grace Lee fut une étudiante brillante et obtint son doctorat de philosophie. Elle fit la connaissance de Castoriadis et de la tendance Socialisme ou Barbarie lors d'un voyage en Europe en 1948 et constata l'accord des deux mouvements.

La tendance Johnson-Forrest déclara son indépendance en 1951, après être passée par les deux émanations rivales du trotskisme, le Socialist Workers Party (qui affirmait, comme Trotski, que l'Union Soviétique était restée un état socialiste, quoique « dégénéré ») et le Workers Party de Max Shachtman (qui soutenait le contraire) : elle prit le nom de Correspondence et concentra ses efforts sur la publication de son journal ouvrier.

Comme Tribune Ouvrière, Correspondence entendait être un organe fait par les ouvriers pour les ouvriers. La préoccupation des Américains était que les intellectuels ne monopolisent pas la parole ouvrière, en prenant le contrôle du journal et en nourrissant le complexe d'infériorité des ouvriers. Pour lutter contre ces dangers, on nomma à la tête du journal un ouvrier noir travaillant chez Chrysler, James Boggs, qui, tout en écrivant articles et livres (dont : *The American Revolution*), ne cessa jamais d'occuper son poste au sein de l'atelier. Le mouvement organisa aussi une école à New York qui avait pour méthode de changer les élèves (les ouvriers) en maîtres et les maîtres (les intellectuels) en élèves. Les animateurs de Correspondence allèrent plus loin que Mothé et SouB dans l'éloge de l'expression ouvrière. Il ne s'agissait pas, pour eux, de faire se rencontrer l'expérience du prolétariat et la théorie socialiste, comme les Français le souhaitaient. Seuls les ouvriers savaient ce que les ouvriers pensaient, seuls eux connaissaient les voies de l'Histoire. Certes, ils avançaient en tâtonnant, allant d'une expérience à l'autre. Comme l'écrivit un intellectuel dans les colonnes de Correspondence : « L'ouvrier essaie de sentir sa voie, il n'en est pas sûr. Comme il avance, pensant, parlant ou écrivant, il se tourne vers les intellectuels qu'il connaît, dont il a appris tant de choses et qui, il le sait, ont les mêmes buts que lui. » Les ouvriers devant, les intellectuels derrière, en position d'assistants.

*

* *

Correspondence et SouB s'accordaient à reconnaître que la misère du prolétariat était spirituelle plus que matérielle : ce dont l'ouvrier souffrait, ce dont il se plaignait, ce à propos de quoi il s'exprimait, c'était essentiellement de l'absence de sens dans son travail. Mais qu'en était-il du passage au socialisme, de l'accès au paradis terrestre ? Le dilemme n'avait pas changé : si le socialisme devait venir par l'action d'une avant-garde, le résultat serait la création d'une société capitaliste, dans sa version bureaucratique, comme on le voyait en Union Soviétique ; si le socialisme devait être le fruit conscient du prolétariat, d'où en tirerait-il l'idée, lui dont l'existence était entièrement plongée dans la servitude ? Comment quelqu'un qui n'a jamais été qu'un exécutant pouvait-il concevoir une existence au sein de laquelle l'on se dirige soi-même ? D'où tirerait-il le savoir qui permettrait de résoudre les problèmes liés à ce nouvel état ? L'édition d'un journal par un petit groupe de militants, même aidés par quelques camarades non politisés, ne résolvait pas la question de la tendance gestionnaire du prolétariat.

CHAPITRE 4 : SUR LES REMPARTS

Le désert des Tartares - SouB au guet - La 3e guerre mondiale n'a pas lieu - La coexistence : fin ou refondation de la révolution ? - Rashomon : on voit ce qu'on veut voir - Le XXe Congrès du PC soviétique - Plaintes des dirigeants, effondrement de la productivité russe - La demande de Khrouchtchev aux ouvriers : participez ! - Le totalitarisme, ultime étape du capitalisme - La compétition économique et non la guerre, mère de la révolution - L'égalité scandaleuse de Hannah Arendt : communisme égal nazisme - Idéologie et terreur, ressorts des deux régimes - Vassili Grossman : l'humanité de l'homme - Liberté : mot ignoré - Niki, de Tibor Déry : la mort d'un chien annonce l'insurrection hongroise.

*

* *

Dans *Le Désert des Tartares* de Dino Buzzati (publié en Italie en 1940), un régiment, installé dans un antique fortin, scrute de jour et de nuit l'horizon afin de deviner les signes d'une attaque ennemie. Celle-ci a très peu de chances d'avoir lieu, le front d'une guerre éventuelle se trouvant dans une région différente, celle où le régiment est affecté n'ayant aucun intérêt, ni pour les agresseurs ni pour les défenseurs. Le régiment accomplit cependant sa mission depuis des années, et ceci avec discipline, les manquements étant sévèrement punis. Parfois, une sentinelle perçoit des mouvements d'ombres de l'autre côté du désert au bord duquel le fortin se dresse, des cris s'élèvent de poste en poste, bientôt tout le monde est sur pied, s'apprêtant soit à défendre sa vie soit à lancer une contre-attaque. Puis, comme l'ombre s'évanouit et que nul Tartare ne se manifeste, la garde reprend son inutile routine.

À SouB, on guettait. Comme le chanta plus tard Bob Dylan : « En haut de la tour de guet, les princes disaient ce qu'on voyait » (*All along the watchtower*). Les princes, Marx, Lénine, Trotski, Castoriadis, Lefort, disaient ce qui se préparait de l'autre côté du désert. Le groupe faisait confiance, s'émouvant lorsque « dans le lointain, un chat sauvage cria, deux chevaliers approchèrent, le vent commença d'hurler » (Dylan) : remue-ménage, grand branle-bas, puis rien, et le guet qui recommençait. Certains, moins portés aux déductions théoriques, attendirent, stoïques, que l'Histoire se décide.

Parmi les stoïques fut Alberto Véga, l'un des membres du groupe les plus attachants : c'est ainsi qu'il m'apparut lorsque je rejoignis SouB. Réfugié en France après l'effondrement du front républicain, à 20 ans, c'était un homme mince, au visage fin et à la parole rare, d'un caractère spartiate, inflexible, tout entier tendu vers un but unique, la révolution. Il avait ramené d'Espagne et du combat dans les rangs anarchistes la haine des communistes et un attachement total à la cause de l'autonomie ouvrière. Sans pouvoir agir beaucoup lui-même en raison de son statut d'étranger, sauf à l'intérieur du groupe, il avait néanmoins la religion de l'action. La théorie, où le groupe se complaisait, l'agaçait, ce que sa rude honnêteté ne cachait pas. « Enfin, grommelait-il de son accent rocailleux, nous avons quatre, cinq idées : cela suffit bien, ne compliquez donc pas tout ! », et, avec un certain désespoir, il agitait une boîte d'allumettes où l'on supposait que quatre ou cinq allumettes-idées se heurtaient l'une contre l'autre. « Nous ne sommes pas des prédicateurs, disait-il, ce ne sont pas les paroles qui convainquent les ouvriers ! » Enregistrant les prédictions mirifiques des princes, il écartait les mains comme pour signifier, par le vide qu'il figurait, l'absence physique de ce qu'ils annonçaient, comme pour dire : « Qu'on me le mette là, et j'y croirai ! » Ses propos étaient sévères, ses jugements définitifs (à la fin de nos relations, j'en fis l'objet), mais la souffrance, peut-être ramenée d'Espagne, dont rarement son visage se défaisait, était adoucie par le timide sourire qui illuminait son visage lorsqu'il lui fallait accueillir de jeunes recrues comme moi-même.

*

* *

Sur les remparts, on attendait la 3e guerre mondiale. Celle-ci était, selon les guetteurs derrière les parapets, sur le point d'éclater : « Jamais, observait Claude Lefort, la société capitaliste n'aura créé des conditions plus favorables à la révolution prolétarienne, et jamais elle ne les créera à nouveau. » Ainsi raisonnait la petite bande, contemplant le désert. Les années passèrent : 1951, 1952, 1953. La guerre qui s'était allumée en Indochine dès 1946 éclata sur la péninsule coréenne en 1950. Les blocs allaient-ils profiter de ces querelles locales pour se jeter à la gorge, comme la théorie l'annonçait ? Non ! Une étrange paix tomba sur le monde. La guerre de Corée revint à sa ligne de départ, sans vainqueurs ni vaincus. La guerre d'Indochine, elle aussi fut bouclée, mais cette fois par une défaite écrasante et humiliante des Français.

Staline mourut en mars 1953. Sur le cadavre de son chef de police Lavrenti Beria, passé promptement par les armes, les dirigeants de la bureaucratie russe jurèrent que plus jamais le coup de sonnette du laitier au petit matin ne glacerait leurs cœurs. Il n'y aurait plus de terreur pour ceux qui terrorisaient les autres. Plus de justice truquée pour les truqueurs de justice. Les déportés revinrent de Sibérie, par petits paquets, discrètement. Les médecins de Staline, accusés d'avoir tenté d'assassiner celui-ci, et surtout d'être juifs, furent innocentés. À Tito, on tendit la main, souhaitant parler d'égal à égal, franchement. Aux partis inféodés, on lâcha un peu la bride : Togliatti, le leader italien, eut le droit de parler de « polycentrisme », on hocha la tête, chaque parti un centre, pourquoi pas ! Pour donner crédit à ces bruits pacifiques, le Kominform, organisation internationale des partis communistes, fut dissous. Enfin, se tournant vers le bloc américain, on parla de coexistence pacifique.

Du côté des Occidentaux, sans cesser de tenir la bombe, on agita le rameau. Les Américains révisèrent leur stratégie nucléaire : on parla maintenant de « réponses graduées » plutôt que de « riposte massive ». Les milieux universitaires se nourrirent de l'idée de « gradation de croissance », développée par les économistes Colin Clark et Simon Kuznets pendant la guerre : plutôt que d'opposer les nations selon leurs doctrines politiques, on préféra mesurer leurs performances économiques. De « Plus ou moins de liberté » ou de « Plus ou moins de droits », critères devenus vieux jeu, rétrogrades, on passa à « Plus ou moins de croissance économique ». Le conflit impérialiste céda la place à la compétition économique. Bientôt Khrouchtchev et le vice-président des États-Unis, Nixon, débattront dans une cuisine de foire de l'aisance respective de leurs deux pays : « Nous sommes les plus riches », argumentera Nixon. « Nous vous rattraperons rapidement », rétorquera le leader soviétique.

La coexistence plaisait à tous et annonçait des jours heureux : cette perspective ne pouvait évidemment convenir à SouB. Pas de guerre, pas de révolution : c'était écrit sur le granit marxiste. Comme la guerre faisait défaut, il fallut donc que les princes de la chanson de Bob Dylan inventent une nouvelle théorie, nouvelle déviation par rapport à l'orthodoxie. Claude Lefort formula la chose : ce ne serait pas la guerre qui déclencherait la révolution, mais la paix.

Dans une note sur la situation internationale qui figurait dans le numéro de la revue d'août-septembre 1953, le rédacteur (on reconnaît le style de Lefort), témoignant d'un premier doute, écrit ceci : « Les derniers mois nous ont enseigné que le développement des contradictions dans les deux blocs ne peut pas mener aussi vite que nous ne pensions à la guerre. » Cependant, signale l'auteur de la note, « le prolétariat peut, en revanche, bénéficier de ces contradictions et, dès avant la guerre, commencer de se rassembler sur des bases autonomes ». Mais il fallut le XXe Congrès du P.C. soviétique pour que la nouvelle théorie émerge de la tête de Lefort. Ignorant le fameux rapport de Khrouchtchev sur les crimes de Staline, le jeune philosophe étudia les interventions qui accompagnèrent ce rapport, dont une grande partie déplorait la faible productivité du prolétariat russe. Les hiérarques avaient compris qu'il leur fallait, pour augmenter l'efficacité de l'industrie soviétique, obtenir une plus grande identification ouvrière aux objectifs économiques des dirigeants. Ainsi donnèrent-ils au prolétariat une arme, celle d'accorder ou non sa participation, et de cette façon, précipitèrent la révolution à venir. L'analyse de Lefort fut publiée dans la revue, en avril-mai 1956. De l'inévitabilité de la guerre, il ne fut plus jamais question.

*

* *

J'expose l'argumentation de Lefort dans ce qui suit, mais je veux, auparavant, évoquer un film d'Akira Kurosawa, *Rashomon*, réalisé en 1950 à un moment où les Japonais se frottaient encore les yeux en se demandant, éperdus, ce qui leur était arrivé et qui en était responsable. Pour mettre en scène la ronde des questions qui tournaient dans l'esprit de ses contemporains, et sans doute dans le sien, le cinéaste utilisa une nouvelle de Ryunosuke Akutagawa, *Dans les fourrés*, écrite avant-guerre.

Dans un siècle lointain où le Japon agonisait dans un désordre total, un bandit semble avoir violé une jeune femme, puis tué son mari, un seigneur. Le bandit, capturé, assure qu'il a offert au mari un duel loyal, le mari s'étant battu d'ailleurs courageusement et n'ayant été transpercé qu'après un nombre inhabituel d'assauts. La femme relate que, son mari ayant été ligoté par le bandit, jeta sur elle un regard si méprisant, après le viol, qu'elle s'approcha de lui pour l'assassiner, son couteau à la main : sur quoi elle s'évanouit, pour, s'éveillant, voir son mari mort, le couteau au cœur. Le mort lui-même, qu'un médium, à la demande du juge, fait parler, confesse que, entendant sa femme déclarer son amour au bandit et partant à son bras, il s'est suicidé avec le couteau de sa femme. Enfin un bûcheron avoue qu'il a assisté au duel du bandit et du mari, qui fut une lutte assez misérable entre eux et non ce duel loyal et courageux que le bandit évoque de son côté.

Chaque témoin a ses propres raisons pour colorier diversement le drame. Le bandit veut défendre sa réputation de tueur hors pair, et ceci même s'il doit en mourir. La femme s'approprie le meurtre tout en lui donnant, comme motif, l'affirmation de sa dignité. Le mari veut préserver sa réputation de gentilhomme. Quant au bûcheron, il a volé le couteau de la femme, enchâssé de bijoux, il doit donc masquer son larcin en indiquant comme arme du crime l'épée du bandit. On peut imaginer le Japon dans la peau de chacun des personnages du drame, chacun exposant à sa manière la situation du pays. Bombant le torse et ne regrettant rien ; pleurant sa vertu perdue entre les mains des hommes de guerre nippons ou encore des Américains ; se réfugiant dans des valeurs surannées ou chipotant quelques avantages auprès des conquérants à la manière du bûcheron : le pays martyrisé pouvait s'identifier à l'un ou l'autre de ces récits, comme il pouvait être le bonze qui, écoutant les témoignages contradictoires des uns et des autres, en tire la justification d'un désespoir sans fond : « Comment avoir désormais confiance dans l'être humain après tout cela ! » La leçon du film : chacun voit ce qu'il veut voir !

*

* *

Que voit donc Lefort dans le XXe Congrès ? Non, évidemment, comme les analystes bourgeois, la libéralisation du régime bolchevique, mais au contraire un nouvel épisode de la guerre que mène celui-ci contre sa propre classe ouvrière. Avantage de la thèse de Lefort : elle s'applique des deux côtés du rideau de fer. Tous les documents que Lefort cite montrent Khrouchtchev et ses partisans se plaindre que la « maison Russie ne marche pas », toutes leurs critiques pointant dans la même direction. Certes, on dénonce à tout va les cadres (ces « fainéants occupés » selon les termes du Premier Secrétaire) qui ne prennent pas leurs responsabilités, l'état qui étend inutilement ses tentacules et étouffe les régions, le papier qui remplace la vie, les économistes qui s'occupent de tout sauf de problèmes économiques réels, et ainsi de suite. Mais surtout, mais essentiellement, la plainte des dirigeants est que les travailleurs ne travaillent pas et, par là, bloquent le développement économique de la Russie.

Lefort cite Souslov, un stalinien pur et dur gagné à la ligne de Khrouchtchev, que nous verrons bientôt organiser la répression en Hongrie. Celui-ci spécifie quel est « le problème économique fondamental de l'URSS » : « rattraper et dépasser les pays capitalistes les plus évolués en ce qui concerne la production par habitant. » - « Or, pour cela, continue Souslov, nous devons assurer le passage de toute notre économie nationale à un niveau technique plus élevé, accroître notablement la productivité du travail. C'est là l'essentiel aujourd'hui pour assurer la primauté du socialisme dans la compétition avec le capitalisme. » L'histoire a passé : le temps durant lequel il fallait arracher les paysans de leurs champs pour les jeter, tout crottés, les yeux chassieux, vers les chantiers où se formait la nouvelle destinée industrielle de la Russie, le temps du knout et du camp de concentration, ce temps avait pris fin, c'était maintenant le moment de la haute technologie, de la production des biens de consommation, de la participation volontaire, de l'initiative, de la responsabilité individuelle. Souslov s'agaça devant les délégués du Congrès : pour résoudre le problème du développement économique « dans le délai historique le plus bref, le pays des Soviets possède tout ce qu'il faut ».

Tout ce qu'il faut - oui, accorda Lefort. Car l'URSS, contrairement aux États-Unis et à ses alliés capitalistes, avait déjà accompli le saut ultime du capitalisme, et atteint sa forme la plus achevée, qui était celle du totalitarisme, et ceci grâce à Staline lui-même. À celui-ci, nota Lefort, la Russie devait « la concentration de toutes les fonctions, politiques, économiques, judiciaires, en une seule autorité, la subordination forcée de toutes les activités au modèle imposé par la direction, le contrôle policier des individus et des groupes et l'élimination physique de toutes les oppositions. » La belle mécanique qui, du berceau à la tombe, veillait sur les Soviétiques, et transformait chacun d'eux en « sujet social » dont les pensées et préoccupations étaient entièrement tournées vers le régime, cette belle mécanique était là ; disponible aussi était l'huile que Khrouchtchev et ses partisans savaient indispensable de déverser : paroles apaisantes, critique des chefs, dégommage de quelques bureaucrates particulièrement inefficaces. Le régime avait « tout ce qu'il fallait » selon les mots de Souslov, pour forcer les travailleurs à embrasser les nouvelles valeurs productivistes : il tenait tout, ce régime, et pourtant ses doigts, soulignait Lefort, se fermaient sur rien.

L'explication de ce vide était simple et pourtant échappait à la compréhension des dirigeants russes, comme à ceux d'Occident : la lutte de classes interdisait que les ouvriers participent à leur propre exploitation. « Tous les efforts que déploie l'état totalitaire pour avoir un fonctionnement harmonieux de la société, pour susciter la créativité des hommes, se retournent contre lui ».

L'affirmation selon laquelle les usines étaient la propriété du prolétariat poussait les ouvriers à réclamer la gestion de ces usines. Étant devenus des « êtres sociaux », pourquoi étaient-ils exclus de la direction de la société ?

Conclusion de Lefort : l'URSS est en plus grand danger de révolution que les USA. Les traits qui singularisent la Russie et qui en font le pays le plus totalitaire de la planète « sont aussi ceux qui l'exposent plus que tout autre pays à la critique et à l'action des masses. » Plus les dirigeants soviétiques pousseront la production, plus ils voudront l'emporter sur l'économie américaine, plus ils chercheront à imposer cet objectif aux ouvriers, plus ils serreront la vis du contrôle du Parti sur chacun, et moins le prolétariat n'acceptera ces vues. La mère de la révolution, ce sera non pas la guerre, mais la compétition économique avec les États-Unis.

*

* *

Lefort, en marxiste rigoureux, ne voyait l'URSS que comme une vaste usine, similaire à la vaste usine qu'étaient les États-Unis et les autres sociétés capitalistes occidentales ; s'y déroulait un conflit incessant entre dirigeants et exécutants pour le contrôle de la production, conflit dont dépendait l'organisation de la société dans son ensemble. Ce qu'il appelait « totalitarisme » concernait strictement les « rapports de production », ceux liant et opposant patrons et ouvriers. De l'extinction systématique de la liberté, du mensonge permanent, de la terreur, des déportations massives de populations, des camps de concentration, il n'était pas question ni dans l'article de Lefort ni dans aucun article paru dans Socialisme ou Barbarie (à part quatre lignes que j'ai citées au début de ce livre). Pour Lefort, le totalitarisme, c'est le contrôle bureaucratique de la population ouvrière, rien de plus. Mais une femme réfugiée aux États-Unis, Hannah Arendt, portant son regard sur l'Union soviétique en même temps que sur l'Allemagne nazie, voyait tout à fait autre chose et donnait au mot « totalitarisme » un sens très différent, qu'elle exposa dans un livre : *The Origins of totalitarianism*, publié en 1951.

SouB ne connaissait pas ce livre et ne savait rien de son auteur. La traduction française de la troisième partie des *Origins*, portant sur le totalitarisme lui-même, ne fut publiée en France qu'en 1972 : cependant, plusieurs des membres de SouB lisaient et parlaient l'anglais, dont Castoriadis : il leur aurait été facile de lire l'ouvrage d'Arendt. Pendant tout le temps que j'ai appartenu au groupe, à partir de 1956 et jusqu'à la fin, je n'ai jamais entendu parler des *Origines du totalitarisme*, ni même d'Hannah Arendt. (C'est bien après que les anciens de SouB se sont intéressés à Arendt.)

Au moment de publier son étude, Hannah Arendt vit aux États-Unis depuis une dizaine d'années. En 1933, alors qu'elle poursuit encore ses études de philosophie à Heidelberg, les lois raciales nazies l'obligent de quitter l'Allemagne pour s'installer à Paris. À la déclaration de la guerre, elle est enfermée par les autorités françaises dans le camp d'internement de Gurs, au pied des Pyrénées. Là, elle retrouve d'autres réfugiés allemands, s'enfuit, gagne le Portugal et de là rejoint New York. Durant les années qui suivent, à travers la guerre et l'après-guerre, Arendt analyse le régime qu'elle a fui. Sa réflexion porte d'abord sur l'antisémitisme, pour ensuite passer au nazisme et au communisme (le communisme réel, celui de Staline). Dans ceux-ci elle voit l'arrivée sur la scène de l'histoire d'un régime entièrement nouveau, qu'aucun observateur des affaires humaines, depuis Aristote, n'avait eu l'occasion d'identifier - le totalitarisme.

Affirmer la présence, au sein du nazisme et du communisme, du même système, celui du totalitarisme, demandait du courage, peut-être même un peu d'inconscience. Dans les milieux intellectuels américains où Arendt se trouve et au sein desquels elle doit faire sa vie professionnelle, les communistes orthodoxes sont nombreux. Depuis le New Deal, ils se sont multipliés au sein des services de l'état, dans la presse, à Hollywood, dans les universités : l'alliance des États-Unis et de l'URSS dans la lutte contre le nazisme accroît encore leur influence. Et voilà qu'une réfugiée allemande, sans le moindre rang, établit l'équation explosive : nazisme égal communisme. Les relations entre les USA et l'URSS s'aigrissent cependant rapidement après la capitulation de l'Allemagne. Dans cette ambiance nouvelle, la censure des milieux communisants prend le maquis, et l'étude d'Hanna Arendt peut sortir en 1951. Au cœur de son analyse du totalitarisme se trouve l'association de l'idéologie et de la terreur, chacune appelant l'autre.

L'idéologie : pour les nazis comme pour les staliniens, peu importent le passé et le présent, seul compte l'avenir. Cet avenir, c'est celui qu'indique la Nature (pour les nazis) ou l'Histoire (pour les communistes). S'agissant de la Nature, elle sélectionne, parmi tous les hommes, ceux relevant d'un caractère plus fort et plus pur, jusqu'à créer une race unique, disposant du maximum de ces traits. S'agissant de l'Histoire, celle-ci jette les classes les unes contre les autres jusqu'au moment où il s'en présente une, le prolétariat, qui réalisera sur terre un état d'harmonie globale.

Prouver n'est pas convaincre. Pour s'imposer, l'idéologie recourt à la terreur. Celle-ci s'applique à tous ceux qui, volontairement ou non, font obstacle à la marche de la Nature et de l'Histoire, qui refusent de considérer que le futur doit l'emporter sur le présent et sur le passé, qui retardent l'arrivée de la société des hommes racialement purs, qui créent des difficultés sur le chemin de la société des hommes uniformisés. Moins il existe de raisons pour opprimer la population, plus la terreur augmente. Tandis que la solution « finale » de l'éradication des juifs est déjà en œuvre et que l'opposition à Hitler a été écrasée, le Führer envisage de déclencher sur le peuple allemand, qui n'a jamais cessé de l'appuyer, une terreur extrême. Ainsi, rapporte Arendt, conçoit-il, pendant la guerre, un plan pour créer un service de santé national dont l'un des buts sera de supprimer toutes les familles dont les membres seraient affectés de problèmes pulmonaires. En Union soviétique, Staline, à la fin des années 20, a vaincu l'opposition, muselé puis expulsé de Russie Trotski (il lui restera de le faire assassiner). Cela ne l'empêchera pas de déclencher une nouvelle terreur durant les années 30, déportant et massacrant à tour de bras, sacrifiant même son haut commandement militaire. Après la guerre, le peuple russe croit pouvoir respirer, dans le sentiment d'une union retrouvée : c'est au contraire une nouvelle répression qui s'abat sur des populations entières, sur les soldats prisonniers des Allemands, sur ceux de la victoire qui, parcourant l'Allemagne écrasée, ont vu plus qu'ils ne devaient voir.

Pourquoi cette terreur, demande Arendt ? Non pour protéger l'Allemagne ou l'URSS, car l'effet serait l'inverse ! S'agit-il de déblayer le chemin pour ce qui va venir ? Même pas ! Le déblayage est fait, les vermines humaines pulvérisées, les catégories sociales inutiles exterminées. Faut-il encore convaincre ? Mais la population est déjà convaincue. Peu importe, on n'est jamais assez pur, jamais assez uniforme. Le totalitarisme, dit Arendt, est toujours en chemin pour de nouveaux massacres.

Retour à l'idéologie, car sans celle-ci la Terreur n'aurait pas causé les ravages qu'elle a faits. Durant le 20e siècle, les hommes en grand nombre sont tombés sous le charme des idées. Ils ont adhéré à un ensemble de thèses qui avaient la vertu d'expliquer les malheurs des temps présents et qui, simultanément, indiquaient comment créer une société où ces malheurs ne seraient plus qu'un souvenir. On tomba aussi sous un autre charme : celui de la science et du raisonnement logique. On a cru que parce qu'on pensait A, on devait aussi nécessairement penser B, puis C et D. Des théories racistes du 19e siècle, on déduisit les fours crématoires ; de la théorie marxiste de la lutte des classes, elle aussi du même siècle, on a conclu qu'il était nécessaire de faire périr toute une partie de la société.

Mais, pourrait-on objecter, les hommes n'ont-ils pas toujours raisonné de la même manière et n'ont-ils pas toujours agi en fonction de certaines idées ? L'idéologie est-elle un facteur vraiment nouveau dans l'histoire ? À quoi Arendt répliquait de la manière suivante : jusqu'ici les hommes (au moins en Europe) ont agi en fonction de leurs intérêts, c'est seulement au 20e siècle qu'ils ont commencé à agir selon des idées. L'intérêt est collectif, concret, contrôlable : nous le poursuivons au sein de la communauté à laquelle nous appartenons, luttons pour le sauvegarder, mesurons les résultats de notre combat. L'idée, elle est vague, universelle, désincarnée. Elle concerne chacun en tant qu'homme général, pas comme le membre d'une collectivité. Elle promet, non un avantage précis dont mon groupe et moi-même pourrions bénéficier, mais un état général - la pureté raciale, l'égalité totale - qui concerne l'humanité en général. Comment cette idée générale, abstraite, peut-elle pénétrer dans l'esprit des hommes au point de leur faire oublier leurs propres intérêts particuliers ? Arendt voit là l'influence de la disparition des classes sociales sous l'effet de la modernité et le remplacement des classes par la masse. Au sein de la masse, l'individu est seul, sans le secours des convictions du groupe auquel il appartenait. À ceux qui ont vu leurs convictions s'évaporer, leurs intérêts se dissoudre, l'idéologie apporte un nouveau sens à la vie, un ciment avec les autres.

Arendt et Lefort : deux personnages de *Rashomon* ; un même sujet, deux tableaux. Pour Arendt (existentialiste, ancienne élève de Heidegger), le totalitarisme est l'association de l'idéologie et de la terreur. Pour Lefort (encore marxiste), le totalitarisme est le dernier tour de vis donné à l'exploitation de l'ouvrier, objectif commun aux capitalismes, bureaucratique et privé. Pour la première, communisme égal nazisme ; pour le second URSS égal USA.

*

*   *

Aux trois quarts du *Désert des Tartares*, Buzzati fait bénéficier le héros du roman, Drogo Giovanni, d'une longue vue plus puissante que celles, réglementaires, fournies aux officiers. Avec cette optique, Drogo et l'un de ses compagnons croient voir, de l'autre côté du désert, des points lumineux se déplaçant lentement. D'hypothèse en hypothèse, les deux officiers en arrivent à conclure que l'ennemi construit une route en direction du fortin. Les semaines et les mois passent, l'été n'est plus qu'un souvenir, l'hiver arrive puis les premières neiges tombent. Celles-ci couvrent le désert : plus aucun mouvement n'est visible. « C'est bien la preuve, se disent les officiers, qu'il s'agissait de travaux hostiles puisque la neige les a interrompus. »

SouB disposait aussi d'une longue vue. Son optique, reprise à Marx, était munie d'un filtre, qui ne laissait passer que certains rayonnements, ceux qui révélaient la lutte de classes entre dirigeants et ouvriers. Tout ce qui suggérait que les gens avaient des préoccupations autres que celle de « changer les rapports de production » sortait du champ visuel.

Pour percevoir le réel mieux vaut se dispenser de longue-vue : les yeux suffisent. L'écrivain soviétique Vassili Grossman n'avait pas besoin de longue vue (encore moins du marxisme) pour voir ce qu'il avait sous les yeux. En 1955, le dictateur était mort depuis deux ans, Khrouchtchev orchestrait la déstalinisation. Était-ce « le temps de se débarrasser de l'esclave qui était en nous », ce temps qu'avait annoncé Tchékhov, dans un monde différent ? Esclave, Grossman l'avait été, autant que tout autre écrivain du régime. Loué par Gorky à ses débuts, gagnant sa vie par ses écrits dès son entrée en littérature durant les années 30, devenu, durant la Guerre patriotique, l'un des correspondants de guerre les plus appréciés des soldats, il avait fait les bassesses nécessaires. Sa signature n'avait pas manqué de figurer sur l'appel réclamant la peine de mort pour Boukharine, lors des procès de Moscou de 1937. En 1952, il avait réclamé, bien que juif lui-même, que les médecins de Staline, les « blouses blanches », juifs, soient exterminés. Autour de lui, des membres de sa famille, dont son oncle, des amis qui l'avaient soutenu durant ses jeunes années, des écrivains auxquels il était lié avaient disparu dans les camps sans qu'il élève la voix. Le roman qu'il tira de son expérience de guerre, *Pour une juste cause*, publié en 1952, témoigna de son orthodoxie en exaltant l'union du peuple russe et du Parti pour repousser l'envahisseur hitlérien.

C'est alors que commencèrent ses déboires. Les critiques s'émurent. Un grand roman patriotique, *Pour une juste cause*, certainement, mais combien rares étaient les vrais héros communistes dans cette œuvre, qui semblait s'intéresser bien plus aux gens ordinaires qu'aux membres du Parti ! Et Strum, le personnage central du roman, un juif ! Et ceci au moment où le Parti faisait campagne contre le cosmopolitisme, et se proposait de liquider ceux qui en étaient atteints, sans conteste des juifs, essentiellement ? Et Grossman lui-même n'était-il pas juif ? Grossman, qui avait passé sa vie à louvoyer, décida de ne plus louvoyer et de se séparer de l'esclave qu'il avait en lui. Il s'attaqua à la suite de son roman, dont le thème ne serait plus l'union du peuple et du Parti, mais sa séparation, non l'opposition du communisme et du nazisme, mais leur identité, non l'exaltation du patriotisme, mais la déploration de la perte de la liberté. Ce sera *Vie et Destin* , dont le KGB confisqua le manuscrit en 1961, et qui aurait sans doute disparu de l'histoire de la littérature si l'écrivain n'avait pas caché deux exemplaires de son œuvre chez un ami, lesquels prirent le chemin de l'étranger.

Tout en travaillant à *Vie et Destin*, Grossman écrivit diverses nouvelles et études, qu'il ne se donna pas la peine de présenter aux revues qui, autrefois, publiaient aussitôt le correspondant de guerre adulé. En voici une : nous sommes en mai 1955. L'armée soviétique avait, lors de l'effondrement de l'Allemagne, capturé les tableaux du musée de Dresde et les avait envoyés à Moscou. Prise de guerre ? Cela aurait été sans doute jeter inutilement une tache sur l'honneur de l'Union soviétique et désoler ses partisans en Occident. Ce fut donc un emprunt que l'on renvoya à son propriétaire, non sans l'avoir exhibé aux Moscovites. C'est ainsi que Grossman vit la Madone Sixtine, de Raphaël, dont, bouleversé, il écrivit que « ce tableau ne mourrait pas tant que les hommes vivraient ». L'étude qu'il écrivit, publiée bien des années après, explique ce jugement et expose du même coup ce que Grossman avait en tête en écrivant *Vie et Destin*.

Qu'est-ce donc que la Madone Sixtine ? Une jeune mère et son enfant dans les bras. Tout simplement ? Oui, pourtant Grossman y voit aussi « l'humanité de l'homme ». Il imagine la Madone tenant son fils à la main, piétinant parmi les juifs que l'on pousse vers la chambre de gaz. Il la voit parmi les paysans qui, en Ukraine, meurent de faim dans leurs villages entourés par l'armée soviétique et par la police politique. La voici jetée sur la neige avec les morts en Sibérie, chargée de bâtir, avec ceux qui vivent encore, les huttes où les survivants pourront s'abriter. Voici encore sa chambre scellée, elle embrassant son fils devenu un jeune homme à la barbe bouclée, avant d'être emportée par une voiture aux vitres noircies.

Elle et son fils sont pourtant sereins. Va-t-elle s'agripper à son enfant, le serrer contre elle ? Va-t-il, lui, se blottir dans ses bras ? Non ! Comprennent-ils ce que sera leur destin ? Oui ! « Un regard aussi triste et aussi grave, écrit Grossman à propos de celui de l'enfant, dirigé à la fois devant lui et à l'intérieur de soi-même, est capable de connaître, de voir le destin. » La mère et le fils connaissent donc leur destin et sont prêts à l'affronter, paisiblement. Cette affirmation de la vie, de l'énergie, de l'espoir, de la liberté qui va au-devant de ce qui est son contraire, le destin, est ce que ce que Grossman appelle « l'humanité de l'homme ». La vie, toujours la même, le destin toujours différent. « La force de la vie, la force de ce qu'il y a d'humain en l'homme est immense et la violence la plus puissante, la plus absolue, ne peut assouvir cette force, elle peut seulement la tuer. C'est pour cela que les visages sont sereins : ils sont invincibles. En ce temps de fer, la mort de la vie n'est pas sa défaite. » À quel moment Grossman s'est-il rendu compte que le thème de son roman à venir serait celui de la lutte éternelle de la vie et du destin ? Fut-ce en s'abîmant dans la contemplation émerveillée de la « Madone Sixtine » ?

Vie et Destin fait de l'Union soviétique un tableau que Hannah Arendt n'aurait pas désavoué. Voici l'identité du nazisme et du communisme. Voici Staline approuvé par un officier de la Gestapo : « Pour qu'existe le socialisme en un seul pays, il fallait priver les paysans du droit de semer et de vendre librement et Staline n'hésita pas : il liquida des millions de paysans. » Strum, le héros de « Pour une juste cause », que l'on retrouve dans *Vie et Destin* : « Il est horrible de tuer les juifs sous prétexte qu'ils sont juifs… Hitler dit, lui : aucune importance. Mais finalement nous suivons le même principe : ce qui compte, c'est qu'on soit ou non d'origine noble, fils de koulak ou de marchand. » La terreur, dont Hannah Arendt fait la seconde jambe du système totalitaire, se trouve justifiée, chez Grossman, par un tchékiste lui-même emprisonné par ses anciens collègues : « Il n'y a pas de gens innocents. Est coupable, toute personne qui fait l'objet d'un ordre d'arrestation. »

Le nazi qui dans *Vie et Destin* veut persuader un détenu, vieux bolchevik, de l'identité du communisme et du nazisme, lui suggère « d'être hégélien ». Grossman, lui, n'est nullement hégélien : il voit l'histoire comme un cercle, non un progrès linéaire ou encore une spirale ascendante. Il ne pense pas qu'on « va quelque part ». Pour lui, si les conditions sont différentes, le combat est toujours le même et jamais on ne pourra assurer qu'existera un gagnant définitif, un perdant toujours à terre. S'il devait voir la Russie grosse de quelque évolution, ce ne pourrait être que celle qui établirait, dans un équilibre incertain et toujours à reconstruire, un peu d'humanité entre les Russes, un peu plus de respect, d'affection, de justice, de liberté. Cette aspiration-là, la longue vue de SouB n'était pas faite pour la capter. Froideur de cœur ? Certainement pas ! Ignorance de ce qui se passait en Union soviétique ? Non, car on avait lu les écrits de ceux qui en avaient fait l'expérience durant les années 30, dont ceux de Victor Serge, très appréciés par les milieux ultragauches. Mais le moteur de l'histoire était la lutte de classe, pas la souffrance : les concentrationnaires ne changeraient pas le régime, les ouvriers, oui !

*

* *

Le mot « liberté » ne figure dans le vocabulaire marxiste que pour désigner un état formel, quelque peu pitoyable, sans contenu réel, concédé à la population par la classe dirigeante : la liberté de pensée, d'expression, de réunion, de déplacement, la liberté de conduire sa vie comme on l'entend, ces formes de la liberté paraissent négligeables, car elles n'impliquent aucun changement dans les « rapports de production ». La pensée toujours prisonnière du granit marxiste malgré de premiers efforts pour s'en dégager, SouB n'avait pas plus de considération pour la liberté que n'importe quel autre groupe marxiste, pas plus que les staliniens eux-mêmes. Comment alors le groupe pouvait-il comprendre que la révolte qui se préparait au sein de l'empire bureaucratique concernait non les « rapports de production », mais la liberté, qu'il ne s'agissait pas du heurt du prolétariat contre la bureaucratie dirigeante à propos du contrôle de la production, mais de « l'humanité en l'homme », pour reprendre les termes de Grossman, s'opposant à un système totalitaire unique au monde, circonscrit dans l'empire soviétique et nulle part ailleurs ?

En 1955, un an avant l'insurrection hongroise, un écrivain renommé, ancien communiste dont les relations avec le Parti étaient en dents de scie, Tibor Déry, fit publier un roman qui exposait comment on pouvait mourir de privation de liberté. S'agissait-il de la Hongrie ? Non : le héros du roman était un chien. Déry composa son roman, *Niki, l'histoire d'un chien*, comme un peintre chinois fait son tableau : en ne montrant pas ce qu'il montrait, en ne disant pas ce qu'il disait. Le peintre cache son sujet derrière des nuages, Déry cacha le drame de son pays derrière la figure d'un chien. Promène-t-on ce modeste héros ? C'est par des rues dont les noms ont changé récemment, l'auteur donnant avec application celui d'aujourd'hui et l'appellation d'hier. Niki devance-t-il ses maîtres, les Ancsa ? Aussitôt des agents de la fourrière le prennent en chasse : il faut l'intervention des passants pour qu'on le laisse tranquille. Un ami rend-il visite au couple ? On va avec Niki dans les champs, mais personne ne desserre les lèvres : le temps n'est pas aux confidences. L'ami fait des grimaces au chien, celui-ci, effrayé, aboie.

Ancsa, ingénieur des mines, directeur d'une entreprise récemment nationalisée, est soulevé d'enthousiasme par le sentiment de participer à la transformation du pays. Il fait de longues heures à son bureau, rentre tard chaque soir, Niki l'attend avec impatience à l'arrêt d'autobus ou derrière la porte de l'appartement. L'ingénieur prend cependant son rôle trop au sérieux et sanctionne un employé qui a des relations en haut lieu. Voilà Ancsa destitué, qui va d'emploi en emploi, chacun toujours plus étranger à sa spécialisation, de plus en plus modeste et de plus en plus éloigné de son domicile. Niki tourne en rond dans l'appartement jusqu'au jour où son maître disparaît lors d'une purge. Madame Ancsa fait des ménages, de la couture et s'occupe autant qu'elle le peut de Niki, partageant avec lui amour pour amour. L'appartement, qui était de fonction, est segmenté en vue d'accueillir d'autres locataires. L'espace de Niki se rétrécit, son envie même de sortir dans la rue s'amenuise, il se réfugie sous une armoire et n'en bouge plus.

L'ingénieur revient, sans plus d'avertissements que lorsqu'il a disparu. Sa femme : « T'a-t-on dit pourquoi on t'avait arrêté ? - Non, répond l'ingénieur, on ne m'a rien dit. - Et tu ne sais pas davantage pourquoi on t'a relâché ? - Non, répond l'ingénieur, on ne me l'a pas dit. » Les deux se penchent sous l'armoire pour appeler Niki : mais il est mort, « privé de liberté » indique lapidairement Déry. Celui-ci fut emprisonné pour son rôle durant l'insurrection hongroise, un an après la publication de son roman. Son chien mourut lors de l'incarcération de son maître. Son nom : Niki.

CHAPITRE 5 : LA CRÉATION DU POSSIBLE

Révolte dans les limes : Poznan - Le geste crâne de Gomulka - Les étudiants hongrois soutiennent les Polonais - Début de l'insurrection hongroise - Moi, en Italie - L'assistant de Togliatti prend le maquis - Au ciel avec lui - Découverte de Socialisme ou Barbarie - L'insurrection hongroise selon les reporters occidentaux - Indépendance - Bonheur d'être ensemble - Liberté - Revendication des droits « bourgeois » - Soulèvement de la jeunesse - La puissance du mal - Le récit de Lefort - Révolution ouvrière - Les conseils, seul pouvoir - Victorieux, en fin de compte - Moby Dick - Nouvel Ismaël, j'embarque sur le « Socialisme ou Barbarie » - Lefort en Pologne - On n'y croit pas à la révolution - Castoriadis, l'Achab des jeunes adhérents - La création du possible.

*

*   *

L'empire bureaucratique commença de tanguer sur ses fondations non au sein de l'URSS comme Lefort l'avait prédit, mais dans ses limes, à Poznan, en Pologne, le 28 juin 1956. Ce jour-là, un cortège d'ouvriers en grève traverse la ville, attirant de plus en plus de participants jusqu'au point de former une masse de cent mille personnes. Les revendications - révision des normes de travail et des salaires - sont rapidement dépassées : les manifestants s'en prennent au régime lui-même, saccageant les bureaux du Parti, s'emparant d'une prison dont ils libèrent les détenus, envahissant une caserne dont ils pillent l'armurerie. Les dirigeants, à Varsovie et à Moscou, s'alarment. Le maréchal soviétique Rokossovski, d'origine polonaise, installé sans façon par les Soviétiques à la tête du ministère de la Défense polonais et qui, de plus, est le vice-premier ministre du pays, envoie sur place une pléiade d'officiers russes, qui, dès le lendemain, organisent la répression : soixante-dix morts au moins, plusieurs centaines de blessés, des centaines d'arrestations sont le fruit de cette délicate prise en mains.

Les dirigeants comprennent qu'il faut jeter du leste : Wladyslav Gomulka est hissé à la tête du Parti. Le nouveau promu fait partie de ces nombreux communistes qui ont consacré leur existence au Parti et à sa cause - la création d'un homme nouveau, libéré de toute motivation individualiste, et dont la vie s'identifie totalement à la collectivité. Ces chirurgiens de l'humanité savent que leur mission est dangereuse et qu'elle n'ira pas sans souffrances, pour les opérés comme pour ceux qui les opèrent. Gomulka, lui-même, sort de prison où son adhésion à l'idée d'une « voie nationale vers le communisme » et son hostilité à la collectivisation des terres, lorsqu'il dirigeait le Parti après la guerre, l'avait jeté.

Voici, le 19 octobre, l'ancien prisonnier revenu au Comité central, élu premier secrétaire. Grâce à l'appui de l'armée, de la Sécurité et d'autres dirigeants du Parti, il démet ses anciens adversaires de leurs postes et demande au maréchal soviétique Rokossovski de se mêler de ses affaires. Il déclare son intention d'introduire un peu de démocratie en Pologne, de donner aux ouvriers un plus grand rôle dans la gestion des usines, et de réconcilier le régime avec l'Église. Surtout il va arracher la Pologne à l'imitation servile de la Russie. Alors qu'il était encore au pouvoir, n'avait-il pas dit qu'il ne se voyait pas administrant une nouvelle république soviétique ? « Qui est-ce ? » demande Khrouchtchev, venu de Moscou avec ses collègues pour demander des comptes aux Polonais, le jour de la nomination du nouveau secrétaire général. « L'homme que vous avez jeté en prison » répond Gomulka, crânement.

À Budapest, les étudiants suivent attentivement ce qui se passe en Pologne. Une organisation estudiantine autonome, qui vient d'être créée, réclame l'avènement de la démocratie, le retour du leader réformiste Imre Nagy et appelle, avec le cercle Petöfi, qui regroupe des intellectuels plus ou moins dissidents (dont Tibor Déry, l'auteur de « Niki »), à une manifestation de soutien à Gomulka, pour le 23 octobre. Celle-ci, commencée modestement, gonfle d'heure en heure : 200 à 300.000 personnes, étudiants, passants, ouvriers accourus des usines entourant Budapest, conspuent le régime, renversent la statue de Staline, agitent des drapeaux nationaux dont ils ont découpé l'emblème soviétique, faucille et marteau, qui en occupe le centre, réclament que l'on éteigne l'étoile rouge qui brille au-dessus des bâtiments publics et se portent en masse vers l'immeuble de la radio pour que celle-ci rende compte des revendications des étudiants. La police politique, en embuscade sur les toits, tire sur la foule. Des manifestants, déjà armés ou qui le seront rapidement, répliquent : c'est le début de l'insurrection.

*

* *

Pendant que celle-ci se déroulait, j'étais à Rome où j'avais passé l'année à courir mille lièvres : le cinéma, le journalisme, l'amour. J'avais 22 ans, la Sorbonne, où j'avais passé trois années, m'avait prodigieusement ennuyé : j'attendais que la vraie vie commence. Pour les jeunes Français qui avaient pris leurs leçons de politique chez Sartre, dont j'étais, il existait au monde un leader communiste intelligent : il dirigeait le parti communiste italien et avait pour nom Palmiro Togliatti. Je savais que Sartre et Simone de Beauvoir, qui ne se sentaient bien qu'en Italie, ne manquaient pas, durant leurs séjours à Rome, de déjeuner avec cet intellectuel subtil et divers, à la terrasse d'un des cafés de la piazza Navona. Tout en longeant la fontaine du Bernin, je jetais des regards timides du côté des tablées, me demandant, le cœur battant, si mes héros étaient là. Notre admiration allait au-delà de l'ami de Sartre et de Simone de Beauvoir pour englober les communistes italiens en général ; nous les pensions beaucoup plus fins, plus larges d'esprit, plus élégants (c'était un trait qui comptait pour moi !) que leurs équivalents français : n'étaient-ils pas, comme le romancier Cesare Pavese, capables de se suicider par désespoir existentiel ? N'avaient-ils pas lancé le cinéma néoréaliste ? Leurs journaux n'accueillaient-ils pas des hommes n'appartenant nullement à leur bord ? À mon arrivée à Rome, j'avais vécu sur deux fauteuils chez ma cousine Vérène Muheim qui était mariée à un journaliste communiste, Paolo

Pozzesi : lui et moi parlions sans fin d'Hemingway, l'objet d'un culte commun. L'Amérique nous était plus proche que l'Union soviétique.

L'un de mes amis à Rome fut un photographe qui me racontait son adolescence parmi les partisans communistes, libérant les villes à la pointe de la mitraillette, éliminant les traîtres et réquisitionnant tout ce qui leur passait par l'esprit. Gino, c'était le nom du photographe, fils d'un scénariste qui travaillait avec Rossellini et De Sica, se coiffait d'un Borsalino et portait un de ces costumes frais, clairs et aux pantalons sans revers, que j'enviais tant aux Italiens. On disait de lui que s'il avait choisi le métier de photographe c'était parce qu'il pouvait ainsi continuer d'appuyer sur une gâchette. De temps en temps Gino disparaissait, pour revenir, quelques jours après, le costume froissé et taché, le Borsalino de travers, le teint grisâtre : « Je n'ai jamais été aussi heureux que dans la résistance » me disait-il. C'était un communiste selon mon cœur, désespéré.

Arrivent les événements de Hongrie. Comme on drape Togliatti de mille qualités, on attend qu'il condamne l'intervention russe : ses réactions sont d'abord ambiguës, puis penchent du côté des Russes. Le hasard - ou était-ce Gino - me fait rencontrer un proche assistant du dirigeant communiste. Depuis l'intervention soviétique qu'il désapprouve, il est entré en dissidence. « Peux-tu m'aider ? - Évidemment ! » L'homme me séduit : il est résolu, courageux de toute évidence, il a un de ces visages taillés au burin qui inspirent confiance, il est tout aussi élégant que doit l'être un communiste italien : pour se protéger des intempéries, durant cet automne froid et pluvieux, il porte un Burberry serré à la taille et un chapeau penché sur le front, c'est Humphrey Bogart qui m'invite à lui donner un coup de main révolutionnaire.

Le dissident me fixe un rendez-vous à un coin de rue ; une Alfa-Roméo avance à travers une pluie fine, c'est mon homme, qui me fait signe de monter. Nous traversons Rome en silence : il ne parle pas le français et mon italien n'est pas à la hauteur d'une relation aussi exaltée. Enfin nous voilà, en dehors de la ville, sur le tarmac d'un petit aérodrome. Un mécanicien salue mon guide, qu'il connaît de toute évidence fort bien, fait glisser sur ses rails une large porte, laquelle révèle un avion biplace. Mon homme se hisse à la place du pilote et m'indique, à moi qui n'ai jamais encore volé, de m'installer derrière lui. Puis, ayant attendu que j'aie bouclé ma ceinture, ce que je fais le cœur dans les talons et la bouche sèche, il me tend un paquet : je vois qu'il s'agit de tracts dénonçant l'intervention soviétique en Hongrie.

La pluie a cessé. Nous planons sur de gros nuages, entre lesquels l'avion se fourvoie avant de piquer vers diverses cibles. Survolant chacune, le pilote me fait signe de jeter mes tracts : j'en lâche donc une poignée qui s'éparpille dans l'air avant que nous ne repartions vers une autre distribution. Ayant fait assez d'escalade en montagne, je m'habitue assez vite à me pencher sur le bord du cockpit pour contempler le paysage sous nos pieds ; mais nous restons trop peu de temps au-dessus du lieu du lâchage pour que je puisse vérifier si la masse ouvrière a pu attraper les feuillets que je lui adresse, ce qui tempère un peu mon enthousiasme. « Adesso andiamo da Togliatti » me crie le pilote. Et, pendant que les étendues chaotiques de la banlieue industrielle de Rome laissent la place au décor verdoyant des quartiers d'habitation de la bourgeoisie, nous voici à piquer du nez vers une propriété ornée de cyprès : nous sommes chez le leader communiste à l'intention duquel je lance les tracts qui me restent.

Je suis rentré à Paris quelques jours après mon aventure aéronautique et n'ai jamais revu le dissident ni su ce qu'il était devenu. Une affichette, collée contre un mur, signée d'un nom bizarre, Socialisme ou Barbarie, annonçait une conférence qui expliquerait le vrai sens de la lutte des ouvriers hongrois : j'y allai. C'est ainsi que je connus le groupe. La salle où se tenait la réunion se trouvait rue des Écoles. Je m'assis avec d'autres, intimidé, osant à peine lever les yeux vers la tribune. Quelque chose me disait qu'il ne s'agissait pas, ici, d'une de ces tentatives d'embauchage dont j'avais fait l'expérience chez les catholiques et les communistes. Ce jour-là, les hommes graves qui montèrent sur la modeste estrade se dispensèrent de mots d'accueil : l'on venait de connaître, en Hongrie, une révolution ouvrière, ce serait le sujet de cette réunion.

*

* *

À Rome, puis de retour à Paris, j'avais dévoré tout ce qui s'écrivait à propos des événements hongrois. Tandis que les récits de *Rashomon* se contredisaient, ceux-ci se complétaient, pour cerner, sans l'épuiser, cette tragédie grandiose où la noblesse voisinait avec une indicible bassesse, le courage le plus inouï la couardise la plus ignoble, la fidélité la trahison, la vérité la plus lumineuse le mensonge le plus abominable. Chaque récit me captivait. J'écartais seulement ceux des staliniens. Le mépris des communistes français que j'avais emporté de Paris fut réveillé à mon retour par la prose de l'Humanité où André Stil, pénible plumitif, chantait le bonheur hongrois et vitupérait la lie de la population qui avait eu l'audace de s'attaquer à ce jardin de roses.

Le grand, le principal récit attribuait à l'insurrection une cause majeure : la sujétion de la Hongrie par la Russie et le désir des Hongrois de rétablir l'indépendance de leur nation. L'indépendance fut la première revendication à apparaître et resta en première place jusqu'à la fin de l'insurrection. Le 22 octobre, au cours de la réunion qui vit la création de la nouvelle organisation d'étudiants indépendante, un jeune homme, sautant sur l'estrade, prononça ce qui était dans l'esprit de tous : « Il faut désigner la vraie cause de nos maux : l'occupation étrangère de notre pays ». Les 16 revendications que les étudiants rédigèrent ce soir-là portaient en tête la restauration de l'indépendance nationale et le départ des troupes russes. Ni l'armée, ni les écrivains, ni les conseils révolutionnaires qui se constituèrent dans les villes, ni ceux qui apparurent dans les ministères, dans les universités, à la radio, ne cessèrent de mettre en première place l'indépendance et le départ des Russes.

Les journalistes occidentaux, fascinés, décrivirent comment les Hongrois célébrèrent les retrouvailles avec leur patrie : ces drapeaux nationaux partout, avec leur trou au centre indiquant la place du sigle communiste désormais éjecté, agités par la foule, hissés au-dessus des bâtiments publics, drapés autour des étoiles rouges pour les cacher, ces boutonnières tricolores qui ornaient toutes les vestes, ces uniformes dont les soldats avaient arraché les épaulettes copiées de celles des tenues de l'armée soviétique. La détestation de l'état de servitude coloniale où les dirigeants communistes avaient mis la Hongrie atteignit même Imre Nagy, le leader communiste réformiste, chef du gouvernement durant le soulèvement, entouré d'un immense respect : « Camarades… » commença celui-ci lorsqu'il se présenta pour la première fois devant la foule. On l'interrompit : « Nous ne voulons pas de camarades ! » Alors Nagy corrigea : « Compatriotes et amis… »

Le sentiment communautaire, celui de se sentir plus lié au peuple qu'au parti, fit basculer la plupart des communistes vers l'insurrection. Un exemple parmi bien d'autres : celui du Colonel Pál Maléter, qui finira par commander l'ensemble des forces armées hongroises. Communiste, ex-partisan, héros de la 2e Guerre mondiale, Maléter est envoyé, dans les premiers jours de l'insurrection, pour soumettre une bande de jeunes combattants. Les ayant faits prisonniers, il en interroge un. Celui-ci sort de sa poche une feuille comportant les 16 revendications des étudiants ; enveloppée dans cette feuille se trouve sa carte du parti. Maléter est frappé : c'est donc là les fascistes qu'il doit écraser ? Il libère les jeunes combattants et prend une décision qui va le conduire à l'abattoir, aux côtés de Nagy : celle de se ranger du côté de l'insurrection.

Avec celui d'indépendance, l'insurrection hongroise eut un autre mot d'ordre : liberté. Ce fut, comme Raymond Aron le nota, la première révolution antitotalitaire du 20e siècle. Liberté : les écrivains furent les premiers à prononcer le mot. Tibor Déry lança au cours d'une des réunions du cercle « Petöfi » ces mots : « D'où viennent nos malheurs ? Nous ne sommes pas libres. » György Lukacs, l'unique philosophe de l'empire qui eut le moindre crédit international, se plaignit au cours de la même réunion que l'on vivait dans un système de « production philosophique à la chaîne », d'où on pouvait comprendre que, comme dans tout travail à la chaîne, la liberté était bannie. Le dramaturge Gyula Hay, l'une des figures les plus influentes parmi des écrivains du régime, prononça, toujours au sein du cercle « Petöfi », qu'« un écrivain devait être libre de penser comme un marxiste ou un non-marxiste. » Les étudiants reprirent le même thème en se révoltant contre les œillères dont le régime voulait les affubler. Parmi leurs

16 revendications figurèrent la suppression de l'enseignement obligatoire du russe, l'adjonction de celui de l'anglais, de l'allemand, du français et la réduction des heures passées à étudier le marxisme et le léninisme. Aucun groupe, aucune catégorie sociale ne manqua, du début de l'insurrection jusqu'à son écrasement, de réclamer le retour de tout ce qui caractérisait les sociétés démocratiques, dites « bourgeoises » : les élections libres, le droit de représentation, celui de former des partis politiques, le droit d'expression, la liberté de la presse, le droit de grève. Quant à la liberté religieuse, son idée devait être assez présente pour qu'une unité de l'armée, apprenant par hasard que la police politique voulait arrêter le cardinal Mindszenty, que les insurgés avaient tiré de prison, arrache le cardinal aux mains des policiers.

Un autre aspect de l'insurrection hongroise s'imposa à tous ceux qui, journellement, scrutaient la presse, et dont je faisais partie. Il était évident, s'étalait dans tous les reportages, se montrait dans toutes les photographies : cette insurrection fut celle de la jeunesse, la première, la plus violente, la plus tragique de celles qui marquèrent la seconde moitié du 20e siècle. « Les écrivains hongrois ont été à l'avant-garde de la lutte pour la liberté, confia le dramaturge Gyula Hay, mais en fait, parlant en mon nom, je puis vous dire que ce n'est pas moi qui ai jeté la jeunesse vers la liberté, c'est elle qui m'y a poussé. » Les jeunes gens, étudiants, soldats, ouvriers, furent les fantassins de la lutte pour la liberté, injectant de l'optimisme dans les cœurs, faisant passer, par leur exemple, les agents du pouvoir dans le camp de l'insurrection, donnant de la force aux manifestations et du nerf aux réunions, menant les combats de rue. Il n'y avait pas de limite d'âge inférieure pour entrer dans le combat : les enfants, ignorant les supplications de leurs parents, y coururent, montant sur les chars, glissant les bombes Molotov dans les tourelles, parfois se faisant sauter eux-mêmes avec leurs explosifs.

La jeunesse hongroise rendit au régime la monnaie de sa pièce. Le premier roman de l'écrivain tchèque Milan Kundera, *La Plaisanterie*, publié dix ans après les événements hongrois, et qui concernait la Tchécoslovaquie, non la Hongrie, nous fait comprendre quelle fut cette « pièce ». Ludvik, l'un des héros de « La Plaisanterie », se souvient que lui et ses camarades étudiants crurent tenir en main le « volant de l'Histoire ». Ils pensaient vivre « la belle illusion que nous inaugurions, nous, cette époque où l'homme (chacun des hommes) ne serait plus en dehors de l'Histoire ni sous le talon de l'Histoire, mais la conduirait et la façonnerait. » Jaroslav, musicien enamouré de musique folklorique, Kostka, chercheur, chrétien, deux autres personnages du roman de Kundera, se crurent eux aussi investis du pouvoir de créer l'Histoire. Ils analysent ainsi leurs sentiments : Jaroslav, le musicien : « On se figurait qu'on allait fabriquer un monde tout neuf ...et que les gens se remettraient à vivre dans les anciennes traditions. » Kostka, le chercheur : la période révolutionnaire était le « temps de la grande foi collective », l'homme qui adhérait à cette foi « était habité de sensations fort voisines de celles que procure la religion : il renonçait à son moi, à son intérêt, à sa vie privée, pour quelque chose de plus élevé, de supra-personnel. » Éduquée par le régime dans l'idée que l'Histoire était un volant qu'on peut prendre en main, la jeunesse hongroise s'en saisit impétueusement, crut qu'il lui serait possible de vivre « selon les anciennes traditions » et, dans la fureur du combat, renonça à la vie « pour quelque chose de plus élevé, de supra-personnel » : l'indépendance, la liberté.

L'insurrection hongroise fut aussi le théâtre sur la scène duquel une « immense puissance de mal », pour utiliser l'expression figurant dans le livre remarquable d'Henri-Christian Giraud, *Le Printemps en octobre*, fit danser ses marionnettes. On dénonça les représailles russes, l'attaque des populations civiles, les exécutions, la destruction systématique de Budapest. Mais plus infâme que ces actes, qui pouvaient à la rigueur se comprendre, aucune armée n'acceptant d'être attaquée sur ses flancs par des combattants sans uniformes, fut la traîtrise des dirigeants communistes hongrois et des généraux russes. Rarement l'histoire n'a atteint ce niveau de bassesse : il faut s'adresser à la fiction pour trouver chez les Richard et les Iago de Shakespeare des profils aussi ignobles.

L'idée de se débarrasser de Nagy et de son « socialisme à la hongroise » vint rapidement aux membres du Præsidium russe et à leurs amis sur place, les Gerö et les Kadar. Néanmoins les uns et les autres poussèrent Nagy à la tête du gouvernement et l'assurèrent de leur appui. La « voie hongroise » ? Aucune objection ! La sortie du pacte de Varsovie ? Pourquoi pas ! Une Hongrie neutre ? On en discutera, d'ailleurs tout pouvait se discuter entre amis ! Le piège fut préparé minutieusement. Lorsque les Hongrois se rendirent compte que, tandis que les Russes annonçaient leur départ, plus de soldats soviétiques entraient dans le pays qu'il n'en sortait, les dirigeants soviétiques protestèrent de leur bonne foi. Andropov, l'ambassadeur (qui deviendra plus tard le chef du KGB et dirigea même l'URSS pendant deux années), ainsi que d'autres personnalités envoyées par Moscou, dont Souslov et Mikoyan, furent rassurants : une grande armée ne pouvait quitter ses positions sans protéger ses arrières, d'où l'arrivée de ces nouvelles unités ; certains régiments russes s'étaient montrés indisciplinés, d'où leur remplacement par d'autres ; les unités dont les Hongrois s'alarmaient à voir qu'ils entraient en Hongrie étaient en réalité sur le chemin d'autres destinations. Lorsque le 4 novembre le fracas des chars russes entrant dans la ville emplit Budapest, Nagy se précipita à l'ambassade russe : « Que se passe-t-il ? demanda-t-il. - Je suis aussi perplexe que vous, répondit l'ambassadeur, sans doute s'agit-il d'une erreur ! ».

Mais la bassesse des Russes n'avait pas encore atteint son niveau le plus boueux : le général Pál Maléter d'abord, Nagy ensuite, furent les victimes de mensonges dont la crapulerie défiait l'imagination des Hongrois, pourtant élevés à dure école. Jusqu'au 4 novembre, les Soviétiques firent régner l'illusion. Les états majors russes et hongrois s'étaient accordés pour définir les péripéties du départ de l'armée soviétique. À la première journée de négociation, qui eut lieu chez les Hongrois, tout allait bien. Pál Maléter, le chef des négociateurs hongrois, rendit compte à Nagy, qui exulta. En quittant les Hongrois, le 2 au soir, les Russes demandèrent que, par réciprocité, la négociation reprenne le lendemain chez eux, dans leur propre camp. Maléter accepta. Certains de ses collaborateurs exprimèrent leurs craintes : les Russes n'organisaient-ils pas un coup tordu ? Maléter haussa les épaules : il connaissait le général russe, c'était un homme d'honneur.

Le lendemain voilà donc la délégation hongroise chez l'homme d'honneur. La journée se passe aussi bien que la veille : Maléter en fait rapport à Nagy, l'espoir qu'on arrivait enfin au bout de la tragédie fait battre les cœurs. Minuit arrive. Les Russes apportent des rafraîchissements : on trinque entre amis. Soudain la salle où se trouvent les deux délégations est envahie par un groupe d'agents du KGB, armés. Leur chef, Ivan Serov, l'âme damnée de Khrouchtchev avec lequel il avait organisé la répression en Ukraine durant les années 30, s'approche de Maléter : « Vous êtes en état d'arrestation ». Le général russe, l'homme d'honneur, disparaît. Nagy fut victime de la même crapulerie. Réfugié au sein de l'ambassade yougoslave (à l'invitation des Yougoslaves), il reçut l'assurance des Russes qu'il pouvait rentrer librement chez lui, puis quitter le pays s'il le voulait. L'autobus qui devait le conduire, lui et les siens, à la liberté le mena en Roumanie, ceci « pour le protéger » et malgré ses protestations : là, il fut emprisonné. Deux ans plus tard, lui-même, l'un de ses conseillers et Pál Maléter furent pendus à Budapest.

L'ignoble doit avoir son clown tragique : celui-ci fut Kadar, le communiste hongrois à qui les Soviétiques donnèrent la mission de vérifier que la Hongrie ne se redresserait plus jamais. Kadar avait la trahison dans le sang. Il avait été l'organisateur du complot qui, aux ordres du Staline hongrois, Rakosi, perdit Rajk, ministre des Affaires étrangères hongroises, vieil ami de Kadar, policier du mouvement communiste international, instigateur des répressions qui s'abattirent sur les combattants en Espagne, aussi bien communistes qu'anarchistes. Une fois Rajk pendu, Rakosi chercha d'autres victimes : Kadar fut du nombre. Jeté en prison, le visage et les mains témoin des tortures qu'il y avait subies, il fut tiré des fers en 1955 lorsque Nagy revint au pouvoir, poussé par le vent de la déstalinisation. Nagy chassé rapidement pour excès de libéralisme et Rakosi éloigné pour trop d'excès de stalinisme, les Russes, friands du jeu des chaises musicales, remirent Kadar à la tête du Parti. Lorsque Nagy revint en 1956, Kadar se lia à lui et à sa politique de socialisme à la hongroise, puis aussitôt se rendit à Moscou pour organiser l'extermination du camp réformiste. « J'espère que tu en feras autant pour moi » lui avait dit Nagy lorsqu'il l'avait fait libérer en 1955. Quatre ans plus tard, Kadar fit pendre l'homme qui l'avait tiré des pinces des tortionnaires.

*

*   *

Claude Lefort fut-il l'un des orateurs que j'entendis lors de la réunion de la rue des Écoles ? Castoriadis, certainement pas : n'ayant pas encore obtenu la nationalité française (ce qui ne lui arriva que dix ans plus tard), il évitait de se montrer en public. Toujours est-il que ce qui fut dit durant la réunion suivit la ligne d'un article que la revue publia au début de l'année suivante et qui, signé par Lefort, résumait l'interprétation que SouB faisait des événements hongrois. Celle-ci composait un récit aussi différent de ceux qui circulaient dans les médias « bourgeois » que les confessions des protagonistes de *Rashomon* comparées les unes aux autres. L'acteur de l'insurrection, tel que le voyait SouB, n'était pas celui que rencontrèrent les reporters : c'était la classe ouvrière hongroise. Quant aux autres Hongrois, paysans, petits propriétaires, petits-bourgeois, sociaux-démocrates, ils avaient tenté de tirer les marrons du feu plutôt que de conduire le mouvement. Les objectifs de l'insurrection, tels que rapportés par le cofondateur de SouB, étaient, eux aussi, autres que ceux notés par les observateurs sur place : non pas l'indépendance, encore moins le retour à la démocratie « bourgeoise », mais l'instauration du pouvoir des conseils ouvriers. La fin de l'insurrection, quant à elle, était à l'opposé de ce que retenait l'opinion : non l'écrasement du mouvement, mais une forme de victoire.

Selon le récit de la rue des Écoles, l'insurrection connut trois phases. La première fut une révolution ouvrière. La seconde vit d'autres couches de la population entrer en scène et venir polluer la pureté des revendications ouvrières. La troisième redonna le premier rôle au prolétariat.

Première étape, celle de la révolution ouvrière, qui dura cinq ou six jours. Sauf pour Budapest, dont toute la population participa à la lutte, « le combat révolutionnaire reposait exclusivement sur les ouvriers d'usine : ceux-ci formaient partout des conseils, partout formulaient des revendications révolutionnaires, partout s'emparaient d'armes, en plusieurs endroits se battaient avec acharnement. » Deux jours après la manifestation du mardi 23 octobre, à Budapest, les conseils ouvriers « peuplent la Hongrie », un jour encore et « leur pouvoir devient le seul pouvoir en dehors de l'armée russe ». Les conseils destituent les organes de l'état et ceux du Parti, prennent en main l'administration des villes et des régions et s'envoient, les uns les autres, des appels à l'union. En même temps qu'au sein de leurs conseils ils doivent faire face aux problèmes urgents du moment, les ouvriers formulent des revendications révolutionnaires destinées à transformer la société. À preuve, la déclaration des syndicats du vendredi 26, laquelle réclame « l'instauration d'une direction ouvrière et la transformation radicale du système de planification et de direction de l'économie exercée par l'État. » Les ouvriers demandent aussi, parmi d'autres avantages, la suppression des normes de production et une augmentation des salaires dont le pourcentage serait plus fort pour les petits salaires (15 %) que pour des salaires plus élevés (10 %). Ces revendications sont vagues, mais l'enthousiasme de SouB n'a pas de mal a remplir les vides. Que pourrait vouloir dire la transformation du système de planification si ce n'était que celle-ci devait être remise aux ouvriers eux-mêmes ? À quoi entraînait la suppression des normes de production sinon à confier aux ouvriers la responsabilité d'organiser leur travail eux-mêmes ? Et derrière la proposition d'augmentation inégale des salaires, ne se trouvait-il pas l'amorce d'une suppression de la hiérarchie des rémunérations ? Ainsi, dès les premiers jours de l'insurrection, les ouvriers ont accompli, selon SouB, des pas énormes : ils ont créé leur propre structure de pouvoir, les conseils, et ont conçu un projet qui faisait passer la production sous le contrôle des ouvriers. De plus, ils ont armé les jeunes ouvriers et mis sur pied une force militaire propre.

On entre alors dans la seconde phase de la lutte : celle de l'élargissement qui verra la lutte s'éloigner des objectifs socialistes, autogestionnaires, des ouvriers. Le mardi 30 octobre, Nagy abolit le régime du parti unique, promet des élections libres au suffrage universel, et crée un gouvernement de coalition où figurent seulement deux communistes, les autres sièges étant détenus par des membres des vieux partis interdits, paysans, petits propriétaires et sociaux-démocrates : ces mesures « revalorisent les forces petites-bourgeoises ». Aux conseils ouvriers s'ajoutent des conseils de ville et de région, où figurent des éléments non ouvriers. Ces conseils et même les conseils ouvriers affichent des revendications nationales et démocratiques : indépendance, élections libres, départ des Soviétiques, élaboration d'une nouvelle constitution, suppression de la police politique. Les revendications ouvrières sont passées à la trappe.

On en arrive à la dernière phase de l'insurrection, son écrasement par les Russes lors de leur seconde intervention. Tragiquement, les conseils ouvriers prennent à nouveau la vedette. Car la cible des chars russes, c'est essentiellement eux. « Ils étaient la seule force réelle, la seule force organisée dans le pays, en dehors de l'armée russe. C'est pourquoi forgeant l'alibi du "péril réactionnaire" elle (l'armée russe) a lancé le dimanche 4 novembre ses blindés contre les conseils. » Au bout de dix jours, l'insurrection fut écrasée, mais non le mouvement ouvrier. Preuve de la résistance de celui-ci, parmi bien d'autres : lorsque Kadar, chargé par les Russes de remettre le pays au travail, voulut le faire, il dut s'adresser aux Conseils. Ce ne fut que lorsque les représentants de ceux-ci invitèrent leurs camarades à cesser la grève que la reprise eut lieu. Et la révolution ? Elle n'était pas terminée : « Dans le pays, deux forces continuent de s'affronter : les blindés russes et les ouvriers organisés dans les Conseils ».

*

*   *

À la fin de la réunion de la rue des Écoles, j'avais les mêmes sentiments qu'Ismaël, le héros de *Moby Dick* : nous brûlions tous deux d'embarquer, moi sur le « Socialisme ou Barbarie », lui sur le « Pequod ».

Pourquoi sur le « Pequod » plutôt que sur deux autres baleiniers qu'Ismaël examine rapidement, « La Diablesse » et « La Bonne-Bouche » ? D'abord à cause du nom : « Pequod » désignait une tribu indienne éteinte, ce qui était tout de même plus inspirant. Ensuite à cause de l'étrangeté du bateau dont Melville écrit que c'était un navire cannibale, décoré de parties extraites du squelette de ses proies : la roue à tourniquet du gouvernail avait été remplacée par une barre taillée dans la mâchoire d'une baleine, les pavois étaient décorés de dents de cachalots, les poulies étaient d'os et non de bois, un wigwam érigé sur le pont pour héberger l'armateur chargé de recruter les marins pour la prochaine campagne était lui aussi fait de bandes de peau de baleine. En grimpant sur le bord du « Pequod », Ismaël monte sur un bateau de guerre - la guerre contre les baleines : le jeune homme veut donner trois ans de sa vie, la durée de la campagne du « Pequod », à faire l'expérience de cette guerre.

« Quelle raison te pousse à partir pêcher la baleine ? » lui demande l'armateur. « Eh bien, monsieur, je veux voir ce qu'est la grande pêche. Je veux voir le monde. » Sur quoi l'armateur demande au jeune homme d'aller à la proue et de se mettre le nez au vent. Ce qu'Ismaël fait. « Eh bien, ton rapport ? lui demande l'armateur à son retour. - Pas grand-chose ! » Ismaël alors comprend que la pêche ne sera pas « voir le monde », mais voir seulement le massacre des baleines, ou être massacré par eux. Bref, c'est une affaire sérieuse. Il insiste, on l'embauche. Mais avant d'embarquer, il demande de rencontrer le capitaine. À quoi l'armateur réplique ceci : « C'est un homme singulier, le capitaine Achab, d'après ce que pensent certains, mais brave. Oh ! tu l'aimeras bien, Achab, sois sans crainte. Il y a de la grandeur en lui, du blasphème et du divin. Il parle peu, Achab, mais quand il ouvre la bouche, tu feras bien d'écouter. Tu es prévenu désormais. Achab est au-dessus du commun. »

Comme l'étrangeté du nom du « Pequod » séduisit Ismaël, ce fut la bizarrerie du nom de « Socialisme ou Barbarie » qui m'avait d'abord attiré. Je m'étais efforcé de concilier les deux substantifs ensemble, sans y arriver, passant d'une hypothèse à l'autre. Le vocabulaire des orateurs avait amplifié mon intérêt initial : révolution… ouvriers en armes… conseils… soviets… prolétariat… prise du pouvoir… On ne s'exprimait plus comme cela dans la France des années 50. Depuis la Libération, on vivait dans la grisaille, on insinuait pour ne pas risquer de choquer, on chuchotait pour ne réveiller personne. Tout devait se faire graduellement, on honnissait les armes, on louait les élections, les Assemblées démocratiquement élues, les gouvernements légalement constitués. Les orateurs de ce groupe au nom bizarre, eux, parlaient comme on parlait en Octobre 17, je croyais revivre « Dix jours qui ébranlèrent le monde » de John Reed. Le récit de la rue des Écoles m'avait captivé : oui, la Hongrie était bien cette révolution ouvrière que les journalistes « bourgeois » - le qualificatif, lancé à profusion, me parut mérité - n'avaient pas voulu voir.

À la fin de la réunion, ma décision était prise, j'étais certain de faire le choix le plus important de ma vie. Avec un autre étudiant, qui devint par la suite un excellent ami, Daniel Blanchard, je vainquis ma timidité, m'approchai des organisateurs et pris rendez-vous pour un autre contact. En attendant, je me réfugiai à la bibliothèque Sainte-Geneviève que j'avais tant fréquentée avant mon départ pour l'Italie. Cette fois cependant le volume que je demandais, la collection de la revue Socialisme ou Barbarie, marquait que j'avais changé d'univers. J'appartenais désormais à celui des jeunes gens armés de Budapest et non au monde peuplé de ces ombres qui m'entouraient, penchées au-dessus de livres qui traitaient de tout sauf de ce qui se passait de l'autre côté des murs. L'employé, annoncé par le glissement de ses savates sur le parquet, surgissait de la pénombre et jetait mon volume sur le comptoir avec un geste de résignation : je le prenais en main comme je me serais emparé d'une mitraillette. Comme Ismaël embarquant sur le « Pequod », je partais pour la guerre.

*

*   *

Lefort se rendit en Pologne, en janvier 1957. Avec lui, trois amis, qui, sans appartenir à SouB, en étaient au moins des sympathisants : Robert Antelme (auteur de *L'Espèce humaine*, récit de son enfermement à Buchenwald), Edgar Morin et Dionys Mascolo. Pour Lefort, comme pour ses camarades, les événements de Pologne n'étaient qu'une très pâle réplique de ce qui s'était passé en Hongrie : en Hongrie la pure révolution, en Pologne un médiocre rafistolage.

Qu'en pensent les Polonais ? Les Français interrogent le premier passant qu'ils rencontrent. On se présente, assez naïvement : « Communistes. En visite. Pas staliniens ». L'homme expose ce que Lefort qualifie de l' « opinion de la rue » : « On veut l'indépendance nationale, on réclame la liberté, on dénonce l'inégalité et la misère engendrées par l'Ancien régime. » Et le socialisme ? Et les conseils ouvriers ? L'opinion de la rue n'en fait aucune mention. Pis que cela : les Français notent « un attrait vis-à-vis de l'Occident » et une grande curiosité concernant les salaires, le niveau de vie, le prix des choses, la législation du travail. On s'en console en attribuant aux mensonges du stalinisme cette réaction qui favorise les « illusions sur les régimes de l'Ouest ».

Les interlocuteurs avec lesquels les Français purent discuter plus à fond, journalistes, responsables de presse, hauts fonctionnaires du nouveau régime de Gomulka, se déclarèrent, pour la quasi-totalité, être des communistes non staliniens. Pas un démocrate, dans ce pays de vieille démocratie. Pas un catholique, dans cette nation qui, malgré les invasions nazies et communistes, continue de révérer l'Église. Des gens, cependant, que les Français considéraient comme tout à fait convenables : du même bord qu'eux. Malgré cette sympathie et la cordialité des entretiens, l'accord était loin de se faire. « Entre leur langage et le nôtre, il y a toujours un écart. Ils sentent que nous attendons d'eux une volonté plus ferme de combattre, de plus grands espoirs en un avenir socialiste, et nous sentons de notre côté qu'ils attendent de nous une meilleure compréhension de leur situation, une appréciation plus prudente de leur relation à Gomulka. »

Les Polonais rejetaient la perspective de la révolution. « Ils jugent un épanouissement révolutionnaire peu probable dans le cadre de la Pologne isolée, ils ne peuvent non plus se représenter la suppression des conquêtes d'octobre (SD : la libéralisation du régime accompagnant l'arrivée de Gomulka). » Aux Français qui louaient les conseils ouvriers dont certains s'étaient formés spontanément à partir des événements de Poznan et que le régime gomulkiste avait officialisés, les Polonais opposaient leur scepticisme. Les conseils, selon eux, avaient tendance à favoriser leur propre entreprise aux dépens des autres, ne jugeaient pas d'un point de vue général, s'opposaient aux mesures de rationalisation dont l'industrie polonaise avait grand besoin. Quant à la classe ouvrière, on s'employa à doucher l'enthousiasme des Français. Les meilleurs ouvriers avaient été absorbés par le Parti et transformés en bureaucrates ; la grande masse du prolétariat venait de la campagne d'où elle avait rapporté une solide haine pour le collectivisme. « Pour le plus grand nombre, l'hostilité au régime, la résistance à l'exploitation, en l'absence d'une idéologie nouvelle, prenaient la forme d'une opposition aveugle : le socialisme devenait, tel qu'il apparaissait dans la réalité quotidienne, un tissu de mensonges. »

Ainsi Lefort (qui rendit compte des propos des Polonais avec une scrupuleuse honnêteté) retrouva en Pologne cette union des classes dans la résistance dont il avait négligé la présence en Hongrie. Ce qui se passait en Pologne, selon les interlocuteurs des Français, dépassait de loin une révolte ouvrière : c'étaient toutes les forces sociales « au premier rang desquelles, le clergé, qui défendaient contre la terreur stalinienne, la liberté d'expression et les droits de l'individu. » Les Polonais enfonçaient le clou : « La lutte contre le stalinisme ne coïncide pas avec une lutte en vue d'objectifs socialistes. Le stalinisme a ligué contre lui toutes les couches de la population, il a redonné un sens à toutes les revendications petites-bourgeoises qui sont devenues indissociables des revendications ouvrières, il a engendré une opposition confuse au sein de laquelle le prolétariat tend à s'effacer. »

J'adhérais déjà à SouB (sous le pseudonyme de Chatel) lorsque Claude Lefort rapporta au groupe les leçons à tirer de son séjour en Pologne. Nous sommes dans un des cafés que nous fréquentions, place Saint-Michel, occupant une de ces salles mal aérées où les patrons refoulent les amants trop ardents et les associations sans local. Lefort parle, nous prenons des notes, studieux. Penchant son grand corps vers la table sans trop s'occuper d'autrui, Lefort déroule son récit en de larges spirales qui se confondent avec la fumée de sa pipe. Les anciens du groupe, patients, attendent d'apprendre où il veut en venir : ils savent que l'attente peut être longue, car les raisonnements du cofondateur de SouB sont profonds, complexes. Au rythme lent des phrases, les jeunes adhérents, comme moi, voient leurs certitudes s'effilocher, le noir et blanc auxquels ils aspirent prendre une teinte grisâtre, la redoutable complication s'installer. L'effet est quelque peu soporifique. Nous jetons de temps en temps un coup d'œil vers Castoriadis de qui viendra sans doute la lumière et le réveil.

L'objet de notre timide attention est impassible, occupé, lui aussi, à prendre des notes. De temps en temps il frotte énergiquement son crâne, qu'il a totalement nu. Sous son allure bonasse, l'homme est puissant, nous le savons, ses bras, que les manches de chemise toujours relevées exposent, sont musclés, sa main lorsqu'elle prend la vôtre, l'écrase sans façon. Lorsqu'il était entré dans la salle où nous attendions, cela avait été au pas de charge ; l'air s'était chargé d'électricité ; de grandes décisions allaient être prises ; des vues d'une profondeur indicible seraient exposées ; rien ne serait plus comme avant. Notre héros (je n'étais certes pas le seul parmi les nouveaux à l'admirer), notre Achab, cet « homme au-dessus du commun », qui avait en lui « de la grandeur, du blasphème et du divin » (Melville), ne pouvait être vraiment satisfait des propos du cofondateur : le gris n'était pas sa teinte favorite ni la complexité sa tasse de thé.

Son habitude étant de parler le dernier, il laissa d'autres exprimer leur inquiétude : Est-ce que tu n'accordes pas trop de crédit à Gomulka et à ses partisans ? Ne sont-ils pas, tout simplement, des bureaucrates qui tentent de sauver leur pouvoir ? Et ainsi de suite. Enfin, posant son stylo et s'étant à nouveau frotté le crâne, Castoriadis, tournant rapidement les mains l'une autour de l'autre (un de ses tics que nous, les jeunes, copiâmes aussitôt) se mit à reformuler l'exposé de Lefort - à sa manière : la bureaucratie est en crise, ses membres et porte-parole reculent pas à pas, l'autonomie de la classe ouvrière polonaise s'affirme, les conseils ouvriers se multiplient. Bien entendu (se tournant vers les camarades) Lefort ne veut pas dire que la voie de Gomulka soit la bonne, au contraire. Ce que la gauche polonaise doit faire c'est non pas la révolution, on n'en est pas encore là, mais préparer celle-ci.

Nos doutes alors se sont dissipés, sous le chaud rayonnement de la conviction de Castoriadis, dont la rotation répétée des mains nous rechargeait en énergie : l'Histoire reprenait sa marche en avant. Lorsque le récit du voyage de Lefort parut dans le numéro de mars-mai 57 de la Revue, il fut accompagné d'un article de Castoriadis, qui chassa les derniers miasmes d'incertitude. Il fallait préparer la révolution en Pologne, mais la révolution, en Pologne, était-elle possible ? L'auteur moqua cette question, dans des termes qui ne pouvaient qu'enchanter les cœurs impatients des nouveaux adhérents : « La politique révolutionnaire n'est pas l'art du possible : elle est créatrice du possible. »

CHAPITRE 6 : L'ADIEU À SARTRE

Philosophe d'une liberté qui attendait son heure - Conférence du 29 octobre 1945 : L'existentialisme est-il un humanisme ? - Succès de la conférence - Sartre rejoint les Grandes Consciences - Les Chemins de la liberté : fascination du communisme - Le RDR, nouveau parti Ni-Ni - Les Mains sales : Sartre se rapproche du Parti - Je copie mon maître - Lucien Sebag - Mon apprentissage communiste - Le Diable et le Bon Dieu : apologie de Staline - Aveuglement des communistes - Enfin le coup de foudre : la manifestation du 28 mai 1952 - La haine de la bourgeoisie - Les Communistes et la paix : Sartre au secours du Parti - Il devient un notable de la cause soviétique - Voyages en Russie - Le choc de la Hongrie - Sartre, loin de nous.

*
* *

En adhérant à SouB, je résolvais à ma manière le dilemme auquel Sartre se heurtait : comment rejoindre les communistes sans aliéner sa liberté. Les communistes avec lesquels je me liai étaient cependant bien différents de ceux qui fascinaient le maître de ma génération, et la liberté que je découvrais, avec beaucoup de mes contemporains, n'était plus la sienne.

Je devins sartrien au début de l'année de philosophie, au Lycée Pasteur de Neuilly. Le matin, avant d'aller aux cours, confrontant mon image dans la glace de la salle de bains, je voyais avec dégoût le profil d'un Chef, un de ces salauds qui considéraient avoir en eux quelque chose - un rôle, une nature, une essence - leur garantissant une place particulière dans la société. Pendant que je montais la rue Édouard Nortier pour aller au lycée, j'examinais avec écœurement les troncs noueux des marronniers, poussais du pied avec lassitude les feuilles qui jaunissaient sur le trottoir et regardais haineusement les passants que je croisais. Bref, je jouais *Le Mur* et *La Nausée*, que j'avais lus durant l'été, et qui m'avaient paru être le reflet exact de ma vie. En découvrant *L'Être et le Néant*, dont mon professeur, indulgent et bon pédagogue, me permit de devenir, devant mes camarades, le spécialiste incontesté, je montai d'un cran. Dans les romans de Sartre, je voyais ma vie. Grâce à *L'Être et le Néant*, je la comprenais.

Sartre fut le rayon de lumière qui chassait les ténèbres. Mais, au fur et à mesure qu'il se rapprochait du Parti communiste et de Moscou, le feu qu'il tenait sembla n'éclairer rien qui me concernait. Tout à son projet de s'unir aux communistes, qui commença de le consumer dès la fin de la guerre, Sartre oublia la liberté qui, devenue une force irrésistible, poussait le monde vers des changements majeurs. Il s'empêtra, pendant 30 ans, dans une tâche que peu comprirent, celle de démontrer que l'existentialisme était le compartiment subjectif du marxisme. Le premier volume de *La Critique de la raison dialectique*, *Théorie des ensembles pratiques* qui représentait une petite partie des milliers de pages qu'il écrivit sur ce thème, fut peu lu. Il fallut que Raymond Aron, son ami de l'École normale, qui le combattait fermement et l'admirait, écrive un livre sur les derniers efforts de son vieux condisciple pour que les candidats à l'agrégation y voient plus clair. Sartre n'était déjà plus « dans le coup » depuis longtemps lorsqu'il mourut, devenu une gloire nationale que plusieurs milliers de personnes accompagnèrent à sa tombe.

« Dans le coup » : dans la présentation des Temps Modernes, sa revue, en 1945, Sartre avait annoncé que l'écrivain devait être cela, ou, pour utiliser ses termes, qu'il lui fallait être engagé. Voulant dire : prendre la bonne position face à l'injustice, l'exploitation, la répression, signer les bons manifestes et participer aux bons combats. Mais Sartre fut dans le coup bien plus profondément : au sortir de la Seconde Guerre mondiale, il exprima l'esprit du temps. La liberté avait fait irruption dans le monde et un homme, bizarre combinaison de philosophe, d'essayiste, de romancier, de scénariste, de dramaturge, et de directeur de publication, en reconnaissait la présence.

Elle attendait la fin de la guerre, cette liberté, pour sortir des coulisses. Entre les deux conflits mondiaux, elle avait déjà jeté certaines percées. Elle avait désentravé le corps, par le sport et par la mode. Elle avait délié les cœurs, par le divorce et par la pratique de ce qui s'appelait l'amour libre. Elle avait dénoué les liens qui emprisonnaient la création artistique, et avait posé le principe selon lequel une œuvre n'avait de valeur que dans la mesure où elle reposait sur elle-même, refusait toute influence extérieure, dynamitait les normes, nettoyait à fond le regard, récurait totalement les oreilles. En inventant l'automobile et en faisant de celle-ci un moyen populaire, elle avait levé les contraintes qui s'opposaient aux déplacements ; par le téléphone, elle avait ouvert à la communication une fenêtre par laquelle celle-ci allait pénétrer dans chaque habitation et devenir l'un des composants essentiels de la façon moderne de vivre.

La guerre accéléra, du côté des Américains et des Anglais, le travail que fit la liberté pour changer la société. La victoire, du moins à l'Ouest, alla à ceux qui avaient investi plus d'intelligence dans le conflit, à ceux qui, du haut jusqu'en bas de la hiérarchie, avaient utilisé leur tête pour résoudre les problèmes qui se posaient aux combattants. Leurs actes n'étaient pas instruits immédiatement par le patriotisme (comme ce fut le cas des Russes), mais par l'analyse des données et l'expérience de chacun : c'étaient des hommes libres qui confrontaient un problème commun. J'ai rappelé, au début de ce livre, comment les méthodes de combat des Américains avaient changé du fait de l'apparition de cette arme nouvelle : l'initiative du GI.

La guerre finie, la jeunesse s'engoua de l'Amérique, de sa culture et du style de ses soldats, fait de simplicité, allant toujours au pratique, au bien-être. Elle implanta le jazz dans les caves de Saint-Germain-des-Prés, et s'y livra frénétiquement. Elle copia le sportswear américain, enfila des vestes militaires troquées aux soldats sur ses pulls à cols roulés, écrivit dans le style sec, factuel, dépourvu de considérations psychologiques qui était celui des romanciers américains. Quelques rares salles montraient les films d'Hollywood en version originale : on s'y engouffra afin de devenir, devant les écrans, Américains, c'est à dire des hommes libres.

Sartre rencontra ce moment exceptionnel où la liberté apparut comme la destinée du monde contemporain. Il en fit la théorie et décrivit avec une précision qui leur parut extraordinaire la vie de ses jeunes lecteurs dont j'étais, la façon dont ils percevaient leur liberté, ce qui l'étranglait, et l'angoisse qu'ils en ressentaient. Voici, en effet, l'engluement dans lequel notre milieu familial, social, religieux, retenait notre liberté : tu te comporteras de telle manière, tu deviendras ceci, tu croiras cela parce que c'est ce que l'on a toujours cru. Voici ce que nous nous sentions être : un vide, une absence à nous-mêmes, une liberté qui s'enfuyait chaque fois qu'on tentait de la saisir. Horreur, alors qu'on se voyait maîtrisant sa vie, de se trouver là, dans le monde, chose parmi les choses. Angoisse d'être laissé seul, face aux choix en nombre infini, qui nous attendaient. Autre horreur : se trouver face à autrui, être l'objet des regards des autres, des projets des autres, des jugements des autres : l'enfer, ce sont les autres, faisait dire Sartre à l'un de ses personnages ; bravo ! – c'était bien comme cela que nous voyions les choses. Tous ces sentiments, typiques de notre âge biologique, Sartre les justifiait, les ennoblissait, les amplifiait, en faisait les traits de la réalité humaine. Il nous fit comprendre que si nous souffrions, ce n'était pas parce que nous étions jeunes, mais en raison du fait que nous étions des hommes - des hommes, enfin !

*

* *

Suivons Sartre lorsque, le 29 octobre 1945, il présente son système au public parisien. L'occasion : une conférence dans une salle proche des Champs-Elysées, rue Jean Goujon. Le thème, quelque peu obscur : L'existentialisme est-il un humanisme ? Sartre a alors quarante ans. La notoriété lui est venue lentement, bien plus lentement que prévu, tant l'enfant génial, le lycéen premier de sa classe, le normalien dominateur de sa promotion, semblait avoir de titres pour entrer tout de suite dans l'histoire - histoire de la littérature, de la philosophie, du théâtre, de la critique - dans l'Histoire tout court. Son premier roman, *La Nausée*, ne fut accepté par un éditeur, Gallimard, qu'après dix ans d'efforts, de biffures et de réécritures ; il fallut qu'il dépassât largement la trentaine, une éternité, pour que Gide, lisant *Le Mur*, le livre de nouvelles que Gallimard publia juste après *La Nausée*, demande « Qui est ce nouveau Jean-Paul ? » et parle de chef d'œuvre ; pour qu'Albert Camus, déjà reconnu, lui attribue le titre de « jeune écrivain remarquable à mi-chemin entre Céline et Kafka ».

Après ce départ laborieux, tout se précipita. De retour d'Allemagne, où il avait passé une petite année comme prisonnier de guerre, Sartre publia *L'Être et le Néant*, écrivit et fit jouer deux pièces de théâtre, entra dans le cénacle du CNE (Comité National des Écrivains : organisation clandestine) et gagna ses galons de résistant en écrivant quelques articles anonymes dans Les Lettres Françaises. À ce palmarès, s'ajoutait, en ce même mois d'octobre 1945, la publication des deux premiers tomes des *Chemins de la liberté*, et l'annonce du lancement d'une revue.

Cependant, malgré cette montée en gamme, Sartre n'était pas au niveau des Grandes Consciences de l'époque. Malraux, qui avait eu une résistance encore plus discrète que celle de Sartre, avait terminé la guerre sous la tenue d'un colonel des Forces françaises de l'intérieur et s'apprêtait à tutoyer l'Histoire. Eluard et Aragon pouvaient se prévaloir d'avoir exprimé l'âme de la nation sous la botte nazie. Mauriac avait été, dès le début, un adversaire du régime pétainiste et, en tant que Grande Conscience chrétienne, avait son mot à dire à propos de toutes choses. Emmanuel Mounier, quoiqu'il ait longtemps hésité à l'égard du Maréchal, avait orienté sa revue, Esprit, vers la résistance et tendu aux communistes une oreille complaisante : une autre Grande Voix chrétienne pouvait résonner à côté de celle de Mauriac. Camus dirigeait le journal du mouvement de résistance auquel il avait appartenu, Combat ; à travers cet organe, qui paraissait maintenant au grand jour, il distribuait les bons et les mauvais points, jugeait des affaires du siècle. Tous avaient pris leur case sur le grand échiquier politico-culturel de l'après-guerre. Pas Sartre : ce n'était pas encore une Grande Conscience, seulement un écrivain à succès.

Pourtant Sartre, ce 29 octobre 1945, était déjà plus que Sartre, plus que toutes les Grandes Consciences de l'époque, les Malraux et les autres : c'était le penseur-dramaturge-romancier des temps nouveaux. Et les deux à quatre cents personnes qui s'écrasèrent, ce jour-là, dans la salle de la rue Goujon (on se disputa sur le chiffre) étaient venues pour entendre qu'on leur parle de ces temps-ci et des hommes qui les habitaient, c'est à dire d'eux-mêmes. J'imagine Jean-Paul Sartre se tirant de la foule. Sans lisser le col de sa veste qui, dans le combat pour se faire un passage, s'est retourné, il dévisage son public et, la main dans la poche, sans notes, se met à expliquer sa philosophie, l'existentialisme, dans une langue à la fois familière et experte, comme s'il était redevenu ce professeur de philosophie qu'il avait été pendant dix ans avant de surgir dans le monde des lettres. Sartre était un admirable professeur : ses anciens élèves, dont il avait conservé plusieurs près de lui, le dirent toujours, les inspecteurs d'académie qui devaient le contrôler, écrivirent les rapports les plus enthousiastes sur l'enseignement du jeune professeur, toujours capable de ramener les concepts philosophiques vers des réalités proches de son public, un film, un roman, une expérience personnelle. Ce jour-là, Sartre fut un admirable professeur d'existentialisme, ne se haussant jamais du col, facile à comprendre, mais visant haut, prodigue d'exemples, mais ne lâchant jamais le fil de l'abstraction.

Sartre commença par évoquer les critiques que l'on adressait à l'existentialisme. Celles des chrétiens pour lesquels l'existentialisme était la porte ouverte à la gratuité. De ceux-ci, il n'y avait pas trop à redouter, il glissa dessus. Mais gare aux communistes, dont plusieurs étaient dans la salle, comptant river le clou au conférencier ! Ceux-ci ne voyaient dans l'existentialisme qu'une philosophie de la contemplation, laquelle rejetait l'action et la solidarité humaine. Il ne s'agissait pas pour Sartre d'apparaître sous l'allure d'un de ces détestables beaux esprits qui professent la religion de l'art et font mine de mépriser le malheur dont tant d'hommes sont accablés !

Ceci en tête (comment Sartre, si habile dans les rapports avec autrui, pouvait-il ne pas avoir cette idée en tête !), l'orateur introduisit d'emblée le thème qui était au cœur de l'existentialisme : « Est-ce qu'au fond, ce qui fait peur dans la doctrine que je vais essayer de vous exposer ce n'est pas le fait qu'elle laisse une possibilité de choix à l'homme ? » Une possibilité de choix à l'homme : c'était bien cela qui s'annonçait.

Toute la seconde partie du siècle sera occupée par l'extension des choix offerts aux habitants des grandes nations occidentales et par l'attraction que ce champ de liberté exercera sur tous les autres peuples qui n'en bénéficiaient pas. Au point que le 20e siècle s'achèvera en se désolant de l'abondance de ces choix, alors qu'il avait commencé en pleurant leur absence.

Comment Sartre allait-il justifier que l'homme disposait d'une « possibilité de choix » ? Certainement pas par l'histoire ou par un quelconque « progrès » de la civilisation : terrain miné puisque, alors, les communistes auraient beau jeu de peindre Sartre comme un défenseur du capitalisme, un ami des bourgeois, le porte-voix des Américains pour lesquels l'amitié des Soviétiques et de leurs compagnons s'était refroidie. C'est en interrogeant l'être, par l'ontologie, qu'il va se tirer d'affaire. « Ce qui est en dehors de moi, exposa l'ex-professeur de philosophie, a une essence. Cette pipe (on peut imaginer qu'il ait sorti la sienne) a été faite selon un plan qui a précédé sa réalisation. Son essence précède son existence. » Mais, continua-t-il, mon être à moi n'a pas d'essence, personne n'a présidé à sa création : mon existence anticipe sur mon essence, je suis d'abord un vide, une interrogation. « L'homme existe d'abord, se rencontre, surgit dans le monde et se définit ensuite. » L'homme se fait, se choisit, car il n'a pas de nature, pas d'essence. Si Dieu existait, l'homme aurait simplement à l'interroger pour savoir le chemin qu'il doit suivre. Mais puisque Dieu n'existe pas, l'homme est condamné à la liberté.

D'où vient en conséquence que l'homme est totalement responsable de lui-même. Tous ceux qui nient cette fondamentale nécessité de s'inventer soi-même, et prétendent que leurs actions sont définies soit par une prétendue nature humaine, soit par des causes extérieures – la naissance et l'hérédité, la position sociale, les devoirs de la fonction - sont soit des lâches soit des salauds. Les lâches fuient leur liberté et s'abaissent dans des conduites mécaniques (comme l'Autodidacte, dans *La Nausée* fuyait la sienne en s'attelant à la lecture de tous les livres de la bibliothèque publique de Bouville – en clair : du Havre). Les salauds, quant à eux, croient s'élever grâce à leurs fonctions sociales, prétendent accomplir des destinées nécessaires, en appellent aux valeurs éternelles (on pense encore à Bouville et aux portraits des notables locaux qui s'alignent le long des cimaises de son musée).

Laissons ces avortons ! « Un homme (Sartre veut dire un homme qui est ni un lâche ni un salaud) s'engage dans sa vie, dessine sa figure et, en dehors de cette figure, il n'y a rien. » En dehors de cette figure, il n'y a rien ! Mais, alors, qu'en est-il des autres hommes ? Terrain miné encore. Car, de la gauche à la droite (sauf peut-être pour Malraux, qui a la tête dans les étoiles), on est bien d'accord : les Autres, c'est très important ! Il faut y penser, sans cesse, aux Autres, s'attacher à soulager leurs douleurs, à leur indiquer la bonne voie, à leur ménager une belle vie. Or tout ce que Sartre a écrit jusqu'à ce jour exprimait une vigoureuse haine de l'autre. *L'Être et le Néant* : « S'il y a un autre, j'ai un dehors, j'ai une nature. [...] Autrui est d'abord pour moi l'être pour qui je suis objet [...] Autrui détient un secret : le secret de ce que je suis. ». Le seul remède à cet état : transformer moi-même les autres en choses. « Je suis projet de récupération de mon être. Mais ce n'est concevable que si j'assimile la liberté d'autrui. [...] Mon projet de récupérer mon être ne peut se réaliser que si je m'empare de cette liberté et que je la réduis à être liberté soumise à ma liberté. » Or voici que, accédant au statut de Grande Conscience, Sartre doit professer tout le contraire : le respect de l'homme, la confiance en l'homme, l'amour de l'homme, bref l'humanisme.

Alors il fait une pirouette : je suis condamné à être libre, mais je ne puis être libre si les autres ne le sont pas ! La formule est belle, mais facile à démolir : combien d'hommes parfaitement libres n'ont pas manqué de détruire la liberté des autres ! Mais il s'agit de gagner du temps, car Sartre ignore encore comment il pourrait passer de sa philosophie individualiste à une autre qui permettrait au Moi solitaire - le héros de son œuvre antérieure, tout collé à lui-même - d'entrer dans l'Histoire comme acteur conscient, côtoyant les autres hommes dans un projet de société partagé. Ce qui faisait agir les hommes collectivement, Sartre n'en a pas encore la moindre idée. Mais l'époque est indulgente, l'examen est passé avec succès, Sartre, grâce à son tour, rejoint le camp des Amis de l'Homme. Il peut désormais, comme les autres Grandes Consciences, peser le Bien et le Mal, louer et condamner, agir par sa parole sur les affaires du siècle. « Il faut bien se résigner à présent à se ranger du côté des importants », confia-t-il à Simone de Beauvoir. Quant à son sparadrap (« Si je suis libre, les autres doivent l'être aussi »), il tiendrait, en attendant qu'une vraie philosophie de l'engagement puisse être confectionnée (Sartre ne savait pas qu'il passerait sa vie à cette œuvre et mourrait sans l'avoir achevée).

Restait la question immédiate, celle du communisme et des communistes. Le communisme, c'était la destinée apparente de l'énorme fraction des Autres que représentait la classe ouvrière, les communistes étaient leurs vrais et seuls amis. Les uns et les autres se fichaient bien des pirouettes, tours et bouts de sparadrap des intellectuels - il leur fallait une réponse simple : êtes-vous pour ou contre nous ?

*

*   *

Cette question résonnait douloureusement dans le cœur de Sartre. Elle formait le thème essentiel des *Chemins de la liberté*. Brunet, journaliste et personnalité communiste, a un quart d'heure à consacrer à son ancien ami Mathieu, professeur de philosophie. Il l'houspille : « Tu es libre. Mais à quoi ça sert, la liberté, si ce n'est pour s'engager ? » Il lui propose d'entrer au Parti. Mathieu répond humblement : « Ma liberté ! Elle me pèse : voilà des années que je suis libre pour rien. Je crève d'envie de la troquer un bon coup contre une certitude. » Il refuse l'offre de Brunet. Pourquoi ? Pour des riens. Parce qu'il ne se voit pas devenu un militant. Parce qu'il n'y croira pas. Parce que, en assumant un rôle, en s'attribuant une mission, il risque de ressembler aux notables de Bouville et de devenir un salaud. Brunet, militant, n'était pourtant pas un salaud. Explication de l'auteur : il possédait la qualité « ineffable » d'être un homme.

On retrouve Brunet, adjudant, dans le troisième tome des *Chemins*, *La Mort dans l'âme*. Après la débandade des armées du Nord, il s'est rendu aux Allemands. Pas par lâcheté : il s'est battu, plusieurs de ses hommes sont morts. La guerre est perdue, mais le combat continue. Structurer les hommes : si on les laisse seuls, ils glissent vers la bassesse. C'est à cette glissade que Brunet assiste lorsqu'il contemple ses camarades vaincus marchant sans regimber vers la captivité : « Aucun sens de l'autorité ni de la propreté personnelle. Il faudra une discipline de fer ». C'est parce que les hommes sont fondamentalement lâches, incurablement superficiels, qu'il faut des Brunet. Brunet le sait. Taillé dans une suspicion hautaine, il va donc s'employer à mettre du ciment dans la gadoue, de l'ordre dans le foutoir, de la fierté dans l'abandon. Il forme un groupe, y agrège les communistes qu'il a repérés, obtient qu'on mette ensemble les quelques ressources qu'on a grappillées dans le sauve-qui-peut, organise la gymnastique matinale, contrôle la propreté personnelle, distribue les tâches. Tout vient de lui : les idées, la volonté, l'énergie.

C'est bien vu, mais ne répond pas à la question : fallait-il être avec Brunet ou pas ? Le quatrième volume des *Chemins* devait fournir la réponse, mais Sartre ne parviendra jamais à l'achever.

Le 27 février 1948, il est l'un des signataires d'un appel à la formation d'un nouveau parti, le RDR (Rassemblement Démocratique Révolutionnaire) : « Survivants de l'enfer, déclare cet appel au ton ampoulé dont les salauds de Bouville n'auraient pas démérité, rescapés de la Résistance, militants, sympathisants ou compagnons de route des grands mouvements qui se réclament de l'émancipation sociale, nous estimons que le monde a payé assez cher sa délivrance de l'hitlérisme pour n'attendre le salut que dans le respect et le maintien des droits de l'homme et de la liberté. » Au cours de la première conférence de presse du nouveau parti, quelques jours après, Sartre souligne qu'on ne veut appartenir ni au bloc soviétique ni au bloc occidental : « Le RDR refuse de se ranger d'un côté par peur de l'autre ». Et au cours du meeting de lancement de l'organisation, il affirme : « Le premier but du RDR, c'est de lier les revendications révolutionnaires à l'idée de liberté. »

Ce programme séduit peu de monde. Le PC éructe : comment, il n'y aurait pas de liberté en Union soviétique ! Le RDR se meurt d'anémie rapidement et Sartre le quitte un an à peine après en avoir été l'un des fondateurs. Alors qu'il était encore membre du RDR, Sartre continuait d'hésiter à propos du PC : est-ce que, en hésitant de rejoindre les communistes, il ne cédait pas à la crainte de perdre son précieux Moi ? Cherchait-il une impossible pureté ? Chérissaitil trop sa liberté ? De sa lutte avec l'ange, il fit *Les Mains sales*, qui fut représentée en avril de la même année 48.

La trame de cette pièce, l'une des meilleures que Sartre écrivit, aujourd'hui rarement jouée et sans doute peu lue, est la suivante. Nous sommes dans un pays qui ressemble à l'une des nations libérées ou conquises par l'armée rouge, dans les derniers mois de la guerre. Le gouvernement, les autorités, la bourgeoisie, après avoir collaboré avec les Allemands, songent maintenant à rallier le camp des Alliés. Le leader du Parti communiste, Hoederer, négocie avec les autres forces politiques en vue de partager le pouvoir. Une faction du Parti s'oppose à cette politique et charge un jeune militant, Hugo, de tuer Hoederer, ce qu'il fait. Hoederer mort, la faction prend le pouvoir au sein du Parti, chante les louanges du leader assassiné et applique sans se gêner sa politique. On propose à Hugo une nouvelle identité et une nouvelle vie, à condition d'affirmer que c'est par jalousie qu'il a tué Hoederer, ayant trouvé sa femme dans les bras du leader. Bien que ce fut en effet ce qui s'était passé, Hugo revendique le geste qu'il n'a pas commis : s'il a tué Hoederer, c'est pour des motifs politiques. « Non récupérable » dit-il, avant d'être abattu par ses commanditaires.

Hugo, c'est le Mathieu des *Chemin*, c'est le Roquentin de *La Nausée*, c'est le jeune public de Sartre, c'est Sartre lui-même, mais celui d'hier, celui dont le Sartre d'aujourd'hui voudrait se défaire. C'est aussi tous ceux qui font du communisme tel que Staline l'a transformé une critique puriste, idéaliste, c'est Claude Lefort qui est en train de lancer Socialisme ou Barbarie et une bonne part des gens que Sartre rencontre au sein du RDR. Hoederer, c'est Brunet, le militant communiste des *Chemins,* c'est l'action, la responsabilité : c'est aussi le nouveau Sartre, celui qui veut entrer dans l'Histoire, au prix même de se salir les mains.

Hugo est un homme en ébauche. Il vient à peine de terminer ses études. La société a été bienveillante avec lui : il a pu rêver sa vie, se révolter contre sa famille sans qu'il lui en coûte et rejoindre sans difficulté les communistes. Rien, jusqu'alors, ne lui a pesé, pas même lui : l'apesanteur est la croix sur laquelle il est cloué. Il ne parvient pas à ressentir un sentiment vrai, l'authenticité lui est interdite, tout en lui est jeu, simulation, mouvement constant. « Vous croyez que je suis désespéré ? Pas du tout : je joue la comédie du désespoir ! » Une myriade d'idées l'assaille : « Il y a beaucoup trop de pensées dans ma tête. » Ses résolutions se flétrissent, laissent place au doute : « Qu'est-ce que je fais ici ? Est-ce que j'ai raison de vouloir ce que je veux ? » Hugo admire Hoederer, l'envie. « As-tu vu comme il est dense ? Comme il est vivant ? » demande-t-il à sa femme. Il voudrait avoir la même pesanteur que l'homme qu'il a pour mission d'assassiner. Pourtant la densité qui accompagnerait l'accès au statut d'homme l'effraie : « Des fois je donnerais ma main à couper pour devenir un homme et d'autres fois il me semble que je ne voudrais pas survivre à ma jeunesse. » Hugo désespère de lui-même. Son adhésion au Parti ne l'a pas aidé à trouver un enracinement, à faire le silence dans sa tête : « J'ai lutté, je me suis humilié, j'ai tout fait pour qu'ils oublient, je leur ai répété que je les aimais, que je les admirais. Rien à faire ! Rien à faire ! Je suis un gosse de riche, un intellectuel, un type qui ne travaille pas de ses mains. »

Hoederer, qui devine la mission du jeune homme, le convainc de la nécessité de sa politique. Le moment n'est pas tel que le Parti ait intérêt à prendre le pouvoir par la force. Lorsque les Russes seront là, on les haïra : mieux vaudra pour le Parti de ne pas être en première ligne. À la Libération, il faudra prendre des décisions dures : que les partis de droite et du centre fassent le sale travail ! Hugo proteste : il veut une révolution nette, pure. « Pendant des années vous allez mentir, ruser, louvoyer, vous irez de compromis en compromis. » Hoederer, en homme d'action et d'organisation, parle d'efficacité, comme les réalistes de tous les bords : les moyens qu'il préconise permettront au Parti de prendre le pouvoir, c'est-à-dire de réaliser sa finalité. « Tous les moyens ne sont pas bons ! » rétorque Hugo. « Comme tu tiens à ta pureté, mon petit gars, raille Hoederer, comme tu as peur de te salir les mains. Eh bien, reste pur ! Vous autres, les anarchistes bourgeois, vous en tirez prétexte pour ne rien faire… Moi, j'ai les mains sales… Est-ce que tu t'imagines qu'on peut gouverner innocemment ! »

En écrivant *Les Mains sales*, Sartre se rangeait du côté d'Hoederer, du côté de la responsabilité, de l'action, de l'Histoire, se rangeait du côté des communistes. Bêtes comme chou, ceux-ci ne le virent pas et ajoutèrent la nouvelle pièce de Sartre à l'acte d'accusation que le Parti instruisait contre lui.

*

* *

Moi, je restais Hugo, avec ses doutes, son angoisse, sa légèreté d'être. Ce qui me tiraillait, ce n'était pas la crainte de me salir les mains ni la fascination de la pureté, c'était le vide que je ressentais en moi. Parfois, le vertige me saisissait en pleine rue, je devais m'accrocher à un mur, à un réverbère : existais-je seulement ? Comment acquérir du poids ? Que faire pour entrer dans le monde ? Je décidai de me lancer en avant. Il fallait entrer au Parti ? Alors, je le ferai. Scandale à la maison. Mon père, un homme pourtant indulgent, explosa ; ma mère, encore plus indulgente, me reprocha de causer à mon père des soucis inutiles, il avait déjà subi plusieurs attaques cardiaques et n'avait certainement pas besoin d'autres sujets de préoccupation. D'aggraver la santé de mon père, que j'aimais, peut-être le tuer, rendait ma décision plus dramatique et donc plus nécessaire.

Faisant mes premiers pas en direction du PC, je participai à quelques actions organisées par les étudiants communistes qui contrôlaient le Cercle de philosophie, un organisme plus ou moins officiel dont le local se trouvait au sein de la Sorbonne. L'une de ces actions consista à chahuter systématiquement les cours d'un professeur qui, selon les communistes, avait manifesté des sympathies pour le Maréchal Pétain lorsqu'il était dans un stalag en Allemagne. (Je découvris, cinquante ans après, qu'il s'agissait d'Étienne Gilson, philosophe chrétien, thomiste, partisan de l'antériorité de l'essence par rapport à l'existence, et qui aurait eu beaucoup à m'apprendre !) Nous laissions le professeur se lancer. Après quelques tirades, l'un des animateurs du Cercle, Lucien Sebag, se levait et jetait un réquisitoire dont il résultait que le professeur n'était pas digne d'enseigner la jeunesse française. Le pauvre homme baissait la tête et attendait que la tempête passe.

Sebag (qui se suicida quelques années plus tard) était le seul des étudiants communistes pour lequel j'éprouvais de la sympathie et même de l'admiration. Grand, très maigre et malgré une charpente qui ne semblait pas se prêter à cela, il était toujours dans les premiers rangs quand il s'agissait de se battre avec les étudiants de droite (« les fascistes »), lesquels descendaient périodiquement de la Faculté de droit, le long de la rue de la Sorbonne, pour envahir notre territoire. Il connut plus tard une célébrité rapide en écrivant, à peine sorti de l'état d'étudiant, un livre qui nouait un pacte entre marxisme et structuralisme, la pensée à la mode ! En attendant, arpentant les couloirs de la Sorbonne d'un pas élastique, Sebag répandait son charme à gauche, au centre et même à droite ; on disait de lui que c'était un trotskiste implanté dans le PC, bruit qui contribuait à sa réputation. En participant à son chahut, je méritais, de lui, un coup d'œil approbateur qui m'allait au cœur, mais la mine déconfite du professeur, dont le visage, aux premières paroles de Sebag, se vidait de sang, me frappait tout autant ; la honte m'envahissait : je m'imaginais accomplir des actes plus héroïques que celui-ci !

Aux camarades communistes d'un rang plus modeste que celui qu'occupait Lucien Sebag, je parus mûr pour un perfectionnement. L'un de ceux-là voulut s'y consacrer. Nous tournions autour du Panthéon et passions devant l'Hôtel des Grands Hommes, où je rêvais de passer ma vie d'homme engagé. Pendant que je marchais sur les nuages, mon camarade s'extasiait sur Staline : « Quel philosophe ! Forcément, armé du marxisme-léninisme, il pouvait s'attaquer à n'importe quoi ! » Moi, comme le sujet était à la mode : « La linguistique ? » Lui : « Absolument ! Lis son livre sur ce sujet, cela t'épatera ! » Séduit par l'idée que j'avais enfin trouvé mon guide, je me présente à l'un des guichets de la bibliothèque Sainte-Geneviève. Je demande mon ouvrage ; clop, clop, les savates de l'employé caressent mollement le sol ; attente ; clop, clop, clop, les savates reviennent, on jette sur le comptoir un mince paquet de feuillets, c'est bien le livre demandé. Un peu surpris par la dimension modeste de l'ouvrage, mais pas encore déçu, je m'installe, dévisse mon stylo, ouvre mon cahier, prêt à prendre des notes. J'ouvre le pamphlet. Question : « Camarade Staline, qu'est-ce que la langue ? – Réponse : « La langue appartient à la superstructure… » Je cite de mémoire (et sans doute faussement). Quelques paragraphes suivent de la même eau tourbeuse. Encore une ou deux pages pour exécuter un malheureux dont les vues s'opposaient à celles du Petit Père des Peuples et on arrivait à la dernière de couverture. Plus tard, je rencontrai Lucien Sebag. Parler à Lucien, qui était sans cesse en mouvement, demandait que l'on s'accrochât à son épaule. Moi, faisant cela, sur la pointe des pieds : « J'ai lu Staline sur la linguistique. Quelle déception ! » Alors Sebag tourna vers moi son visage en lame de couteau, qu'entourait un halo de cheveux fous, mit un long doigt le long de son long nez et me sourit mystérieusement, tout en faisant : chut. J'abordais un domaine réservé, le Grand Khan venait de mourir, mais son halo scintillait encore.

Déception ou pas, j'étais décidé de faire le pas. Du calme ! Mes camarades m'expliquèrent qu'on n'entrait pas au PC comme au bistrot : il fallait des étapes et la première, pour moi, serait d'adhérer à l'UJRF, organisation de front qui draguait les jeunes gens et les préparait au grand saut. J'y allai. On m'y accueillit avec un serrement de mains vigoureux, des yeux attendris, des sourires complices, des présentations charmantes et exagérées (« Nous avons parmi nous un brillant philosophe ! »), et la soigneuse attention de prononcer le nom du nouvel adhérent correctement (« Pressbac ? Desspac ? Dissbach, oh pardon camarade ! », j'avais laissé tomber la particule), précautions que toutes les machines de recrutement réservent à leur clientèle.

Mon cerveau, formé par Sartre, analysait la situation. Me voilà transformé en chose, devenu un certain type de bourgeois, le jeune bourgeois dégoûté de la bourgeoisie en passe de se transformer en militant. Confondu avec d'autres jeunes-gens-choses, assis en cercle, nous écoutions un garçon, qui filait sans peine le verbiage du Parti, nous assurer qu'on était tous écœurés de la vie dans la société capitaliste, n'est-ce pas, camarades, tous bien malheureux et tous en train de chercher quelque chose d'autre, hein les copains. Cependant, malgré les assurances du camarade responsable, je ne me sentais pas malheureux du tout - sauf lorsque j'étais à l'UJRF !

*

*   *

Mon maître, lui, dans son cœur, avait déjà rejoint le camp des Brunet et des Hoederer. Pour signaler son ralliement, il avait fait suivre le message codé des *Mains sales* par d'autres, mais ce fut sans succès : plus Sartre lançait au PC des regards amoureux, plus le PC multipliait les injures à son endroit.

1948, l'année du RDR et des *Mains sales* : Kravchenko, l'auteur de *J'ai choisi la liberté*, est à Paris pour participer au procès qu'il fait aux « Lettres françaises », organe culturel du PC. Il fait citer à la barre plusieurs témoins qui rendent compte des conditions de vie en Russie, en particulier dans les camps de concentration. L'un de ces témoignages émane de Margarete Buber-Neumann. Celle-ci est la veuve du dirigeant communiste allemand Neumann. Réfugié en Union soviétique durant les années 30, Neumann disparut durant les grandes purges staliniennes. Sa femme, qui l'avait suivi en Russie, fut condamnée au Goulag. À l'occasion du pacte germano-soviétique de 39, le Premier Secrétaire la tira de son camp pour la donner à Hitler, qui la plaça immédiatement à Buchenwald. Les TM gardent bouche close. De cette réserve, les communistes font mine de ne rien voir. Lors de la première réunion du Congrès de la paix, machine de propagande construite par les Russes, Andrei Fadeev, le président de l'Union des écrivains soviétiques, qualifie Sartre de « hyène dactylographe ».

Février 1949 : procès de Rajk et d'une trentaine de dirigeants communistes hongrois soupçonnés de titisme et d'autres formes de « déviation ». À la suite de ce procès qui imite ceux des années 30 en Russie, Rajk et la plupart des autres accusés sont pendus, après avoir confessé leurs crimes. Silence de l'hyène dactylographe.

Mai 1949 : Merleau-Ponty, dans un texte qui est contresigné par Sartre les yeux fermés et publié dans les TM, reconnaît, à propos de l'Union soviétique, qu'« il n'y a pas de socialisme quand un citoyen sur vingt est dans un camp ». Mais le trait est aussitôt atténué : « Si nos communistes acceptent les camps et l'oppression, c'est parce qu'ils en attendent la société sans classes par le miracle des infrastructures. Ils se trompent. Mais c'est ce qu'ils pensent. » Après quoi c'est l'absolution : « Quelle que soit la nature de la présente société soviétique, l'URSS se trouve grosso modo située, dans l'équilibre des forces, du côté de celles qui luttent contre les formes d'exploitation de nous connues. » Le « grosso modo » ne dédouane pas l'hyène dactylographe, sur laquelle les communistes font redoubler les coups.

1950/51 : Sartre écrit et fait jouer, dans la précipitation qui lui est habituelle, *Le Diable et le Bon Dieu*. Nouvel acte de reddition : Goetz, reître du temps des guerres de religion allemandes, terreur des villes et des campagnes, finit par rejoindre le camp des paysans révoltés, non sans avoir auparavant tenté de créer une cité idéale où l'amour aurait régné parmi les hommes (allusion au passage de Sartre au RDR). « Je veux être un homme parmi les hommes. Les hommes naissent criminels, il faut que je revendique ma part de leurs crimes… j'accepte de devenir mauvais pour devenir bon. » S'adressant au chef des paysans : « Nous serons sûrs de la victoire quand vos hommes auront plus peur de moi que de l'ennemi. Je les ferai me haïr puisque je n'ai pas d'autre manière de les aimer. » Une apologie plus transparente de Staline n'aurait pu être imaginée, ni une allégorie aussi claire de la future capitulation de Sartre. Les staliniens français ne virent rien de tout cela et continuèrent de percer Sartre de leurs flèches. Bêtise des communistes, qui en ont beaucoup à revendre (c'était l'opinion de Sartre) ? Ou bien manœuvre de séducteur qui, sachant la belle conquise, la veut totalement livrée ?

L'occasion de la reddition complète, signée et acceptée arriva : ce fut, le 28 mai 1952, la manifestation contre Ridgway-la-peste (le général américain, héros de la libération de la France, avait commandé les troupes des Nations Unies en Corée ; ayant inventé qu'il avait livré sur ce théâtre une guerre bactériologique contre ses adversaires, les communistes lui collèrent ce sobriquet infamant) ; ce fut l'arrestation du leader communiste Jacques Duclos pour le motif assez grotesque d'acheminer avec lui des pigeons voyageurs destinés à informer les Russes du progrès de l'émeute (ces pigeons, protesta Duclos, étaient simplement pour son dîner) ; enfin, quelques jours plus tard, ce fut l'échec de la nouvelle manifestation pour protester contre l'arrestation fantaisiste de Duclos. La belle pensa que son héros, blessé, pourchassé, embastillé, avait enfin besoin d'elle. La chance fit aussi que l'inspiration qui manquait désormais sérieusement à Sartre, ainsi qu'en témoignait le prêchi-prêcha du *Diable et le Bon Dieu*, fut vivifiée par une source nouvelle : la haine. « Les derniers liens furent brisés, ma vie fut transformée… Après dix ans de ruminations, j'avais atteint le point de rupture et n'avais besoin que d'une chiquenaude… je vouai à la bourgeoisie une haine qui ne finira qu'avec moi. »

Bourré d'amphétamines, de café, de whisky, électrifié par la haine de la bourgeoisie, Sartre écrivit quelques milliers de pages, dont sortit *Les Communistes et la paix*, essai baroque où l'écrivain démontra que la Russie soviétique avait un amour immodéré de la paix, que la classe ouvrière n'existait que pour autant qu'elle suivait les mots d'ordre du Parti communiste, et que tous ceux qui ne pensaient pas comme lui, particulièrement ses anciens amis du RDR, étaient des salauds. Le lecteur, même passionnément sartrien comme je l'étais encore, se frottait les yeux. Les communistes, eux aussi : Sartre est des nôtres ! Le Mouvement de la paix (organisation de front des communistes) lui ouvre aussitôt ses portes, il y adhère, se rend au Congrès de la paix à Vienne, en novembre de la même année 1952. Là, il interdit une représentation des *Mains sales* pour ne pas froisser ses nouveaux camarades.

Novembre 1952 : Procès de Slansky et de treize autres dirigeants communistes tchécoslovaques, dont la quasi-totalité sont juifs. Aveux de crimes peu crédibles et exécution instantanée selon le modèle des grands procès des années 30 en Union Soviétique. Pas de réaction de Sartre, ni des TM.

Avril 1953 : Nouvelle et dernière controverse avec Claude Lefort, auquel bizarrement les TM ont ouvert leurs colonnes pour une critique des *Communistes et la paix*. Sartre, dans un style impérial, assène son dogme : « Les masses ont besoin du Parti ». Quant à Lefort, copie de Hugo, Sartre le taquine : « Y croyez-vous, à la lutte de classes ? »

1954 : C'est le début de nombreux voyages de Sartre en Union soviétique et dans les pays d'obédience communiste. À l'issue d'un de ces voyages, il déclare à Libération que la liberté de critiquer est totale en Russie. L'ennemi des notables devient lui-même un notable : président de telle association communiste, membre de telle autre, visiteur distingué d'usines, de kolkhozes et de pouponnières, orateur de banquet. À force d'inanités trop arrosées, l'organisme de Sartre, et sans doute son cerveau, regimbent : durant l'un de ses séjours en Union soviétique, il s'effondre, on doit le rapatrier en France, d'urgence.

1956 : Insurrection hongroise : coup de tonnerre dans un ciel serein, selon la célèbre formule. Un ciel serein : *Les Communistes et la paix* avait réglé le problème des Autres, celui de l’action collective et du sens de l’Histoire. Par son essai, Sartre avait prouvé que le Parti et la classe ouvrière c’était tout un, que l’action collective sourdait des mots d’ordre du Parti et que l’Histoire se confondait avec le programme communiste ; ses voyages en Union soviétique avaient confirmé que les ouvriers russes appuyaient totalement le régime, s’y sentaient chez eux, n’avaient aucun mal à critiquer ce qui devait l’être. Le coup de tonnerre : voilà soudain que les ouvriers hongrois, eux, démontraient « que la politique du Parti était fausse, que l’appareil bureaucratique sous-estimait la force révolutionnaire des masses et ne tenait pas compte de leurs aspirations. » Pis : le Parti tirait sur les siens, massacrait les ouvriers.

Sartre est atteint. Dans ses idées, car comment continuer de défendre la thèse d’une union ontologique du Parti et de la classe ouvrière ? Atteint aussi dans sa confiance en soi. Car, après quelques années de flottement, Sartre, chargé à bloc par la haine des bourgeois, avait réussi à échapper à Hugo, était devenu plein, comme Hoederer et Goetz : or voici que le plein lui échappait, comme un flot de sang à travers une blessure. Le premier mouvement de Sartre est de se révolter : plus jamais il ne marchera avec les communistes. Mais il faut garder son calme et voir les choses de haut, à la Hoederer, à la Goetz ! L’Union soviétique édifie le socialisme : on ne peut pas considérer ce qui se passe chez elle ou dans sa sphère sans tenir compte de ce but : « L’édification socialiste est privilégiée … on juge de ce qu’elle fait au nom de ce qu’elle veut, de ses moyens au nom de ses fins. »

Condamner l’invasion soviétique ? Oui ! Se démarquer des imbéciles du Parti communiste français qui ont pris le parti des Russes ! Évidemment ! Dénoncer la répression des ouvriers révoltés : cela va de soi ! Mais oublier le « privilège » du socialisme ? Prendre le parti des anticommunistes, ces chiens, ces rats visqueux, autre qualificatif né de sa plume au moment de la rédaction des *Communistes* ? Non ! « Tortures, aveux truqués, faux procès, camps de travail », ces mesures étaient nécessaires lorsqu’il s’agissait de construire l’Union soviétique. « Faut-il appeler socialisme ce monstre sanglant qui se déchire lui-même ? Je réponds franchement : oui. C'est même le socialisme à sa phase primitive, il n'y en avait pas d'autre. » Nécessité de Staline et de sa terreur : sans ce couple, le pays et le Parti se déchirent. Plus on avance sur la voie du socialisme, plus les divisions se multiplient. Sartre répète la fameuse thèse qui vaudra à beaucoup une balle dans la tête : « La lutte de classes s'intensifie en période d'édification socialiste ». Staline plus la balle dans le crâne, c'est l'unité de la Russie, la sauvegarde de la révolution.

On change d'époque. Ayant gagné la guerre, l'URSS se trouve chargée de la responsabilité de gouverner la moitié de l'Europe. Là, il semble que le « privilège » fasse défaut : loin d'être un pas dans la bonne direction, même sanglant, la manière dont les dirigeants soviétiques assument leurs nouvelles responsabilités est tout simplement erronée. La théorie de l'intensification de la lutte de classes, bonne pour la Russie, ne l'est plus pour l'Europe. L'URSS a malheureusement « opprimé » les démocraties populaires : « Elle pouvait essayer de gagner leur amitié, mais, délibérément, par pessimisme et mépris, elle a préféré la contrainte ; ce grand pays solitaire n'a ni su ni voulu briser sa coquille de routine et de méfiance pour s'adapter à sa situation nouvelle et pour assumer le ''leaderdship'' de l'Europe centrale. » L'URSS a agi face aux démocraties populaires comme le père devant ses fils : en leur imposant de l'imiter. Elle a industrialisé à tout va, négligeant que les différents pays auraient pu se spécialiser, échanger des biens, établir des relations bilatérales ; elle a collectivisé l'agriculture, s'attirant la haine des paysans ; elle s'est appuyée sur des dirigeants qui, réfugiés longtemps en Russie, ne connaissaient plus leur pays. De là l'effondrement de la productivité, des plans inadaptés, la révolte de la population. D'où l'insurrection hongroise. On pense à Sganarelle : voilà pourquoi votre fille est muette !

Comme beaucoup d'intellectuels français et comme nombre de ces bourgeois qu'il haïssait si fort, Sartre ne concevait le monde que comme une pyramide, selon le modèle platonicien. En haut les penseurs - parmi lesquels lui-même ; au-dessous les dirigeants, ici bons, là mauvais ; tout en bas les Autres, la masse, amorphe, sans initiative, dépourvue de tout savoir mais rapide à s'agiter. Par "méfiance" et "pessimisme", par "routine », et aussi sous l'effet de la "solitude", les dirigeants soviétiques et hongrois ont fait dérailler le train du socialisme. Au sommet de la pyramide, chez les penseurs, on sait ce qu'il faudra faire, et ne pas faire, pour remettre le convoi sur les rails. Togliatti, l'ami de Sartre : « Ce que nous ne pourrons admettre, énonce le leader italien, c'est un retour au passé - intervention dans les questions internes des partis… incitation à des ruptures dans les autres partis et dans l'ensemble du mouvement ouvrier - peu importe qui le propose… Nous sommes contre le retour à toute forme d'organisation centralisée. » La solution des penseurs au désastre hongrois: la décentralisation. Paroles de notable.

*

*   *

La liberté, dont Sartre avait fait la théorie, avait pris la poudre d'escampette, était sortie des livres et s'était jetée dans la rue avec les Hongrois. C'est elle qui menaçait l'empire bureaucratique, et non les « erreurs » des dirigeants ; bientôt elle soulèvera les jeunes gens en Occident, transformera leurs goûts et leurs manières de vivre et, à travers eux, modifiera l'existence sur notre planète. Depuis le *Diable et le Bon Dieu* et encore plus depuis les *Communistes et la paix*, j'avais compris que la liberté de Sartre n'était plus la mienne ni celle de ma génération. Sartre voulait la liberté pour l'enchaîner à l'Histoire, nous la voulions, nous, cette liberté, pour en jouir.

CHAPITRE 7 : NOTRE ROME

La bande à Énée - Hannah Arendt : libération et liberté - Socialisme : qu'est-ce que c'est ? - La « légèreté » du groupe - Portraits de Castoriadis et de Petit - Petit à Buchenwald - Toujours un homme - Le noyau de l'être - De la servitude à la liberté : le nœud gordien tranché - Mothé : l'autogestion déjà dans l'usine - Castoriadis : le capitalisme sauvé par les ouvriers - L'utopie de Castoriadis : la mobilisation permanente - La société des conseils - L'usine du plan - Les changements ultimes : technologie et urbanisme - James Harrington, gentilhomme utopiste - Son œuvre : Oceana, l'Amérique s'en inspire - L'utopie de Platon détruite par la révolution de la musique - L'utopie de Castoriadis remplacée par la révolution des mœurs.

*

*　*

Virgile, dans son *Énéide,* imagine que, tandis que Troie flambe, son héros se trouve nez à nez avec Hélène : celle-ci est la cause de la catastrophe qui vient de frapper les Troyens. Il s'apprête à la tuer lorsque Vénus, qui le protège, intervient pour lui rappeler d'autres urgences : « Sauve-toi, mon fils, fuis, mets un terme à tes efforts. Nulle part je ne te manquerai et je t'établirai sur le seuil de tes pères. »

Ainsi Énée reçoit-il, dès le début de son périple, la première indication de ce que sera son sort final : être rétabli dans la demeure de ses pères. Sa destinée, pourtant, paraît lui échapper. La modeste bande de fuyards erre sur la Méditerranée, essuie la colère de Neptune, s'arrête à Carthage dont la reine tombe amoureuse d'Énée, repart, fait halte en Sicile. Énée est sans boussole, va d'un conseil à un autre, descend aux Enfers pour consulter son père, Anchise. Nouvelle orientation, nouvelle hésitation ? Non : cette fois, la direction d'Énée et de sa troupe est scellée. Anchise désigne à son fils les hommes qui feront que « Rome (la nouvelle Troie) égalera son empire à l'univers », lesquels attendent de monter sur terre : les Scipions, les Catons, les Césars. Le but est précis : recréer Troie en Italie, dans le Latium. Quant aux principes qui devront inspirer la nouvelle capitale du monde, Anchise les énonce, lapidairement : « Respecter les soumis, désarmer les superbes ». Énée, revenu au jour, et ses compagnons appliqueront à la lettre les prescriptions de l'ancêtre.

Dans son étude sur la révolution, qu'elle publiera en 1963 (*On Revolution)*, Hannah Arendt revient sur ce récit et y ajoute celui de l'Exode, qui conte la fuite d'Égypte des enfants d'Israël, deux « légendes de la fondation », selon ses termes, « centrées sur une promesse de liberté future ». « Si ces légendes doivent nous enseigner quelque chose, observe-t-elle, leur leçon indiquait que la liberté n'est pas le résultat automatique de la libération, pas plus que le nouveau début n'est la conséquence automatique de la fin (de l'ordre ancien). » SouB en était conscient : aucune des révolutions ouvrières du 19e et du 20e siècles n'avait permis de franchir la béance entre les deux moments, celui de la libération et celui de la fondation de la liberté. Plus que cela : jamais on n'avait pu concevoir en quoi consistait cette liberté vers laquelle l'Histoire précipitait l'humanité.

*

*   *

Enfant de Marx, d'Engels, de Rosa Luxembourg, de Lénine, SouB, comme tous les groupes et partis révolutionnaires marxistes, était orphelin d'une conception précise du socialisme et du communisme. Ceux-ci, avant-dernier et dernier arrêt du train de l'Histoire, seraient le contraire du capitalisme, voilà de quoi il fallait se contenter de la part des prophètes du mouvement et de Marx lui-même, agrémenté de quelques vœux pieux évoquant la sortie du règne de la nécessité et la possibilité pour chacun d'exprimer l'artiste qui dormait dans sa poitrine. La bande de

SouB, et particulièrement Castoriadis, se méfiait à juste titre de cette indétermination, redoutant qu'elle ne laisse une porte ouverte au despotisme. L'année 57, qui fut celle où les maigres effectifs de SouB furent un peu regonflés par le peloton d'étudiants dont je faisais partie, vit le groupe aborder de front la question du contenu du socialisme.

Mais, avant d'aborder le résultat de cette recherche, il me faut évoquer les hommes de SouB et l'influence que leur manière d'être, autant que leurs idées, eut sur moi et sans doute également sur les autres jeunes adhérents. Cette influence muette des hommes, comment la décrire ? Le mot qui vient me surprend moi-même : c'est celui de légèreté. Il me sembla que les gens de SouB n'étaient pas attachés par les chaînes qui retenaient habituellement les politiques au monde tel qu'il était : ils contemplaient avec ironie les déterminismes dont leurs adversaires faisaient constamment état. Ici, je découvrais que le possible n'était pas une autorisation accordée par le monde, mais le produit de la liberté : ce sont les hommes qui font l'Histoire, disait-on, et je me répétais avec délectation cette phrase, que le Sartre du temps de *L'être et le néant* aurait pu prononcer. Que l'on imagine des personnes qui, à la fin d'une guerre, quittant les ruines que sont devenues leurs demeures, se retrouvent soudain dans un monde nu, à reconstruire : plutôt que de se lamenter, elles se mettent à chanter et à danser, transportées par la joie que cette tâche leur inspire. Émergeant de ruines d'un autre type, nous étions, nous à SouB (du moins était-ce ainsi que je vivais ce moment) saisis d'enthousiasme, empoignés par une franche gaîté, allégés du poids de ce qui avait écrasé l'humanité jusqu'alors, le sentiment de sa faiblesse face aux forces extérieures, matérielles, divines, sociales. On aurait pu s'attendre que la nécessité de reconstruire le monde s'accompagne d'une ambiance plutôt pondérée, d'hésitations, de reculs partiels, de négociations avec le réel : ce ne fut pas le cas. Tout nous semblait facile, évident : nous marchions, légers, vers notre Rome.

L'homme qui incarnait remarquablement la légèreté que je tente d'évoquer était Castoriadis. Avec quelques autres étudiants, j'entrai peu à peu dans son intimité. Nous allions chez lui, le soir, rue du Cherche Midi. Là, on écoutait de la musique, on dansait, Castoriadis jouait au piano de la manière la plus musclée, on parlait. Le maître de la maison n'était pas adonné au jargon marxiste, « la classe ouvrière » devenait « les gars », « les types », il pouvait évoquer un politicien bourgeois, par exemple Kennedy sans ricaner et évoquer, avec une admiration rigolarde, le coup de téléphone que le Président américain avait donné à un écrivain, surpris, pour le féliciter d'un livre qu'il venait de publier. On explorait les nouveaux jeux apportés d'outre-Atlantique par Jean-Jacques Lebel, qui était, en ce temps, un sympathisant du groupe. L'un de ces jeux était celui de la vérité ; questionné, il fallait absolument s'affranchir et répondre, le cœur battant, à des questions telles que : « Es-tu amoureux d'une telle ? » Lebel apporta aussi le jeu de rôle. Dans une situation que nous inventions collectivement, chacun devait assumer un rôle : par là, il livrait, pour la joie des observateurs, une partie de sa personnalité, auparavant cachée. Pour moi, élevé dans un pays où la discrétion était de règle, l'Angleterre, et qui avait entendu dire durant toute sa jeunesse : « No personal remarks », de plus venant d'un milieu où il n'était pas coutumier de se déboutonner - ces jeux furent une révélation. Ils me firent comprendre qu'il existait entre SouB et moi un lien personnel, de cœur à cœur : SouB, ce n'était pas seulement la libération du prolétariat, mais aussi la mienne.

Pendant plusieurs années Castoriadis illumina ma vie par sa capacité de lier tout à tout : son appétit de connaissances, qui l'amenait à explorer toutes les disciplines, de la psychanalyse aux mathématiques, de la linguistique à l'ethnologie, de la musique classique au jazz et au blues, m'encouragea à faire, plus modestement et avec moins de succès, certainement, les mêmes explorations et surtout me convainquit que rien de ce qui sortait d'un cerveau humain n'était sans intérêt. L'esprit de Castoriadis, plus léger que sa main sur les touches du piano, bondissait, léger, au-dessus de toutes les frontières : quel que fût par la suite mon désaccord avec lui, mon vœu a toujours été de posséder une fraction de cette légèreté.

Celui des Dix avec lequel je me liai le plus profondément et pour une bonne partie de ma vie fut Georges Petit. Georges marquait une autre figure de la légèreté : émanait de lui une sorte d'indifférence stoïque au sort, une confiance profonde en sa capacité de se tirer d'affaire, une sorte de « je m'en fous » lancée au monde et à tous. Très fort malgré un corps élancé, fin, auquel on ne soupçonnait pas une telle puissance, avec des mains comme des étaux, optimiste, réaliste, d'une franchise parfois brutale (le compliment de bienveillance n'était pas son genre), Georges représentait pour moi le type d'homme qui m'impressionnait, dans la vie réelle, dans les pages des romans et sur les écrans : le héros positif, jamais plaintif, se contrôlant toujours, responsable.

On peut juger un homme selon sa relation avec le monde physique. Certains, prudents, font le détour : Georges, non. Les choses étaient ses copines. Le mur à édifier, la paroi à peindre, la serrure à débloquer, la moto à rafistoler : ses vastes mains sur les hanches, Georges les regardait avec sympathie - on s'entendra, vous verrez ! Quoiqu'il confessât, plus tard, sa tendance à la rêverie et son amour de la poésie, je voyais Georges autrement : comme un homme enraciné dans le réel, ce réel au-dessus duquel, moi, je flottais désespérément. Un jour, il organisa chez lui une dégustation de vins : je n'avais jamais imaginé qu'un révolutionnaire puisse aimer le vin. Georges m'apprit, entre autres choses, à m'arranger avec le monde et me persuada de distinguer un bon vin d'une piquette.

À 18 ans, Georges Petit (je l'ai toujours appelé de son vrai nom, pas de son nom de clandestinité, Petro) avait été pris dans un piège tendu au groupe de résistance auquel il appartenait. Cela lui avait valu une année et demie passée dans un camp de la constellation de Buchenwald, celui de Langenstein. Il y avait survécu. Devant l'avancée des Russes et des Américains, les détenus valides furent conduits le long des routes pour aller où même leurs gardiens ne le savaient pas ; Petit sauta dans un bois, s'aplatit dans le fossé et, la misérable cohorte étant passée, s'en alla, libre. Revenu à Paris, il refusa de participer aux associations de détenus, encore davantage de participer aux défilés où les déportés exhibaient leur tenue rayée. Il fallut qu'il ait plus de 70 ans pour visiter le vieux camp et en ramener un livre : *Retour à Langenstein*.

En tournant les pages du *Retour*, je retrouve le Georges Petit que je connaissais à SouB. D'abord, l'homme qui s'arrangeait avec le monde, dans les meilleures circonstances, mais aussi dans les pires. S'agissant de son apprentissage de déporté, qu'il fit avec des détenus russes, il écrit ceci : « J'y appris à donner l'apparence d'un comportement constamment affairé, alors que j'économisais rigoureusement mes forces, et à cesser tout effort au moindre relâchement de la surveillance. » Il adopta aussi, grâce à ses nouveaux compagnons, les coutumes du camp : « cuillère enfilée dans une boutonnière de ma veste, gamelle retenue par un trou dans lequel passait la ficelle qui serrait mon pantalon, présence d'esprit et rapidité de réaction pour saisir les occasions de chapardage et éviter les coups. » Au-delà de cette débrouillardise qui lui était instinctive, Georges eut l'occasion de manifester cette calme supériorité que je lui connaissais à SouB. Devenu, grâce aux méthodes que lui avaient enseignées ses camarades russes, « tout entier en surface », il put, comme il l'écrit, « savourer cette belle réussite adaptative qui me permettait de garder intact ma faculté de jugement et de saisir, au-delà de la cruauté du régime auquel j'étais soumis, son incommensurable imbécillité et, à terme, son inévitable échec. » Il n'était pas question pour Petit de sombrer dans « l'apathie d'une pure victime. » Bien au contraire : « J'ai toujours eu le sentiment de demeurer un homme. » Homme et nullement larve, il lève la tête, regarde le ciel : « Le large horizon était tout entier en mouvement. Entre les sombres nuées, le soleil apparaissait, jaune, pressé de briller et vite effacé par un nouveau nuage dont il éclairait la frange. »

La brutale sincérité de Georges n'est cependant jamais loin. Le prix de la « réussite adaptative », la sienne et celle de ses camarades, note-t-il, fut « dureté, égoïsme et indifférence » des uns envers les autres. L'homme qui, durant l'évacuation mortelle du camp, titubait et ne pouvait plus avancer, ses voisins s'en écartaient, n'ayant d'autre souci que de ne pas reculer à leur tour et de tomber sous la balle meurtrière d'un SS. Chacun est fermé sur soi-même.

Voilà pour le mauvais de l'homme. Quant à son meilleur, il est en chacun et George le découvre en lui : c'est « le noyau inaccessible de mon être ». Ce noyau est au-delà du réel, inaccessible aux abjections et aux dégradations qui l'environnent, hébergeant une transcendance que rien ne peut atteindre et dont le souvenir vit encore dans la mémoire de Georges Petit. Le voilà en effet qui visite le camp, cinquante ans plus tard : « Je me sentis envahi par une nostalgie inattendue, la nostalgie, me semblait-il, d'un temps que j'avais cru entièrement voué à la désolation et qui m'apparut, à ce moment, aussi le temps de ma jeunesse, le temps de ma force devant l'adversité aveugle. »

Avec des compagnons tels que Castoriadis et Georges Petit, ou encore de Mothé et de Véga, dont j'ai déjà parlé, tout paraissait possible.

*

* *

Après avoir suivi les événements de Pologne et de Hongrie en 56, le groupe fut repris par le dilemme qui l'occupait avant que ceux-ci n'occupent son attention. Comment le projet du socialisme pourrait-il surgir spontanément dans la conscience ouvrière alors que l'existence du prolétariat était entièrement plongée dans la servitude ? Comment des hommes qui vivaient sous le règne de la nécessité pouvaient-ils concevoir une société de liberté ? Et en quoi consisterait cette société ? Comment, de la libération, quand elle aura lieu, passera-t-on à la liberté ?

Le nœud gordien fut tranché par deux bras : ceux de Mothé et de Castoriadis. Mothé montra que dans les ateliers l'autodétermination prospérait spontanément - or qu'était l'autodétermination sinon le cœur du socialisme, son principe essentiel. Quant à Castoriadis, il prouva (au moins pour nous) qu'une société qui établirait la liberté en étendant l'autodétermination des camarades de Mothé à toutes ses usines, à travers toutes ses activités, serait parfaitement viable ; il démontra, a contrario, que la société capitaliste, qui rejetait l'autodétermination, était irrationnelle, absurde et inefficace, incapable même d'atteindre ses propres objectifs.

Mothé procéda avec une feinte naïveté : examinons, dit-il, comment marche l'atelier d'outillage, chez Renault, où je travaille avec d'autres ouvriers au niveau P3 (la qualification la plus élevée des ouvriers professionnels). Tout n'y est-il pas rationnel ? L'organisation limpide ? Les postes bien définis ? Les qualifications précisément reconnues ? Les méthodes de travail scientifiquement établies ? Les temps d'usinage rigoureusement fixés ? La paie liée exactement au rendement ?

Alors, demanda Mothé, pourquoi est-ce que tant d'entre nous faisons un autre métier que celui pour lequel nous avons été formés ? Pourquoi un fraiseur fait-il toute sa vie un travail d'ajusteur, pourquoi un OS sans formation accomplit-il la même fonction qu'un P3 ? Pourquoi, quant aux chefs d'équipe et agents de maîtrise, leur position relève-t-elle non de leur compétence, mais du piston et du hasard ? Pourquoi l'organisation du travail est-elle si incroyablement hasardeuse et laxiste ? La division des tâches étend en effet le temps de production au lieu de la diminuer : telle pièce, tel équipement demandent pour leur réalisation des semaines, voire des mois, car ils doivent voyager d'un poste spécialisé à l'autre, avec, à chaque étape, un retour au magasin central, alors qu'un ouvrier polyvalent aurait fait l'affaire en quelques minutes. Quant à la séparation des fonctions de préparation - conception, dessin et méthodes - de celle d'exécution - l'usinage proprement dit - elle multiplie les erreurs, dont la correction demande un flux de notes, de visites, de controverses, d'allers-retours entre atelier et bureaux.

Plus tard, dans son livre *Le métier de militant*, publié en 1973, Mothé jettera sur cette critique de l'organisation un œil autre : « Un ouvrier en difficulté avec son travail avouera rarement son impuissance ; il peut trouver tellement d'arguments pour accuser les défauts de l'organisation… » Mais en 1957, c'est l'organisation seule qui est en question : voilà un système qui, à force d'accumuler précautions et préparations, absence de confiance et absence d'audace, pingrerie et petitesse, empêche l'usine de donner sa pleine mesure. Que font les ouvriers ? demande alors Mothé, sortant du registre de la moquerie. Que feriez-vous à leur place, si vous étiez payé selon la production ? Vous feriez tourner l'usine, malgré organisation et hiérarchie ! Soit une pièce à exécuter, que l'opérateur ne connaît pas. Va-t-il l'exécuter selon la procédure indiquée par le bureau des méthodes ? Non, la première chose qu'il fera sera de savoir si, autour de lui, d'autres ouvriers ont déjà eu à usiner des pièces du même type ; au cas où la réponse serait positive, il apprendra de ses camarades les combines qu'ils ont découvertes pour faire le travail plus vite, combines cachées évidemment à la hiérarchie et au service des Méthodes. Conscience professionnelle ? Non, il s'agit d'augmenter la paie, car en réalisant la pièce plus rapidement, l'ouvrier sera crédité du temps plus élevé attribué par les Méthodes.

Autre exemple de cette prise en main de l'organisation du travail par les ouvriers. Certains outillages sont nécessaires pour une tâche précise, et doivent avoir été affûtés à cette fin : il faut donc s'interrompre pour aller les chercher au magasin, où ils ne se trouvent pas forcément. Nous évitons de perdre temps et rémunération, explique Mothé « en créant nous-mêmes une espèce de magasin plus ou moins clandestin où nous stockons pour nous et pour nos camarades certains outils que nous nous sommes procurés. » Ainsi, constate-t-il : « L'ouvrier, pour combler les lacunes de l'organisation de l'usine, passe au-dessus des règlements... Il rectifie les erreurs des bureaux des méthodes, parfois celles des dessinateurs ou des techniciens... Partout il tend à remplacer les rouages des organismes de gestion. » La nouvelle société est là, sous la peau de l'ancienne.

Comme d'autres camarades du groupe, j'aurais pu ressentir un certain scepticisme à l'égard de la conclusion de Mothé. Il me semblait cependant évident que le vieux monde s'écroulait autour de nous, avec sa morale, ses mœurs, son absence de confiance, son autoritarisme. Pourquoi le même effondrement ne se constaterait-il pas au sein des usines ? L'image de l'ouvrier responsable, refusant de geindre, rejetant le rôle de victime, prenant son sort entre les mains, s'organisant avec ses camarades, occupant déjà, comme un partisan, autant de terrain qu'il le peut au sein de l'usine, luttant non seulement pour son salaire, mais surtout pour sa dignité, cette image me semblait conforme aux temps que je vivais. Je voyais, au pied de l'établi, des hommes ressemblant aux Gabin, Gary Cooper, Mitchum, Bogart, héros modestes et quotidiens qui, dans les bouges de Marseille, au Far West, dans les grandes métropoles de l'Amérique cruelle, se tenaient debout, fiers, pendant qu'à l'horloge du devoir midi sonnait. Quant à Mothé, ma fascination pour la figure de l'ouvrier responsable, viril, était d'autant plus prenante, que j'en voyais l'incarnation, concrète et familière, en lui.

Des discussions autour des thèses de Mothé, naquit mon intention de pénétrer moi aussi au sein du monde des usines, d'en repérer les mœurs à la manière des anthropologues américaines Margaret Mead et Ruth Benedict, que j'étais en train d'étudier à la Sorbonne. Je récolterai parmi les ouvriers, comme elles l'avaient fait chez les indigènes d'Indonésie ou parmi les Indiens américains, mes propres « échantillons de civilisation », mes « patterns of culture » (le titre du livre de Ruth Benedict). L'usine : lieu où les hommes créent leur propre société dans le brouhaha des machines, comme les Arapesh de Margaret Mead ou les Indiens Pueblo de Ruth Benedict façonnaient la leur sur les rives du fleuve Sepik ou dans les vastes espaces du Nouveau Mexique. Je me voyais en bleu de chauffe, le carnet dans une main, le stylo dans l'autre, la casquette (et non le casque colonial) sur la tête, me mêlant fraternellement aux ouvriers, notant la contribution qu'ils faisaient à la construction d'un nouveau monde et confondant ma vie à la naissance de celui-ci.

*

*   *

Avec son « Contenu du socialisme », Castoriadis exécutait le capitalisme une seconde fois pour les mêmes raisons que celles évoquées par Mothé : son inefficacité, son incapacité à faire tourner l'usine. Il en rajoute, démonte la machine, et souligne avec jubilation, pièce après pièce, organe après organe, la sottise de son concept, la médiocrité de ses œuvres, la pauvreté de ses matières, l'exagération de ses coûts et de ses délais. Il épingle la pléthore des services administratifs, peuplés de contrôleurs contrôlés eux-mêmes et astreints à des tâches qu'ils ne comprennent pas plus que les ouvriers ne comprennent les leurs. Il constate que la lutte de classe pénètre dans les organes de la direction elle-même. Il montre les ouvriers qui, réduits à l'état d'exécutants passifs, en jouent effectivement le rôle et les directions qui, plaintivement, leur demandent un peu d'initiative. Il moque ces mêmes directions qui, coupées du personnel, ne sachant rien, doivent édifier autour d'eux une seconde usine virtuelle, laquelle est censée les renseigner. Il fouette l'illusion d'une planification capable de tout prévoir, constate qu'elle se heurte constamment au réel et sort, à tous moments, des rails.

Tout cela est bien dit, avec la verve dont Castoriadis est capable, qu'inspire son immense mépris pour un système qui, sottement, croit pouvoir traiter les hommes comme des choses. Il existait cependant une faille dans sa démonstration : c'est que ce système, irrationnel peut-être, fonctionnait tout de même, produisait l'univers dans lequel on vivait, avec sa pléthore d'objets dont le flux sortait continûment de ses usines. Mais cette faille, Castoriadis l'a vue et compte dessus pour jeter l'estocade finale : le système stupide, irrationnel, absurde du capitalisme fonctionne, oui, mais c'est parce que les ouvriers le sauvent du désastre quotidien. « La pratique, l'invention, la créativité de la masse des exécutants » interviennent pour remettre le plan en route. Mothé l'avait dit, à partir de son expérience. Castoriadis, excellent dramaturge, amplifie, étend et force le trait. Ce qui, chez Mothé semble être du niveau de l'incident, devient chez lui, la faute constitutive dont le capitalisme ne se relèvera pas. Sa description de la Cité socialiste trouve, sur le fond de ce désastre, un coloriage plus puissant. La voici donc, présentée par Castoriadis de la même manière que Platon décrivant sa Cité juste dans *La République* : utilisant le temps présent, et comme si elle était là, sous nos yeux..

Quelques années se sont écoulées depuis la révolution. Nous sommes dans un pays sans nom (la France, pourquoi pas ?) d'où capitalistes et bourgeois ont fui, et à travers lequel les conseils ouvriers ont étendu leur réseau. Celui-ci englobe les usines, mais aussi, par tout un système de liaisons et de délégations, l'intégralité du territoire et le gouvernement lui-même. Les usines sont de taille relativement importante : Castoriadis donne l'exemple d'une entreprise de cinq à six mille travailleurs, dont le conseil comporterait trente à cinquante membres (siégeant une ou deux demi-journées par semaine). Puisque la direction séparée est la cause de l'échec du système capitaliste, l'usine socialiste ne connaît que la direction collective. Tout vient de la communauté ouvrière, tout y retourne. Les propositions viennent de la base, transitent par le conseil et, après vote, reviennent à la base pour ratification. Les conseils, l'empilement de conseils émanant des conseils et ceci jusqu'au conseil de gouvernement, n'ont aucun pouvoir, ils sont constamment sous l'œil de la base : le pouvoir, ce sont les ouvriers qui l'ont - et ceux-ci, comme le remarque Castoriadis, « sont armés ». Un membre de conseil ne l'est que pour autant que cela plaît à la communauté : tout responsable peut être chassé de son poste instantanément si tel est le vœu de la base.

Dans la Cité socialiste, les ouvriers sont constamment mobilisés pour la direction de leur usine, de leur région, de leur branche industrielle, du gouvernement lui-même, un peu comme dans la Cité juste de Platon, les gardiens, jeunes gens formés dès leur enfance à cette fonction, sont toujours sur le pied de guerre. Quel donc sera leur bonheur, interroge un des compagnons de Socrate. À quoi celui-ci répond : « Ce sera le bonheur de la Cité ». De même, accomplissant, en plus de leur travail, leurs fonctions au sein des conseils, ou s'évertuant, s'ils ne sont pas au conseil, de contrôler celui-ci, les ouvriers ont pour bonheur de contribuer à celui de la collectivité. Tandis que le système capitaliste exalte les motivations individualistes et matérialistes, la Cité socialiste, elle, ne connaît que le souci de l'autre.

Un des traits du système inventé par Castoriadis, est l'absence de la séparation des pouvoirs, ce grand principe énoncé par Montesquieu qui avait inspiré les deux grandes révolutions du 18e siècle, la française et davantage encore l'américaine. Le conseil ouvrier de base, celui de l'usine locale, assume tous les pouvoirs, exécutif, législatif, judiciaire. Il élabore, fait accepter et applique les décisions formulées par les ouvriers et par la population locale. Il dispose d'une force armée, constituée par les jeunes ouvriers, force armée qui maintient l'ordre et participe à la défense du régime si nécessaire. Il rend la justice et soumet les coupables aux séances de rééducation, lesquelles ont remplacé les peines traditionnelles.

La Cité socialiste est sans divisions. Les ouvriers, étant payés tous de la même façon (nous étions persuadés que c'était là « une revendication massive de la classe ouvrière »), et étant associés identiquement à la gestion de leurs affaires, n'ont pas de raison de s'opposer les uns aux autres. Si quelque désaccord devait surgir, le sens de la discipline collective rétablirait rapidement un consensus. Quelles autres classes trouve-t-on au sein de la Cité qui seraient source de fragmentation? La plus importante est celle formée par les techniciens de l'industrie : Castoriadis les dépêche rapidement en observant qu'ils sont enchantés de travailler dans des usines d'où les conflits entre niveaux hiérarchiques et entre services ont disparu. Non, les techniciens « ne poseraient aucun problème ». Les paysans sont satisfaits de bénéficier de produits industriels moins coûteux. Restent les boutiquiers, mais ceux-ci ont été absorbés par les grands commerces collectifs et n'ont plus rien à dire.

Le calme règne dans la Cité socialiste. Ce calme général, cet accord de base, on les retrouve dans un autre domaine : celui de l'économie. L'économie capitaliste est une pétaudière que personne ne contrôle, qui va de soubresaut en soubresaut, d'un gonflement de la demande à son effondrement, d'un excès de production à une chute dramatique de celle-ci ; on achète des produits sur un coup de tête, on fait des choix dont on ne connaît pas les effets, livrés comme nous le sommes à la ronde du désir et de la frustration. L'économie capitaliste : irrationnelle et obscure, personne ne sachant ce qu'il fait. L'économie de la Cité socialiste : rationnelle, transparente, règne de la calme lucidité.

Elle fonctionne de la façon suivante. Son cœur est un tableau définissant les relations entre les produits et indiquant, pour chacun d'entre eux, ce qu'il faut, venant des autres productions, pour le fabriquer : tant de ceci pour tant de cela. Castoriadis avait découvert l'existence de ces tableaux à l'OCDE (« Organisation de coopération et de développement économique », l'organisme européen où il travaillait, au service des études). Conçus initialement par des économistes anglo-saxons durant le dernier conflit mondial pour organiser la production de guerre, les tableaux étaient entrés dans la boîte à outils des économistes capitalistes : l'usine du plan les utilise désormais pour organiser la production socialiste. Plan ? Retour de la bureaucratie ? Non pas, d'où la désignation « usine ». Celle-ci multiplie les demandes de la population par les coefficients de production : calcul pur, mécanique.

À partir de là, la procédure est la suivante. L'usine du plan réalise périodiquement des consultations de la population concernant ses demandes de produits et de services. La première consultation indique ce qu'on a consommé précédemment, et indique les conséquences de chacun des choix : on a construit les voitures réclamées, mais pas les écoles et ainsi de suite. Le public fait un nouveau choix, réduit sa demande de voitures afin d'avoir plus d'écoles. Ce choix est recyclé par l'usine du plan. Nouveau choix et ainsi de suite jusqu'à ce que le public soit satisfait du résultat de ses options. À partir de ce moment, le plan est finalisé et communiqué aux usines qui n'ont plus qu'à exécuter. Pas de recherche de produits : c'est le public qui dicte. Pour la même raison, pas de services commerciaux : ceux-ci ont été transformés, indique Castoriadis, en services d'approvisionnement et de livraison. Il y a évidemment des ratés dans la machine, des excédents et des manques : les « en-trop » sont absorbés par des soldes, les « pas-assez » par des corrections du plan.

L'avantage du système de Castoriadis, dans son esprit, était qu'il révélait la part de consommation qu'on devait sacrifier, « en connaissance de cause », afin de réaliser les changements nécessaires aux progrès décisifs, ceux permettant à l'humanité de passer de la libération à la vraie liberté : si nous devons réaliser tel ou tel saut, alors il faudra diminuer telle ou telle consommation présente. (Ces changements ont-ils été réclamés par la population ? On suppose que oui.) Tout d'abord les méthodes de travail. Si le travail continuait d'être ce qu'il avait été depuis la nuit des temps, alors les hommes retomberaient dans la servitude. L'ennemi de la liberté, dans la société socialiste, ce n'est plus le capitaliste ni le bureaucrate, puisqu'ils ont disparu, mais le tour automatique, la chaîne, les machines transfert et tous les mécanismes qui « réifient » les hommes, leur interdisent de faire les choses à leur manière et, finalement, les éliminent de la production. Autre changement dans lequel il faudra investir : l'habitat, car lui aussi contribue à la servitude de la population, en éloignant chacun de ses voisins, en l'emprisonnant dans le donjon de la famille, en cloîtrant cette prison dans ces plus vastes prisons que sont les immeubles d'habitation, « clapiers de lapins », comme nous nous plaisions à dire.

Comment changer le travail ? Comment changer l'habitat ? Ce sera la tâche de la Cité socialiste : « Le développement de la liberté dans le travail et les facultés créatrices des producteurs, la création de communautés humaines intégrées et complètes, seront les voies dans lesquelles l'humanité socialiste cherchera le sens de son existence. »

*

*   *

Un projet de société aussi ambitieux que celui de Castoriadis fut exposé en 1656 dans un ouvrage intitulé *Oceana*, par un aristocrate anglais, compagnon du roi Charles 1er jusqu'à sa décapitation et pourtant républicain, James Harrington. Harrington fut férocement moqué pour ses idées, mis en jugement et condamné à plusieurs années de prison : il n'échappa aux maux qui tombèrent sur ses épaules qu'à travers la folie, simulée ou pas. Fin de l'utopie de Harrington ? Non ! De l'autre côté de l'Atlantique, des hommes qui voulaient construire un nouveau monde s'intéressèrent rapidement à ses idées. Ce fut la différence, et la chance, d'*Oceana* par rapport au « Contenu… » ou encore en comparaison de *La République* : on l'appliqua.

Oceana dépeint un pays qui pouvait être l'Angleterre, comme le « Contenu… » pouvait figurer la France. Dans le pays fictif de James Harrington, le principe électif s'applique partout : le scrutin est secret. Les trois pouvoirs, législatif, exécutif, judiciaire sont rigoureusement séparés. La rotation s'applique aux mandats électifs ainsi qu'à tous les postes : les uns comme les autres ont des durées courtes, le but étant d'assurer le passage d'un maximum de citoyens à travers des fonctions de responsabilité. On trouve plusieurs de ces traits dans l'Amérique coloniale, comme dans celle du temps de l'Indépendance et même dans l'Amérique contemporaine. L'une des caractéristiques les plus importantes du régime d'Oceana est l'existence de deux chambres représentatives : ce fut celle qui eut la plus large application en Amérique, au niveau fédéral, comme dans les États. L'une des chambres, le Sénat, représente les propriétaires les plus importants, les « riches » ; l'autre, l'Assemblée, est composé de représentants du restant de la population, les « pauvres ». Le Sénat propose les lois ; l'Assemblée les discute, les accepte ou les rejette. Le but de cette division : équilibrer le pouvoir des hommes les plus fortunés et celui de la masse, faire servir au bien de la communauté la culture et la sagesse des premiers sans pour autant se séparer de l'énergie et de l'enthousiasme du Peuple.

Oceana comme le « Contenu » refusaient d'être des rêveries et en appelaient à des réalités indiscutables. Pour *Oceana*, ces réalités étaient les constitutions d'Israël, de Sparte, de Carthage et les régimes existants de Venise, des cantons suisses, de la Hollande. Pour le « Contenu », c'était toute l'histoire des luttes, insurrections et révolutions ouvrières, jusqu'à la Hongrie l'année précédente, qui avaient mis en avant la revendication d'auto-organisation et qui, parfois, étaient arrivées à la réaliser partiellement. Les deux projets étaient en accord avec l'esprit de leur temps. Harrington partageait les lectures d'une partie de la population cultivée, en Angleterre, sur le Continent et en Amérique, il avait fait les voyages de toute personne cultivée, avait participé, à travers l'Europe, aux débats qui attiraient ses semblables. Les idées qui inspiraient Castoriadis étaient elles aussi largement diffusées, l'antiautoritarisme développait son influence, la critique de la civilisation industrielle capitaliste commençait de planter bien des flèches dans les flancs de la Bête.

Les deux projets, celui de l'aristocrate et celui du révolutionnaire semblaient portés par le courant de l'histoire. Pourtant, le premier préfigura le pays le plus puissant que le monde ait jamais vu, les États-Unis d'Amérique, tandis que le second se présente, un demi-siècle après sa rédaction, sous l'aspect d'une simple utopie. D'où vient cette chute, de projet audacieux en rêverie faisant sourire ?

*

* *

Platon en avait pressenti la cause : le changement des mœurs. « Une société politique, déclare-t-il dans *La République*, à condition d'avoir fait un bon départ, va s'accroissant à la façon d'un cercle. » Pour que ce « départ » soit bon, continue-t-il, il faut que l'éducation donnée aux gardiens soit parfaite. Gardiens : la catégorie qui, dans l'utopie de Platon, s'insère entre les dirigeants-philosophes, assis en haut de la pyramide, et le peuple en bas, qui ne s'occupe que de ses intérêts matériels, égoïstes, à court terme.

Les gardiens sont dévorés par le souci du bonheur de la Cité, comme je l'ai déjà rappelé. Leur éducation comporte deux disciplines, la musique et la gymnastique qui, toutes deux, habituent les élèves à être « dociles aux règles ». À ces règles s'en ajoutent d'autres auxquelles tous les jeunes gens doivent être formés, et pas seulement les gardiens : de manifester de la politesse envers les gens âgés, d'avoir une coupe de cheveux convenable, des vêtements et des chaussures bien tenues, et de témoigner en général d'une allure réservée. Le danger, avertit Platon, c'est d'accepter que ces règles soient changées.

Socrate, à propos de la musique : « Introduire en effet une nouvelle forme de musique, c'est un changement dont il faut se garder, comme d'un péril global : c'est que nulle part on ne touche aux modes de la musique sans toucher aux lois les plus importantes de la Cité. » - « Ce qui est sûr, dit un de ses interlocuteurs, c'est que là, sans qu'on s'en aperçoive, s'insinue facilement l'esprit révolutionnaire. » Et le même continue en exposant comment l'esprit révolutionnaire « vient tout doucement couler dans notre caractère et dans nos pratiques », puis passe dans les conventions et dans les lois « en finissant, dans les affaires privées comme dans les affaires publiques, par tout mettre sens dessus dessous. »

Or il se passait, en 1957, bien plus qu'un changement dans la musique et dans la gymnastique : ce furent toutes les mœurs qui, déjà mises en mouvement avant et après la guerre, accélérèrent leur mouvement, comme si des gens, en masse, s'étaient rendu compte que plus rien ne préservait les règles auxquelles ils étaient assujettis jusqu'alors : qui m'empêcherait désormais d'interrompre un vieillard et de tourner le dos à cette vieille personne ? D'avoir la coupe de cheveux qui me plaît ? De porter, à la place de vêtements normaux, des surplus de l'armée américaine, des jeans et des bottes militaires ? Qui peut m'interdire d'expérimenter des formes de musique nouvelles, de coincer des vis dans les cordes du piano (comme le musicien américain John Cage), de peindre en laissant les gouttes tomber au hasard de ma brosse et les rigoles de peinture trouver leur propre chemin le long de la surface de la toile (comme Jackson Pollock) ? L'essentiel n'était-il pas ce que je ressentais, désirais, haïssais, inventais ? Les règles ayant bougé, voire ayant disparu, un immense champ de jouissances se libéra. Qui allait, comme les gardiens de Platon, se soucier du bonheur de la République ? Qui préférerait passer ses années à faire tourner les conseils ouvriers plutôt que de consacrer celles-ci à son propre épanouissement personnel ? Benjamin Constant avait compris que la Révolution française allumerait la passion de la vie privée. Dans un monde transporté par cette passion, le projet de SouB, qui vouait chacun au service de la communauté, n'avait aucune chance.

Grâce à Mothé et à Castoriadis, nous avions une vision plus précise de la Rome vers laquelle nous marchions ; elle illuminait nos efforts comme cette figuration de la cité de Dieu que les peintres du Quattrocento suspendaient au-dessus des scènes qu'ils représentaient ; ce que nous ne savions pas encore, c'est que notre Rome n'intéresserait plus personne.

CHAPITRE 8 : LA MONTAGNE MÉTAPHORE

Drame au Mt Blanc (décembre 56) - « L'esprit de vanité » - Pourquoi l'alpinisme ici ? - George Mallory : le grimpeur à l'ancienne - L'alpinisme comme symphonie - Les Anglais inventent les Alpes - Rousseau y situe La Nouvelle Héloïse - Les gentlemen-climbers à l'assaut des sommets - Sport et poésie - Les Alpes comme cathédrales - Guerre de 14-18 : fin des gentlemen-climbers - Arrivée du peuple - L'alpinisme se change en guerre - Marchepied vers soi-même - Lachenal et Terray : audace et rapidité - Exploits des deux - Drame à l'Annapurna : Lachenal ne veut pas donner ses pieds à la jeunesse française - Morts de Lachenal et de Terray - La liberté totale, l'aspiration moderne.

*

* *

Durant les derniers jours de 1956, alors que je venais d'adhérer à « SouB », deux jeunes hommes de mon âge, Jean Vincendon, un parisien et François Henry, de Bruxelles, entreprirent l'ascension du sommet du mont Blanc par une épaule de roche et de glace située du côté italien, l'éperon de la Brenva.

Dans ce temps, l'escalade en hiver était rare : on skiait en hiver et on grimpait en été. L'éperon de la Brenva n'était pas considéré, en été, comme une course facile ; l'hiver en rendait l'escalade plus périlleuse. La Compagnie des guides de Chamonix évoquera plus tard, quand il s'agira de justifier le refus de la Compagnie de secourir les deux jeunes gens, la multiplication des courses d'alpinistes qui « par esprit de compétition » et « esprit de vanité, entreprennent des courses au-dessus de leurs possibilités et de leurs compétences. » Quant à l'entreprise de Vincendon et de Henry, que les remarques précédentes visaient, elle se déroulait « en dehors de la saison normale d'alpinisme ». Si Vincendon et Henry avaient pu lire le communiqué de la Compagnie, ils n'en auraient pas été mécontents. Leur ambition n'était certainement pas d'être des alpinistes « normaux », mais, au contraire, de rejoindre, dans la mesure de leurs possibilités, les Terray, les Lachenal, les Bonatti, qui avaient accompli des ascensions réputées impossibles, humilié les temps réalisés précédemment, substituant leur volonté aux règles et faisant, orgueilleusement, ce qu'ils avaient décidé de faire. La course des jeunes ambitieux manqua cependant de n'avoir pas lieu : surpris par le mauvais temps, ils étaient en train de redescendre vers Chamonix lorsqu'ils rencontrèrent l'un de leurs héros, Bonatti, avec un compagnon. Où allaient-ils ? À la Brenva ! Alors, on y va aussi ! Ils firent donc demi-tour. À partir de ce moment, ce qui devait être un exploit leur permettant de faire un pas en direction de l'Olympe des grands grimpeurs, devint un drame qui fit que plus jamais ils ne firent aucun pas. Après huit jours de bivouacs misérables dans la neige, sans protection, dans un froid cruel, Vincendon et Henry ne furent plus que des corps gelés allongés dans la carcasse de l'hélicoptère qui s'était écrasé en venant les sauver.

Des exploits comme ceux de Vincendon et de Henry étaient mal vus par les défenseurs de la normalité. Le quotidien communiste L'Humanité, très lu en ce temps, accusa les deux jeunes hommes d'être des « imprudents » qui, d'emblée, avaient compté sur les secours et qui, après s'être passé des services des guides, avaient misé sur leur intervention, mettant la vie de ces « professionnels de la montagne » en péril. Ceux qui insistaient que l'on sauve Vincendon et Henry furent l'objet d'attaques venimeuses. Lionel Terray, l'un des plus grands grimpeurs français, s'étant indigné de la décision de la Compagnie des guides (dont il faisait partie) de ne pas secourir les jeunes hommes, fut menacé d'exclusion par cette même Compagnie. Les deux guides militaires qui se trouvaient dans l'hélicoptère pensèrent qu'ils en avaient assez fait pour ces « candidats au suicide », selon une autre appréciation de L'Humanité. Laissant les deux jeunes alpinistes dans ce qui restait d'habitacle, ils préférèrent convoyer les pilotes de l'hélicoptère écrasé - des militaires comme eux - vers le refuge

Vallot, sous le sommet du Mt Blanc (une entreprise non négligeable, d'ailleurs). Un autre hélicoptère militaire, plus puissant, vint chercher guides et pilotes deux jours plus tard. Passant au-dessus de la carcasse de l'engin fracassé, et constatant qu'on n'y voyait « aucun signe de vie », les sauveteurs repartirent. Lorsque, deux mois plus tard, on revint chercher les corps, on constata que, si Vincendon était allongé dans la carlingue dans la position où il avait été laissé, Henry, lui, avait réussi à se traîner jusqu'à la porte, persuadé peut-être que l'hélicoptère dont il entendait le bruit venait pour les sauver, lui et son compagnon.

Ce drame toucha le cœur du public. L'« imprudence », l'audace, le rejet des règles, l'attraction d'une vie menée en dehors des conventions, la substitution du Moi au Nous, progressaient dans la mentalité des gens : était-ce un bien ou un mal, on ne savait pas, mais Vincendon et Henry étaient les représentants d'une évolution dont on sentait confusément le caractère inévitable. Conscients de l'intérêt de leurs lecteurs, deux cents journalistes se précipitèrent à Chamonix et là, sur une élévation, pouvaient se vanter de voir, aux jumelles, l'hébergement métallique des naufragés, devenu leur catafalque. Ce furent de belles journées pour la presse.

*

* *

Pourquoi l'alpinisme intervient-il dans mon récit ? C'est que les Alpes sont un miroir de civilisation. La manière de les percevoir reflète les goûts esthétiques de chaque époque : lorsqu'on a révéré l'ordre, on a haï les Alpes ; quand, avec le romantisme, le chaos a paru mieux exprimer les forces que l'on sentait s'éveiller en soi, on les a adorées. De même, ce que l'on accomplit au sein des Alpes est l'image de ce que l'on pense être une bonne ou moins bonne vie. Lorsqu'on les traverse les yeux fermés, préoccupé uniquement d'être de l'autre côté, comme cela a été le cas pendant des siècles ou quand, au contraire on profite des sommets pour les grimper, mettant sa vie en danger et répétant l'exercice le plus souvent, ce sont deux manières de considérer l'existence qui s'opposent. Si l'une prédomine ou commence d'apparaître, c'est que la civilisation a pris une certaine direction. Au début des années 50, jeune alpiniste, je voyais, au-dessus de Chamonix, des figures étranges : c'étaient des Anglais, revêtus des tenues les plus fantaisistes, équipés à la diable, qui rentraient de course ou y partaient. Les guides, dont ils se dispensaient, les regardaient avec ironie, leurs clients avec suspicion : que faisaient ces gars-là dans un monde réservé à des entreprises sérieuses ? La réponse était que ces alpinistes à la va comme j'te pousse annonçaient un temps nouveau !

Que l'alpinisme ait annoncé la révolution individualiste contemporaine se comprend si l'on suit la vie de trois grimpeurs, George Mallory, issu des classes dirigeantes anglaises, professeur à Cambridge, Louis Lachenal, fils d'épiciers d'Annecy et Lionel Terray, fils révolté de la bourgeoisie grenobloise. Le premier incarnait un monde qui disparaissait, les deux autres, celui qui arrivait. Voici d'abord George Mallory, l'homme d'hier. Le 8 août 1924, l'un des membres de la troisième expédition britannique à l'Everest distingua, dans une trouée des nuages, deux hommes progressant vers le sommet, à quelques centaines de mètres au-dessus d'eux. Ce fut la dernière image que l'on eut de George Mallory, le chef de l'équipe de grimpeurs, et de son jeune compagnon Sandy Irvine. En 1999 on trouva le corps de Mallory, à peu près à l'endroit où l'on avait vu le grimpeur soixante-quinze ans auparavant. On ne découvrit pas les restes d'Irvine. L'une des jambes de Mallory était brisée, ses lunettes de soleil étaient dans sa poche, signe qu'il était peut-être mort dans la nuit. Il n'avait pas sur lui la photographie de sa femme qu'il avait promis à celle-ci de laisser au point culminant de la planète.

Avant de disparaître, George Mallory envisageait la tentative de forcer le sommet avec pessimisme : « Nous sommes sur le point de repartir vers le haut, écrivit-il à un ami quelques jours avant la dernière manche, et l'aventure semble de plus en plus désespérée. » C'était la dernière chance : la mousson s'annonçait et condamnait toute l'expédition à repartir, vaincue, en Angleterre, et ceci pour la troisième fois. C'était aussi la dernière chance pour George Mallory d'accéder au sommet de l'Everest. Il avait participé aux deux expéditions précédentes, en 1921 et 1922 et avait hésité à repartir pour une troisième tentative : celle-ci, à laquelle il décida finalement de se joindre, serait la dernière. Après, victoire ou défaite, ce serait pour George Mallory la fin de l'aventure sur les flancs de l'Everest, le retour définitif à Cambridge, où il venait de décrocher un poste d'enseignant, le retour à la femme qu'il aimait, Ruth, à ses trois enfants, à la nouvelle maison dans laquelle la famille venait de s'installer, ce serait le retour au climat d'affection qui entourait cet homme aux moyens exceptionnels, considéré comme le grimpeur, le « mountaineer », le plus doué du pays, d'une grâce que tous admiraient, d'un charme que la modestie rendait encore plus attrayant.

Avant de retourner à une vie qui lui était si chère, amitié, famille, travail, il fallait cependant à George Mallory qu'il conquît l'Everest. Pas pour apprendre aux jeunes Anglais la nécessité du dépassement de soi, comme l'annonçait l'un des officiels, organisateur des expéditions à l'Everest, ni pour établir un record, mais tout simplement pour finir ce qu'il avait commencé et parce qu'« un montagnard, cela doit grimper. » « Notre cas, avait-il exposé, est comme celui de quelqu'un qui a, par exemple, un talent de musicien. Il est peut-être inconvénient et même dangereux de consacrer du temps à la musique ; mais le danger le plus grand est de ne pas lui consacrer assez de temps, car la musique est l'aventure de cet homme. » En comparant l'alpinisme à la musique, Mallory utilisa un trope qu'il affectionnait. Il avait commencé un article pour le Climbers Club Journal par cette question inhabituelle : « A quelle part artistique de l'homme l'escalade appartient-elle ? À la partie qui est émue par la poésie et la peinture ou celle qui lui fait aimer le jeu ? » Sa réponse : « Le même besoin est satisfait lorsqu'on grimpe une montagne que lorsqu'on écrit un poème ». Il entendait attribuer à chaque course en montagne un profil esthétique particulier. « Une journée bien dépensée dans les Alpes, écrivit-il pour la revue de l'Alpine Club, est comme une symphonie. »

Mais l'Everest n'était pas une symphonie, son escalade n'avait rien à voir avec la rédaction d'un poème. « C'est une montagne infernale, écrivit Mallory, après avoir tenté d'accéder au sommet en 1922, durant la deuxième expédition. Franchement le jeu n'en vaut pas le prix : les risques d'être attrapé sont trop grands, la marge de force lorsqu'on est à très haute altitude est trop mince. Peut-être est-ce folie de se lancer une fois de plus. Mais comment est-ce que je puis ne pas en être ? » À l'un de ses amis, Geoffrey Keynes, frère de l'économiste Maynard Keynes, Mallory écrivit, en chemin pour la troisième et dernière expédition : « This is going to be more like war than mountaineering » : ce sera plutôt la guerre que de faire de la montagne. Mallory connaissait la guerre : il l'avait faite, en 14/18, en tant qu'artilleur. Et, lucide, il concluait : « I don't expect to come back » : je ne crois pas revenir vivant. À sa femme, Ruth, il confia le désespoir qu'il ressentait face à cette montagne « infernale », laquelle ne suscitait en lui que la « tendance à se sentir de trop un animal, à prendre plutôt qu'à donner, à accepter plutôt qu'à inventer. » Prendre, accepter, suer d'angoisse, s'accrocher à la paroi, ne souhaiter qu'une chose, d'avoir la vie sauve : cela ne faisait pas partie des valeurs de Mallory.

Pourtant, le 8 août 1924, il se résolut à marcher vers le sommet, avec, comme équipier, Sandy Irvine, le seul grimpeur disponible. N'ayant que 23 ans, Irvine, lui aussi un ancien de la filière public school puis Cambridge ou Oxford, avait pour seule expérience d'avoir participé à une expédition au Spitzberg, où, il était vrai, son comportement avait été excellent : en matière d'escalade et d'alpinisme c'était un novice. Sa grande qualité, c'était d'être un excellent bricoleur et de savoir faire fonctionner les bouteilles d'oxygène, auxquelles il avait ajouté un dispositif fabriqué sur place qui en rendait l'utilisation plus sûre. Il y avait une chance que les deux hommes, l'un avec sa grâce, l'autre avec son savoir-faire technique, arrivent au sommet. Une chance que Mallory invente, une fois de plus, un chemin, pour lui et pour son jeune compagnon. Une chance qu'il transforme cette journée en symphonie. Mais cette chance lui fut refusée. Les deux hommes disparurent, l'élégant et le technicien. Avec eux disparut également une certaine manière de voir la montagne.

*

*   *

George Mallory n'était pas à sa place à l'Everest : il était le produit d'une histoire d'amour entre les Anglais et les Alpes. En route pour les Indes et les dernières semaines de sa vie, il lut un livre qui lui rappelait, une fois de plus, tout ce qu'il devait aux Alpes. Il s'agissait d'*Ariel*, la biographie du poète romantique Percy Shelley, que l'écrivain et romancier français André Maurois venait de publier. Shelley était, comme Mallory, un amoureux des Alpes. Il avait visité Chamonix (« Chamouni ») en 1817 et ramené de son expédition un poème que tout alpiniste anglais connaissait : « Mont Blanc ». Le sommet, entrevu entre les nuages, est « still, snowy and serene » (« calme, neigeux et serein »), rapporte le poète. C'est le lieu où, selon lui, se trouve « la force secrète des choses », dont « le pouvoir demeure dans sa tranquillité. »

Pourtant les premiers « touristes » anglais (touristes : ceux qui font le grand tour de l'Europe) ne virent rien de tranquille, ni de serein, ni de calme, dans les Alpes. Celles-ci formaient une barrière à franchir pour atteindre l'Italie et, plus loin, la Grèce, objets du tour, rien de plus. Mais les conditions de vie misérables qu'on était assuré de trouver le long des chemins, les habitants malpropres que l'on devait côtoyer, dont une partie des crétins, une autre atteinte de la maladie du goitre, une autre formée de brigands qui avaient la réputation de se jeter sur les voyageurs au passage des cols, de les dépouiller de leurs biens, de les laisser dans la neige à la merci des loups, l'affreux spectacle de sommets aux formes hétéroclites, les torrents au cours biscornu qui brutalisaient l'œil, la conviction répandue que les gorges étaient habitées par des dragons, dont certaines cartes indiquaient l'habitat, tout cela composait, de la barrière des Alpes, une image effrayante. La multiplication des voyages ne changea que progressivement l'opinion des touristes : les Alpes restèrent identifiées au chaos, au danger et à l'inconfort. Au dix-septième siècle, les montagnes étaient toujours considérées comme « damnées », selon le mot de François de Sales (l'évêque et érudit savoyard). Le siècle suivant, George Berkeley, le créateur de l'école philosophique idéaliste anglaise, jugeait encore que, vu lors de la traversée des Alpes, « tout objet était misérable ».

Cependant, durant le même siècle, le dix-huitième, la réputation des Alpes commença de changer du tout au tout. L'Europe polie, cultivée, pencha vers le culte de la nature et se mit à chercher cette partie de l'écorce terrestre où l'on pourrait communier avec la nouvelle idole. En 1739, le poète anglais Thomas Gray, faisant son « grand tour », visita la Grande Chartreuse, au nord de Grenoble. Il décrivit la montée du monastère « comme la scène la plus solennelle, la plus romantique et la plus étonnante » qu'il ait jamais vue. Et, continuant : « Pas un précipice, pas un torrent, pas une falaise qui ne soit pleine de religion et de piété. » Loin d'être « damnées » ou « misérables », les montagnes composèrent à l'intention du nouvel œil un spectacle divin et solennel. Elles n'étaient plus l'antichambre de l'enfer, mais un marchepied vers Dieu. Gray avait trouvé le temple, mais il fallut un Suisse, exilé à Paris, pour installer, au sein de ce temple, un drame qui allait passionner toute l'Europe et établir les Alpes comme la patrie de la nouvelle sensibilité : ce Suisse fut Jean-Jacques Rousseau et le roman *Julie ou la Nouvelle Héloïse* (publié en 1762).

Le succès de *La Nouvelle-Héloïse* fut prodigieux : en tournant ses pages, on pleura des rivières de larmes, du nord au sud et de l'ouest à l'est, on passa des nuits blanches en tête à tête avec l'ouvrage, on décommanda ses rendez-vous, on se cloîtra chez soi. Nombre de femmes écrivirent à Rousseau des lettres qu'elles signaient du nom de l'héroïne, Julie, lettres auxquelles il répondait en signant de celui du héros, Saint-Preux. Les hommes les plus rassis ajoutèrent leurs pleurs aux larmes de leur compagne. On visita les entours du lac Léman où se passait une bonne partie du roman. L'impératrice Marie-Thérèse d'Autriche s'imposa de coucher dans une auberge misérable où Rousseau avait fait séjourner son héros. Les Alpes étaient le cadre idéal pour l'émergence du nouveau drame moderne : celui de l'affirmation du Moi. À la différence dont chaque Moi se réclamait répondait la variété du paysage alpin tandis que la violence des forces que l'on sentait s'éveiller en soi faisait écho aux fureurs de la montagne. On voyait aussi dans les sommets alpins le symbole de l'idéal auquel le Moi aspirait, se libérant de la médiocrité de la vie quotidienne : « Il semble, écrit Saint-Preux, qu'en s'élevant au-dessus du séjour des hommes, on y laisse tous les sentiments bas et terrestres, et qu'à mesure qu'on s'approche des régions éthérées, l'âme contracte quelque chose de leur inaltérable pureté. »

*

* *

Après la fin des guerres napoléoniennes, les Anglais, devenus les maîtres du monde, se précipitèrent en Suisse et s'engouffrèrent dans les vallées alpines. C'étaient des hommes énergiques, tournés vers des buts précis et matériels, qui, buvant leur thé sur les terrasses des hôtels nouvellement construits à leur intention par une génération de paysans suisses avisés, levèrent les yeux vers les montagnes qui leur faisaient face et se dirent aussitôt : grimpons là-haut ! Ils avaient abattu Napoléon, comme leurs ancêtres avaient brisé Louis XIV. Vaincre, il leur fallait vaincre. Il n'y eut, en effet, guère de pic dans les Alpes qui ne fût conquis, pour la première fois ou pour l'une des premières fois, par un Anglais fortuné, obstiné, sportif.

Ces hommes aux nerfs en bataille, ce furent, parmi des dizaines d'autres, James David Forbes, explorateur de cols et de glaciers, le premier étranger à atteindre le sommet de la Jungfrau (4.159 m), l'inventeur de la « haute route » qui relie, par les glaciers, Chamonix et Zermatt ; Whymper, vainqueur de centaines de sommets, dont celui du Cervin ; Coolidge, Américain mais Anglais de cœur, qui a laissé son nom sur des voies à travers toutes les Alpes ; Mummery, spécialiste des escalades difficiles ; John Ball, membre du gouvernement de Palmerston, qui trouva le temps d'écrire le premier guide sérieux pour les escalades dans les Alpes, entreprise qui absorba plusieurs années de sa vie et le vit traverser les Alpes quarante-huit fois.

Rien n'obligeait ces hommes et tant d'autres de consacrer une bonne partie de leur vie à grimper les montagnes. La presse ne suivait pas leurs aventures, sauf pour les désapprouver, surtout si elles étaient mortelles : Whymper, dont la corde, durant la descente sous le sommet du Cervin, s'était rompue, précipitant dans le vide deux guides suisses, père et fils, et un jeune lord anglais, fut poursuivi toute sa vie durant par les journaux, qui ne cessaient de ressasser ce drame. La curiosité scientifique comptait médiocrement parmi les motivations des alpinistes-gentlemen. Elle avait persuadé Horace-Bénédict de Saussure, le savant genevois, de grimper au sommet du mont Blanc afin d'y vérifier, entre autres choses, à quelle température bouillait l'eau (1787). Après lui, il y eut une période pendant laquelle un alpiniste ne pouvait faire une expédition sans réaliser des observations scientifiques ou, au moins, revenir chargé d'échantillons de roches ou de plantes. Rapidement cependant on se passa des carnets d'observation et des boîtes d'échantillons. Restèrent le sport ou comme on disait alors, les « games », et l'idéal.

Le sport était le loisir des classes dirigeantes anglaises. Il se pratiquait dans les public schools (écoles très peu « publiques » puisque réservées aux enfants des familles aristocratiques et d'ancienne bourgeoisie) puis à Oxford et à Cambridge. Pourquoi cette pratique ? La doctrine officielle voulait que le sport soit le moyen de former le caractère masculin, de l'habituer à l'effort et à la souffrance, d'accroître l'esprit d'équipe. La bataille de Waterloo, disait-on, fut gagnée sur les terrains de sport d'Eton, l'une des public schools les plus recherchées. Les hommes qui lâchèrent leurs tasses de thé pour s'élancer vers les sommets furent le produit de cette formation : ils virent les Alpes comme l'occasion d'un nouveau sport.

Mais ils n'étaient pas étrangers à la poussée vers l'idéal dont avaient parlé les philosophes, romanciers, critiques, poètes, qui avaient impressionné leurs jeunes esprits. J'ai déjà parlé de Gray et de Shelley ainsi que de Rousseau. Plus proche d'eux, il y eut John Ruskin, théoricien et admirateur de la peinture romantique, visiteur fréquent des Alpes, qui déclarait : « Les montagnes semblent avoir été faites, pour la race humaine, comme ses écoles et ses cathédrales. » Leslie Stephen, père des deux sœurs, Vanessa Bell, animatrice du groupe de Bloomsbury (une collectivité d'artistes d'avant-garde) et de la romancière Virginia Woolf, « mountaineer » réputé, auteur d'un livre célèbre sur les Alpes, *The Playground of Europe*, et grand défenseur de l'idée de l'alpinisme comme jeu - jeu sérieux - ne cessa cependant de marquer l'influence de Ruskin sur la génération d'alpinistes à laquelle il appartenait : « Le quatrième volume des Peintres Modernes (ouvrage dans lequel Ruskin aborde les Alpes par le biais de la peinture) m'a infecté et les autres membres du Club Alpin à ses débuts d'un enthousiasme dont nous sommes encore reconnaissants. » Autre témoin de cette union de l'idéal et de l'alpinisme, Arnold Lunn, qui fut parmi l'un des inventeurs du ski moderne, expliqua ainsi la diffusion rapide des sports de montagne : « Les hommes ont levé leurs yeux vers les montagnes pour découvrir les valeurs spirituelles cachées par les fumées et la crasse de la révolution industrielle. » George Mallory appartenait à cette tradition-là, qui liait escalade et esprit, montagne et beauté, élévation physique et élévation mentale, et à la classe sociale qui l'avait formée. Cependant, au moment où il mourut à l'Everest, cette tradition mourait aussi, tandis que les gentlemen-grimpeurs disparaissaient.

Pourquoi cette double extinction ? Sans doute devint-il trop « old fashioned » (« à la vieille mode ») de réciter du Ruskin sur les sommets : la guerre de 14-18 avait ruiné l'idéal, l'avait ravaudé au rang de propagande ; ceux qui avaient connu l'enfer des tranchées n'avaient plus le goût de voir des cathédrales là où elles n'étaient pas. Commentant le cours que prenait l'alpinisme, le grand guide Armand Charlet de Chamonix disait : « C'est la guerre ! » Cette guerre, les gentlemen n'avaient plus le goût de la faire : ils avaient déjà donné ! Sans doute aussi, pour les esthètes anglais, l'obsession des faces nord, généralement des amas de roche pourrie que surmontaient des sommets banals, obsession qui domina l'alpinisme durant les années 30, marquait-elle une sérieuse absence de goût. À partir de ce moment, succédèrent aux gentlemen-grimpeurs des hommes du peuple, durs, forts, acharnés, ambitieux, fiers d'eux-mêmes, emplis d'une énergie énorme, qui considéraient la montagne non comme un jeu, ni une occasion de poésie, ni de méditation, mais comme une bataille dont ils entendaient bien sortir vainqueurs. Désormais les montagnes seraient là pour tester l'endurance humaine, pour mesurer jusqu'où pouvait aller la volonté, un marchepied non vers Dieu, mais vers soi-même. Les grands grimpeurs vinrent non plus des classes dirigeantes anglaises, mais du prolétariat continental : Riccardo Cassin, grandi à Lecco, proche de Milan, et qui commença sa carrière en ouvrant des voies dans les Dolomites, Pierre Allain, parisien, qui escalada la face nord des Drus, à Chamonix, en 1935 et qui fut aussi un inventeur de matériel et de vêtements, Andreas Heckmair, de Munich, qui vainquit la face nord de l'Eiger en 1938, avaient tous trois commencé leur vie comme ouvriers. À cette nouvelle génération vinrent s'ajouter des transfuges de la bourgeoisie. Fuyant le matérialisme de leur milieu d'origine et la mesquinerie de ses préoccupations, ces rebelles abandonnèrent études et l'idée de faire carrière, décidèrent que la pureté qu'ils cherchaient se trouvait seulement dans la fréquentation des hauts sommets et se muèrent en montagnards. La main ainsi passa.

*

*   *

Louis Lachenal et Lionel Terray sortirent de la nouvelle main. Né en 1921 à Annecy, de parents épiciers modestes, Lachenal démontra très vite les deux qualités qui en firent une des figures les plus importantes de l'alpinisme des années d'après-guerre : l'audace et la rapidité. Enfant, il entraîne ses camarades dans l'escalade des blocs et falaises proches d'Annecy. À 16 ans, il persuade un de ses amis de l'accompagner à Chamonix. Objectif : le Grépon, par la voie Mummery, dont la fissure célèbre a vu des générations d'alpinistes racler avec effroi le granit. On indique vaguement aux garçons l'itinéraire, ils arrivent au sommet très tard, sont pris par la nuit et doivent bivouaquer sur l'arrête, sans le moindre matériel, dans leurs vêtements d'été. Le lendemain, plutôt morts que vifs, ils descendent au jugé, se retrouvent sur le glacier, se perdent encore, puis sont récupérés par une cordée qui monte.

Très tôt la montagne devint pour Lachenal plus qu'une passion : sa vie même. Mais n'étant pas de Chamonix ni d'aucune vallée alpine, ses chances d'accéder au métier de guide sont maigres. Par chance, vient au régime pétainiste une idée : les camps de jeunesse. Encadrés par d'anciens officiers dans des camps construits loin des villes, hors des influences pernicieuses, les jeunes Français compléteraient leur formation en accomplissant collectivement des travaux au grand air et en pratiquant le sport, tout cela en entonnant des chants patriotiques : ainsi fabriquerait-on une nouvelle génération plus forte psychiquement et physiquement que celle qui avait voté pour le Front populaire avant de s'effondrer devant les armées allemandes. Certains des camps furent consacrés spécialement aux sports et travaux de montagne : Lachenal fut affecté à l'un d'entre eux et réussit si bien et si spectaculairement qu'il parvint, par ce tremplin et au fil des ans, à devenir moniteur de ski, puis porteur enfin guide appartenant à la très exclusive Compagnie des Guides de Chamonix.

La guerre terminée, on commençait à parler, à Chamonix, d'un jeune guide dont la réputation allait croissant : c'était Lionel Terray. Terray était un enfant de la bourgeoisie grenobloise, un enfant plus que récalcitrant. Dès douze ou treize ans, note-t-il dans son livre, *Les Conquérants de l'inutile* (un des grands classiques de la littérature alpine), « la bassesse, la vulgarité et la monotonie du monde m'apparaissaient déjà avec une grande acuité et je rêvais passionnément d'une existence plus noble, plus libre et plus généreuse. » Son père accablait l'alpinisme de sarcasmes et de mépris : « Pour lui le sport était principalement un moyen de se maintenir en forme afin de conserver et d'accroître la puissance de travail nécessaire à la réussite sociale et financière. » Il n'était pas question que son fils se consacre à cette « folie stupide ». Par réaction, Lionel s'y jeta totalement. Mais sous quelle forme allait-il pratiquer son engagement ? La réponse lui vint d'un jeune Marseillais qu'il rencontra dans un autre des camps de jeunesse issus du régime pétainiste, Gaston Rebuffat. Celui-ci lui exposa que tout ce qui se disait sur l'alpinisme n'était que « foutaises et séquelles d'un temps révolu… ce qui importait en alpinisme était de posséder une grande virtuosité dans l'escalade rocheuse, la volonté et le courage suffisant à tout le reste. » Terray, qui lisait Nietzsche, fut accroché par ces mots. Le jeune homme se maria, loua un chalet et des terres au-dessus de Chamonix et devint un paysan-montagnard, au désespoir de son père qui lui voyait un avenir plus glorieux. Il fit la guerre avec les chasseurs alpins, accomplit quelques exploits dont le résultat fut de causer plus d'effroi que de mal aux soldats allemands. De retour à Chamonix après la fin des hostilités, il continua de lutter pour arracher de la maigre terre alpine de quoi vivre, mais non sans oublier de mettre en application la théorie de Rebuffat. La « volonté et le courage », faute pour le moment d'avoir « la virtuosité dans l'escalade », lui permirent de vaincre plusieurs sommets difficiles et le conduisirent à l'approche de cette frontière qui fascinait de plus en plus les hommes du 20e siècle, celle de la mort délibérément provoquée.

Lachenal et Terray se rencontrèrent et s'associèrent pour repousser encore plus loin l'horizon des difficultés à vaincre. Durant l'une de leurs courses communes, Terray nota avoir fait une expérience qui l'avait arraché à la condition humaine : « Ma personnalité m'a quitté, écrivit-il, les liens de la terre se sont rompus : je n'ai plus ni peur ni fatigue ; je me sens comme porté par les airs ; je suis invisible, rien ne peut m'arrêter, j'ai atteint cette dématérialisation que cherche le skieur sur la neige, l'aviateur dans le ciel, le plongeur au tremplin. » Au cours de ces premières escalades faites avec Lachenal, Terray forme sur son compagnon un jugement qu'il ne démentira jamais : « Possédant une adresse prodigieuse, une vitalité de bête fauve, un courage frisant l'inconscience dans les terrains délicats ou instables, Lachenal était de loin le grimpeur le plus rapide et le plus brillant que j'aie jamais connu. » Vitalité, énergie, courage « frisant l'inconscience », audace : les qualités que l'homme moderne tentera désormais d'accaparer pour son propre compte !

Ayant rôdé leur entente, Terray et Lachenal décident de tenter la seconde escalade de la face nord de l'Eiger, dans l'Oberland suisse. Nous sommes au mois de juillet 1947. Les deux hommes ont 26 ans. La réputation de la face nord de l'Eiger était effrayante : on considérait celle-ci comme posant l'un des plus grands problèmes des Alpes, car aux difficultés techniques et à l'état peu stable de la roche, s'ajoutait le risque de mauvais temps, lequel tombait sur la face brusquement sans qu'on puisse le prévoir : c'est par cette conjonction de périls que l'Eiger attira les deux jeunes hommes. À quoi s'ajoutait aussi le mystère de la face, dont ils ne connaissaient pas l'itinéraire : autre difficulté qui ne pouvait que les stimuler ! Des tentatives précédentes, deux furent des drames. En 1935, deux Allemands, pris par la tempête, furent contraints de bivouaquer cinq nuits de suite. Après plusieurs jours de mauvais temps qui cacha la montagne, un avion militaire suisse aperçut les corps gelés des deux grimpeurs, collés contre la roche. En 1936, quatre autres grimpeurs allemands moururent sur la même face, après plusieurs bivouacs. Le dernier des grimpeurs en vie expira sous les yeux des sauveurs et presque à pouvoir être touché : on ne parvenait pas à l'atteindre, lui était trop faible pour défaire un nœud qui bloquait tout mouvement de sa part. La troisième tentative fut victorieuse. En 1938, deux cordées, l'une allemande et l'autre autrichienne, joignant leurs efforts, sortirent au sommet après trois jours d'escalade. Ils furent reçus et félicités par Hitler. La course des deux Français, neuf ans plus tard, porta la marque qui fut toujours celle de Lachenal et de Terray : la rapidité et l'audace. La cordée, quoique gênée par la tempête, améliora le temps des Austro-Allemands d'un tiers, et ceci malgré plusieurs erreurs d'itinéraire. Les dangers encourus avaient été extrêmes, au point que Terray, lors d'un bivouac, est paralysé de peur et ne parvient pas à trouver le sommeil : « Je me sens accablé sous le poids d'une immense solitude, toute l'hostilité du monde, toute l'insanité de cette aventure m'apparaissent avec une clarté effrayante. »

Par la suite, avec ou sans Terray, Lachenal continua de pulvériser les records de difficulté et de temps. Qu'il s'agît d'une promenade en moyenne montagne, d'une montée en refuge, d'une course banale ou d'une des grandes difficultés alpines, Lachenal volait, toujours persuadé qu'il aurait pu aller encore plus vite. Il grimpa avec Terray la face nord-est du Piz Badile, un autre grand problème des Alpes, en sept heures et demie, alors que le meilleur temps des cinq escalades précédentes avait été de dix-neuf heures : « Ah, se morfondit-il arrivé au sommet, on a perdu du temps, nous aurions pu faire la voie en six heures ! »

Lachenal et Terray furent choisis, avec l'autre grand grimpeur de l'époque, Gaston Rebuffat, (l'homme qui avait enseigné à Terray la théorie de la « volonté et du courage »), pour l'expédition française à l'Annapurna, l'un des sommets de plus de 8.000 mètres de l'Himalaya. L'équipe des grimpeurs était conduite par Maurice Herzog, excellent grimpeur, mais n'appartenant pas au monde de la montagne, issu d'une famille bourgeoise et sorti de la grande école commerciale parisienne, HEC. L'expédition s'ébranla le 5 avril 1950, depuis la frontière du Népal, couvrant à pied la distance qui la séparait de son but. Après un mois passé à découvrir la meilleure voie de montée, on lança enfin l'assaut proprement dit de l'Annapurna. Celui-ci procéda par étapes jusqu'au dernier camp, le cinquième.

Le 3 juin, Maurice Herzog et Louis Lachenal se préparent pour monter au sommet. Lachenal ne sent plus ses pieds, constate qu'ils sont en train de geler et veut descendre. « Pour moi, écrivit-il bien des années après, cette course était une course comme les autres, plus haute que dans les Alpes, mais sans rien de plus. Si je devais laisser mes pieds, l'Annapurna, je m'en moquais. Je ne devais pas mes pieds à la jeunesse française. » Herzog, lui, veut continuer : « Il était illuminé, rapporte Lachenal … il avait l'impression de remplir une mission. » Si Lachenal, malgré tout, a accepté d'accompagner Herzog jusqu'au sommet, ce fut, dit-il, parce que « j'estimais que, s'il continuait seul, il ne reviendrait pas. » Les deux hommes arrivèrent ensemble au point culminant. La descente fut catastrophique : une « débandade », comme Lachenal le nota dans son journal. Maurice Herzog avait oublié ses gants au sommet, ses mains gelèrent, les pieds de Lachenal étaient des blocs de glace. Les deux hommes errèrent sur la voie, et furent récupérés miraculeusement par Terray et Rebuffat montés à leur recherche. Après une nuit au camp 5, les quatre hommes se perdent dans le brouillard, sont pris dans une avalanche, passent la nuit dans une crevasse, où ils sont à nouveau ensevelis sous la neige. Quand finalement le groupe rejoint le restant de l'expédition, l'état des hommes est pitoyable. Aux gelures s'ajoute l'ophtalmie : Lachenal, Herzog, Terray, aveugles, doivent être conduits à la main. Du dernier camp jusqu'à la ville d'où l'expédition est partie, Lachenal et Herzog doivent être portés, d'abord à dos puis sur des litières, leurs douleurs plus ou moins calmées par des piqûres de morphine. Pour éviter la gangrène, le médecin de l'expédition ampute les doigts de Herzog et les doigts de pied de Lachenal sans attendre de profiter des équipements d'un hôpital. Le calvaire dura trois semaines.

Il faudra plusieurs années à Lachenal pour réparer son corps et son âme des blessures infligées par l'Annapurna. Les opérations se succédèrent pour couper les chairs atteintes de ses pieds puis en greffer de nouvelles. Pourra-t-il à nouveau marcher, grimper, skier ? Le guide suisse Raymond Lambert, dont les pieds avaient gelé, portait des chaussures aux mesures enfantines et grimpait parfaitement – mieux même qu'avant, voulut rassurer Lachenal : mais celui-ci repoussait toujours l'occasion de se lancer à nouveau. Pendant ce temps, la blessure de l'âme avait, sans doute, autant de mal à se guérir. Jamais Lachenal n'avait connu ce qu'il avait connu sous le sommet de l'Annapurna. Depuis qu'il escaladait les montagnes, donc depuis toujours, son art exceptionnel de grimpeur (« son génie » comme disait Terray), sa résistance, sa volonté, sa rage, sa vitesse, son audace, avaient soumis toutes les pentes : il avait regardé la mort dans les yeux et la mort avait toujours tourné la tête – mais pas sur l'Annapurna. « Ce soir tout le monde est rassemblé ici. Nous avons la vie sauve. Merci, mon Dieu !» nota-t-il dans son journal, le 5 juin, à la fin de la « débandade » - « Merci, mon Dieu » : pour Lachenal le surhomme, il n'avait pas dû être facile de tracer ces mots.

Après plusieurs années de doute, Lachenal revint à la vie. Maurice Herzog et lui, réconciliés, firent ensemble une course difficile, seuls, lui avec ses petits pieds, Herzog avec ses moignons. Encouragés par ces progrès, ses amis le poussèrent à reprendre son existence d'autrefois, à renouer avec l'escalade, le danger, l'exploit. Ses pieds étaient guéris, l'âme avait été replâtrée, la confiance était revenue : Lachenal redevenait lui-même. Peut-être allait-il répéter les prodiges d'autrefois, comme c'était le cas de Lionel Terray. Celui-ci, au retour de l'Annapurna, eut la tentation de s'installer dans la vie de guide célèbre ; sa clientèle se bousculait, ses cachets dépassaient ceux de tous les autres guides de la vallée de Chamonix ; de plus, le métier de guide, avec ses contacts humains et ses tâches, certaines modestes, d'autres qui inclinaient à l'héroïsme, lui paraissait beaucoup plus attachant qu'autrefois. L'idée de s'en tenir là le visita : « Bien des fois… j'avais pensé qu'il fallait arrêter ce jeu avant que les dés se retournent contre moi. » Rien cependant ne put l'empêcher de se jeter, à nouveau dans le jeu, le grand jeu. En 1952, Terray fit partie de l'équipe qui s'attaqua au Fitz Roy, en Patagonie, et arriva à la cime avec le grimpeur parisien Guido Magnone. Avec deux clients hollandais fidèles, il enchaîna plusieurs premières dans les Andes. L'Himalaya continua de le fasciner. La première ascension de l'Everest ayant été réalisée par les Anglais en 1953, les Français organisèrent une expédition en direction du Makalu, l'un des grands sommets de l'Himalaya, le cinquième de la planète, dont Magnone avait repéré les difficultés : Terray se porta en avant et fut le premier au sommet, avec Jean Couzy, en mai 1955.

Le 25 novembre de cette même année, Lachenal, qui reprenait goût à la montagne, persuada un de ses amis de descendre avec lui la Vallée Blanche, itinéraire très classique, quasiment une piste de ski. Les deux amis sortirent de la gare du téléphérique de l'Aiguille du Midi, au-dessus de Chamonix, s'élancèrent, tracèrent quelques virages. Soudain, sous les skis de Lachenal, un pont de neige céda, le grimpeur tomba au fond d'une profonde crevasse et se cassa le cou. Terray, lui, continua de combiner son métier de guide avec celui de conférencier et d'écrivain (*Les Conquérants de l'inutile* furent publiés en 1961). Le 19 septembre 1965, les dés, dont il attendait le jugement depuis longtemps, se prononcèrent contre lui : la mort, à laquelle il avait échappé dans tant de circonstances dramatiques, le faucha lors d'une course d'entraînement dans le Vercors. Arrivés au sommet modeste qui mettait un terme à leur effort, Terray et son compagnon tombèrent dans la face, encordés l'un à l'autre.

Ainsi moururent deux hommes qui avaient contribué à ouvrir une voie que d'autres hommes et femmes se mirent à suivre, eux aussi, en montagne et dans d'autres compartiments de la vie, la voie de cette « liberté totale » que tous deux poursuivaient sur les parois.

CHAPITRE 9 : LA TENTATION DE L'ACTION

De Gaulle revient au pouvoir (juin 58) - « Au début était l'Action » - Du comité de rédaction au parti : la création de Pouvoir ouvrier - Le fascisme : hypothèse la plus sûre - Étudiants égal ouvriers - De Gaulle et la théorie des contingences - L'esprit du temps - Son réalisme - « L'âpre joie d'être responsable » - Rupture de Castoriadis et de Lefort - Fin du temps des débats - Lefort : parti égal bureaucratie - Gonflement des effectifs - Disparition de l'hypothèse fasciste - Lyotard : l'indépendance de l'Algérie ne signifie pas liberté pour les fedayin - Souyri déconstruit le conte de fées chinois - Dépolitisation des ouvriers - Lutte de classes en Belgique (60/61) : espoir et déception.

*

*   *

Le 13 mai 1958, deux cent mille pieds noirs envahissent les bâtiments du Gouvernement général à Alger, un Comité de salut public s'y installe et assume tous les pouvoirs, les généraux se rallient aux insurgés. Deux semaines plus tard, à Paris, les présidents des Assemblées et les chefs des partis (sauf les communistes), affolés, demandent un entretien au Général de Gaulle. Trois jours encore, et celui-ci prend la tête du gouvernement.

De Gaulle, dans ses *Mémoires d'espoir*, se souvient de son état d'esprit à ce moment : « Vais-je m'en tenir à rétablir dans l'immédiat une certaine autorité du pouvoir, à remettre momentanément l'armée en place, à trouver une cotte mal taillée pour atténuer quelque temps les affres de l'affaire algérienne, puis me retirer en rouvrant à un système politique détestable une carrière de nouveau dégagée ? » À cette question toute rhétorique, la réponse était, évidemment : non ! La IVe République s'apprêtait à disparaître. Sous la conduite du Général, le pays entrait dans une nouvelle phase. SouB se préparait aussi à changer de peau. Depuis sa création, le groupe attendait le moment où, cessant d'être le comité de rédaction d'une revue, il entrerait dans l'action et deviendrait un véritable acteur politique.

Le jour était venu ! Pendant que les journaux diffusaient les photos des étudiants algérois exaltés, couverts d'armes, je me voyais, leur adversaire, le fusil à la main, entraînant les masses derrière moi, prenant sur-le-champ de difficiles et cruelles décisions, occupant en haut de la pyramide révolutionnaire (dont une partie de mon cerveau continuait néanmoins de me dire qu'elle ne devait pas exister !) un poste de second plan, mais essentiel, celui d'un Trotski derrière Lénine-Castoriadis. Les anciens avaient des rêves plus sérieux que moi. Mais c'était néanmoins bien pour entrer un jour dans le feu de l'action qu'ils avaient peiné pendant des années, dans une solitude totale. En tête du premier chapitre du *Fil de l'épée* que De Gaulle, qui n'était pas encore colonel, publia en 1932, figurait cette citation du *Faust* de Goethe : « Au commencement était le Verbe ? Non ! Au commencement était l'Action ! » Sur ce sujet, les fondateurs se trouvaient en harmonie avec l'auteur du *Fil de l'épée*. Penser ? Persuader ? Dissiper les confusions ? Non ! Agir ! Sans même attendre un débat et un vote, une majorité au sein du groupe annonce, par un tract distribué le 27 mai, la création de la nouvelle organisation révolutionnaire, Pouvoir ouvrier .

*

* *

Les étudiants du groupe, Daniel Blanchard, Janine Casevitz (qui venait de nous rejoindre) et moi-même, nous sommes déjà dans l'action, depuis le 16 mai. Tandis qu'un cartel de mouvements allant des chrétiens jusqu'aux communistes demande aux étudiants de manifester leur soutien à la République « quelque soit l'opinion qu'on peut avoir sur la solution à apporter au problème algérien », nous distribuons un tract au ton lyrique dénonçant les mots d'ordre du cartel et invitant les étudiants à se constituer en Comités pour « lutter pour ce qui les concerne : la fin de la guerre d'Algérie, le pouvoir des travailleurs. » Un groupe d'étudiants adhérant à L'UEC (Union des étudiants communistes) nous harcèle, arrache quelques tracts de nos mains, crie que nous sommes des flics, des provocateurs. D'autres, moins agressifs, se mettent entre nous et nos adversaires, mais nous désapprouvent néanmoins : « Vous faites le jeu des fascistes ! » D'autres encore, sans doute des trotskistes entristes, nous reprochent de mettre le char devant les bœufs : « Commencez par inviter les étudiants à rejoindre la lutte - après coup ils s'apercevront de la trahison des partis » - raisonnement à la Lucien Sebag. Quelques jours après, le gouvernement de Pflimlin déclare l'état d'urgence et donne les pleins pouvoirs, en Algérie, aux généraux Salan et Massu. Nous distribuons un second tract qui est mieux accueilli. La tête nous tourne : notre vie a pivoté sur ses gonds.

Pendant que, au cœur de la nuit, je rentre à pied à Neuilly où, depuis mon retour d'Italie, je me suis réinstallé dans la chambre que mes parents m'ont aménagée au-dessus de leur appartement, je me remémore les grands moments de mes premières journées de vrai révolutionnaire. J'ai le sentiment d'avoir accumulé une expérience immense. Notre mince cohorte s'est heurtée aux bureaucraties, a fait le constat de la timidité des organisations, puisqu'en fin de compte la manifestation à laquelle appelait le cartel a été annulée. Nous avons supporté horions et coups, sans perdre notre calme. Face aux illusions de la masse, nous avons défendu la voie juste. La tempête se déchaîne : tant mieux, j'y ai ma place !

*

*   *

Le 6 juin, réuni en Assemblée générale, le groupe entérine la création de Pouvoir ouvrier. Le pas était immense : la majorité des membres de SouB l'accomplit avec joie et insouciance.

Disparue, l'ambiance de comité de rédaction qui avait été celle de SouB jusqu'alors. Finie, la confusion du groupe et de la revue. Le groupe serait subdivisé en cellules formées à partir du milieu d'activité : les grandes assemblées où tout le groupe se rassemblait et où la parole était reine relevaient du passé. Un comité de liaison et de coordination entre les cellules serait créé. Des règles précises d'appartenance à l'organisation seraient établies : on était membre du groupe parce qu'on en acceptait les positions, payait sa cotisation, participait au travail. Les décisions prises démocratiquement devaient être appliquées par tous, y compris par les adversaires de ces décisions. Les sympathisants, quant à eux, pourraient participer aux réunions, mais non pas voter. En devenant une organisation révolutionnaire - en clair : un parti - une multitude de tâches allaient nous tomber sur les épaules : contacts avec l'extérieur, recrutement, relations avec les autres organes de lutte, diffusion de nos tracts et de nos publications aux portes des usines et des facultés, prises de parole, participation aux manifestations, aux grèves et occupations d'usine, communication entre les cellules, rédaction d'articles de propagande, dénonciation de nos ennemis, à quoi s'ajouteraient toutes sortes de tâches matérielles. Je me voyais les yeux rougis par l'absence de sommeil, la voix rauque, le geste las, mais toujours présent, solide, la main sur le gouvernail, l'esprit en éveil, attentif aux gens et aux faits. Je me souvenais de Brunet des *Chemins de la liberté* et de son : « La liberté, c'est pour s'engager », l'approuvant, regrettant que ce soit un stalinien. Rien qu'à imaginer l'existence qui se proposait à moi, je me sentais déjà dur et plein. Ni moi, ni aucun d'entre nous ne doutions de notre capacité de transformer le groupe en parti : il nous semblait évident que l'action nous viendrait comme aux merles de chanter !

Pourquoi cette transformation de SouB ? Tout d'abord, parce que nous en avions envie : un révolutionnaire, cela agit, comme un montagnard, cela grimpe, pour reprendre l'expression de George Mallory. Et ensuite parce que le moment était venu : une explosion s'apprêtait à déchirer la société française et à l'occasion de celle-ci la classe ouvrière ne manquerait pas de se soulever : nous devions nous mettre à son service. De Gaulle serait incapable de réaliser son programme, qui était celui du « grand capitalisme » : se débarrasser de l'Algérie et des colonies ; réformer l'état, pris en main par des groupes rétrogrades - le petit commerce, les bouilleurs du cru, les paysans. Le Général n'était arrivé au pouvoir qu'en pratiquant le double langage : aux métropolitains, il assurait de ses intentions républicaines, affirmait ne pas envisager de coup d'État, et proposait des réformes raisonnables et indispensables, parmi lesquelles l'intégration véritable des Algériens dans la société française ; de l'autre côté de la Méditerranée, il lançait son fameux « Je vous ai compris ! », caressant dans le sens du poil une population qui voulait exactement le contraire de ce qu'il offrait aux métropolitains. Au fil des jours, la position du Général semblait de plus en plus fragile.

Dans un article qui parut en tête du numéro de la revue consacré à la « crise française et le gaullisme », Daniel Blanchard (Canjuers), qui, comme moi (j'étais cosignataire de l'article), écrivait pour la première fois dans Socialisme ou Barbarie, déclarait ceci : « S'il se borne à continuer sur sa lancée, De Gaulle risque d'être dépassé par un véritable homme fort porté, lui, par une force sociale effective - fasciste - soit de rendre l'impasse du régime français encore plus tragique et dans les deux cas il a de fortes chances de déboucher sur la guerre civile. » Dans le groupe, l'opinion était unanime : le fascisme était l'hypothèse la plus sûre ! Pour une fois, nous étions en accord avec la gauche et même avec les communistes : derrière la figure bedonnante du Général de Gaulle, derrière ses gestes théâtraux et son éloquence raidie se trouvait le fascisme, attendant son heure. Le fascisme ! Le mot faisait passer un frisson le long de l'épine dorsale - frisson d'épouvante pour les uns, frisson d'excitation et d'attente pour les jeunes gens qui, comme moi, n'attendaient que l'occasion de se joindre à la grande lutte finale contre le capitalisme et d'accomplir les actes héroïques dont leur âme était emplie.

*

* *

Nous eûmes tort en même temps que la gauche et la plus grande partie de la classe intellectuelle. Les mois puis les années passèrent, le fascisme resta un phantasme, la France se retira de l'Algérie, rapatria les pieds noirs et nombre d'Algériens, et se « modernisa », comme on disait : les grandes sociétés se développèrent, les villes explosèrent, poussant leurs barres de HLM jusque dans les champs, les villages perdirent leur allure moyenâgeuse, on construisit de grands aéroports, les Caravelles sillonnèrent le ciel, on conçut le Concorde, on étudia le train rapide japonais, Shinkansen, afin d'en faire autant, les premiers supermarchés apparurent, les autoroutes commencèrent à jeter leurs premières pousses, le goût américain se répandit, dans le vêtement, à travers les appareils ménagers, dans la musique.

Le marxisme, qui formait l'opinion de la plus grande partie de la classe intellectuelle, et nous avec, nous boucha l'œil. Nous refusions de reconnaître que le fascisme était plus proche du communisme que du capitalisme (selon la thèse d'Hannah Arendt) ; allié du capitalisme par essence, le fascisme était, pour la gauche, révolutionnaire ou non, l'arme à laquelle le régime recourait lorsque la violence s'avérait nécessaire, quitte à ce que, parfois, l'outil se tourne contre son maître et prenne le pouvoir à sa place. La menace du coup d'état fasciste se révéla, en fait, une tartarinade. Autre préjugé marxiste que nous partagions avec la gauche : celui selon lequel tout n'était affaire que de classes, la « grande bourgeoisie » luttant contre la « petite bourgeoisie », le prolétariat contre les capitalistes et (notre apport) contre la bureaucratie. Les mœurs, les attitudes, la manière de vivre, les relations entre les gens, la culture n'avaient, sur la scène de l'histoire, que des rôles de figurants. Or, précisément, ce ne fut pas le cas. Ce furent les mœurs qui guidèrent ces années, non les classes.

Nous nous trompâmes aussi à propos de De Gaulle. Le méprisant d'emblée, nous ne sous sommes pas donnés la peine de connaître l'homme, le penseur, l'écrivain. De Gaulle était un ennemi acharné de l'idéologie. Ennemi évidemment du marxisme, mais aussi et surtout de la subordination de l'action à une doctrine quelconque, de quelque nature que soit celle-ci, de gauche, de droite, ou simplement technicienne : « C'est sur les contingences qu'il faut construire l'action » écrivit-il dans *Le Fil de l'épée*. « Tel général, disposant d'une armée excellente et l'ayant minutieusement rangée en bataille, est battu parce qu'il ne s'est pas renseigné sur l'ennemi. » Aux contingences - l'ennemi, ses forces, sa disposition, son moral, le terrain, le temps etc. - De Gaulle ajoute également un élément qu'on évoque rarement : l'esprit du moment. « Tel politique, continue-t-il en effet, ayant la volonté, la durée, disposant des ressources d'un grand pays et d'un solide système d'alliances, échoue parce qu'il ne discerne pas le caractère de son temps. »

Voici comment l'auteur voit le « caractère » du début des années trente : « Être fonctionnaire, s'installer chez soi, imiter ceux que le succès consacre, tel fut notre idéal d'un siècle. Gagner de l'argent, couvrir des distances, éviter les sentiers battus, tel est notre goût d'aujourd'hui. » Et encore : « Les livres appréciés nous promènent autour de la terre. Pour couler des jours tranquilles, on sollicitait toute la sagesse du monde ; à présent la vie est un raid où chacun donne ce qu'il peut. » « L'esprit du moment » dans la France de 1958, c'était, grâce à l'élévation des salaires et les progrès technologiques, de vivre mieux. Au moment de revenir au pouvoir, De Gaulle en fut conscient, comme il le note dans ses *Mémoires d'espoir* : « Les peuples et, d'abord, le nôtre n'éprouvent plus ce besoin de s'élever au-dessus d'eux-mêmes que leur imposait le danger. Pour presque tous - nous sommes de ceux-là - l'enjeu immédiat est, non plus la victoire ou l'écrasement, mais une vie plus ou moins facile. » Faire la guerre en Algérie, y envoyer ses enfants, en payer le prix : non, ce n'était plus de saison.

Constat amer : De Gaulle manifestait pour les gens (« le peuple ») un intérêt plus aiguisé que celui montré par les marxistes, nous compris. Pourquoi cet intérêt ? Parce que l'homme d'action qu'il était savait bien qu'on ne pouvait rien si les hommes, ou au moins certains hommes, ne vous appuyaient. Point de vue utilitariste, exploiteur ? Bien sûr ! Mais au moins réaliste et débarrassé des fers de l'idéologie.

Ses livres d'avant-guerre (que nous ne lisions pas) révélaient un vrai talent pour peindre les hommes « en situation », comme aurait dit Sartre. Voici, dans *La France et son armée* (1938), le début d'un passage qui décrit une section montant à l'assaut, passage qui fait penser à Ernst Jünger et à ses *Orages d'acier* : « En silence, la gorge serrée, regardant leurs chefs qui s'efforcent de sourire, les hommes vont, anxieux, mais résolus. Soudain, au passage d'une crête, au débouché d'un bois, au sortir d'un cheminement, arrivent les premiers obus. Souvent, ce ne sont que shrapnels, venus de loin, éclatant haut, dont l'efficacité médiocre rassure ces combattants novices. Mais, bientôt, le tir se précise. Le sol est criblé de rafales. On voit, non sans stupeur, s'effondrer les premiers cadavres. »

L'attention de De Gaulle au réel lui permit de formuler cette vérité : dans les grandes organisations hiérarchisées que connaît la modernité, l'autorité ne peut s'exercer que si un large pourvoir d'initiative est accordé à ceux qui, tout le long de l'échelle, en sont les dépositaires. Peter Drucker, le consultant industriel américain (dont je parlerai plus loin dans ce livre), répandit cette idée aux États-Unis après la guerre : De Gaulle la défendit pour l'armée française, dès les années trente. « Tout le long de la hiérarchie, des échelons sans cesse renforcés s'épuiseraient à traiter d'en haut ce qui doit être décidé sur place » écrivit-il en 1932. Et encore : « Malgré les règlements, les recettes et les exercices, jamais l'aptitude et l'habitude d'agir par soi-même ne furent plus nécessaires au guerrier. » D'où l'importance du Caractère, non pas le trait qui dépeint une époque, mais entendu ici comme étant la vertu profonde d'un homme - « vertu des temps difficiles ». De Gaulle décrit ainsi « l'homme de caractère », anticipant sur ce qu'il sera lui-même quelques années plus tard : « Il a la passion de vouloir, la jalousie de décider… lutteur qui trouve au-dedans son ardeur et son point d'appui. […] La difficulté attire l'homme de caractère, car c'est en l'étreignant qu'il se réalise lui-même… il y cherche, quoi qu'il arrive, l'âpre joie d'être responsable. » Si j'avais pu vaincre ma répugnance à l'égard de celui qui me paraissait être une incarnation plutôt grotesque de l'autorité à l'ancienne, et eu la patience de lire les écrits d'avant-guerre de De Gaulle, je me serais trouvé remué par ces mots, « l'âpre joie d'être responsable », car je sentais bien que la recherche de cette « âpre joie », d'ailleurs très proche du message de *L'Être et le Néant*, était l'affaire des temps que nous vivions. Serais-je devenu gaulliste ? Certainement pas ! Mais j'aurais cessé plus vite de pratiquer ce qui sera, pendant tout le restant du 20e siècle la plaie du mouvement révolutionnaire (ou de ce qui en restait), de la Gauche tout entière et d'une bonne partie de l'intelligentsia, stérilisant sa pensée et l'empêchant de voir ce qui se passait dans le monde : la haine de l'adversaire, le mépris de sa pensée, le refus de l'écouter, l'exclusion radicale de l'Autre.

*

* *

La création de Pouvoir ouvrier marqua la fin de la vieille amitié de Castoriadis et de Lefort. Ainsi sont les révolutionnaires : que pèsent l'affection, les services rendus, le coup de main échangé, le souvenir, sur la balance de l'histoire lorsque, sur l'autre plateau, se trouve le bonheur de l'humanité ?

Thomas Mann vit, dans la fin de l'amitié et dans l'interruption du dialogue, le signe d'un effondrement de la civilisation elle-même : ce fut le sujet de *La Montagne magique.* À Davos, Castorp, jeune ingénieur retenu au sanatorium, où il est venu rendre visite à son frère tuberculeux, par sa propre affection tuberculeuse découverte à cette occasion, fait la connaissance de deux hommes dont les débats vont occuper plusieurs années de sa vie. L'un, Settembrini est un rationaliste qui ne croit qu'à la démocratie et ne compte, pour gouverner le monde, ses excès et ses conflits, que sur les organismes internationaux. Le second, Naphta, est un ancien jésuite qui, comme le Grand Inquisiteur du roman de Dostoïevski, n'a foi que dans l'autorité : à la démocratie, il préfère de loin le communisme. Castorp écoute les deux hommes, fasciné par l'un comme par l'autre. Un différent, plus fort que d'habitude, sépare les deux hommes : on décide d'un duel. Settembrini tire le premier, mais généreusement, à sa manière, envoyant son coup en l'air. Naphta, après avoir tourné son pistolet vers son adversaire, le pose contre sa tempe et se fait sauter le crâne. La ruine du dialogue entre Settembrini et Naphta marque la fin de la capacité des Européens à intellectualiser leurs débats ; la mort de Naphta détourne Castorp de tous les combats où s'engage l'esprit pour le laisser face à des combats d'un type bien différent, le combat sensuel du corps contre un corps, et le combat mécanique des armées - le sexe et la guerre concluant *La Montagne magique*.

La ruine de l'association de Lefort et de Castoriadis annonçait elle aussi la fin d'un autre dialogue : celui concernant l'action révolutionnaire et sa relation au prolétariat. La minorité de SouB, Lefort et une dizaine de personnes, ne put accepter la transformation du groupe en parti : elle voyait dans les projets de la majorité l'abandon des thèses essentielles qui avaient justifié la création de SouB à son origine. Celles-ci, rappela Lefort, partaient d'une critique de la bureaucratie, en URSS, et au sein de toutes les organisations ouvrières à travers le monde. Or on ne peut à la fois rejeter la bureaucratie et envisager la création d'un parti. Celui-ci est nécessairement bureaucratique, il n'est pas fait pour représenter la population, mais pour la conduire. Le parti bolchevik de Lénine a été le générateur de la bureaucratie soviétique : tout autre parti ouvrier aura le même effet. Selon vous, dit Lefort de sa voix égale, enveloppé comme toujours dans le rideau de fumée s'élevant de sa pipe (Fumait-il donc tant ? Dans mon souvenir, sa parole toujours complexe s'accompagne d'un nuage : ma jeune ardeur voulait du net et du claquant - ce n'était pas son style !), il faut un parti pour assurer une « rigoureuse coordination des luttes et une centralisation des décisions. » Illusions ! Au cours des dix années passées, ce n'est pas d'un manque de coordination ou de centralisation que les luttes ont pâti. Mais du fait que les ouvriers n'ont pas encore appris à combattre seuls, sans l'aide des bureaucraties. Les organisations ouvrières ont arraché aux ouvriers la responsabilité de coordonner leurs propres luttes : voilà le problème que vous, les majoritaires, ne ferez qu'aggraver avec votre nouveau parti.

Du côté majoritaire on regrettait de ne pas avoir créé le parti ouvrier plus tôt. « Depuis 1953, lançait Castoriadis, avec le changement de situation qui a eu lieu aussi bien à l'échelle internationale qu'à l'échelle française, on aurait pu faire beaucoup plus » - « Nous portons notre lourde part de responsabilité dans cette affaire », ajoutait-il cruellement. « Nous » : il fallait entendre : Toi, Lefort et tes supporters. Le ton entre majoritaires et minoritaires s'éleva : vous êtes des rêveurs fumeux, insinuaient les uns, vous des bureaucrates en puissance, répliquaient les autres. Les majoritaires se rappelèrent que plusieurs des membres de la minorité étaient liés à un courant hollandais, les conseillistes, lesquels n'avaient en tête que l'usine, oubliant société et politique. Les minoritaires se remémorèrent toutes les circonstances, toutes les paroles, tous les gestes, tous les articles par lesquels Castoriadis avait prouvé qu'il cachait en lui un Lénine. En une soirée, des années d'amitié, de peine, de travail s'envolèrent pour céder la place au mépris. Moi, qui avais toujours respecté et souvent admiré Lefort, me trouvai soudain envahi de haine à son égard. Va-t'en, renégat ! On décida de se revoir à la rentrée : on ne se revit pas. La minorité s'en alla pour toujours, créa un autre organisme, qui lui-même se subdivisa et que Lefort laissa rapidement à son sort. La majorité fut libre de créer son parti : « Moins on est, mieux on est. »

*

* *

Un journal – intitulé Pouvoir Ouvrier, comme l'organisation - est notre première initiative militante. Il devra propager l'idée du socialisme en tant que gestion de la production et de la société par les conseils ouvriers. Plusieurs pages seront offertes aux ouvriers, qui pourront communiquer entre eux d'une usine à l'autre, échanger leurs expériences et élaborer des plans communs. Les étudiants du groupe décident de créer leur propre journal et envisagent de le nommer Pouvoir Étudiant. Nos aînés se récriant, nous nous rabattons sur l'anodin Bulletin Étudiant, accompagné du sous-titre : Supplément à la revue Socialisme ou Barbarie.

Notre inspiration est simple : l'étudiant, au sein de la faculté, est semblable à l'ouvrier dans l'usine : un exécutant aux ordres des dirigeants. « Dans notre vie d'étudiant, expose l'éditorial de notre premier numéro, toutes nos affaires sont gérées par d'autres que nous. Il y a des gens qui décident de ce que nous devons apprendre et comment, et qui font périodiquement des révolutions dans les programmes des certificats et des licences. Il y a les recteurs de facultés, les gérants des cités universitaires, des restaurants et des services, qui s'occupent des aspects matériels de notre existence, parfois jusque dans le moindre détail. Il y a l'UNEF qui décide de nos revendications et comment nous devons les défendre. » Les ambitions de notre feuille sont vastes : « Ce Bulletin veut être l'expression par les étudiants eux-mêmes de tous les problèmes que leur pose la société capitaliste là où ils sont, à l'Université, dans leur vie privée, dans leur famille etc. » Nous savons cependant que nous ne sommes pas seuls au monde : « Ces problèmes ne se posent pas seulement à nous : ils sont directement liés à ceux des ouvriers. Ils ne peuvent être correctement posés en dehors de la perspective révolutionnaire et socialiste dans laquelle les ouvriers ont toujours lutté. »

Ces vues exposées, nous restons secs. Nous n'avons pas l'idée de donner un sens politique à ce qui était en train de se passer dans la culture contemporaine, dont nous connaissions mieux les racines dans la modernité de l'entre-deux-guerres que la réalité actuelle. J'avais entendu un peu de Charlie Parker, mais je ne devinais pas la révolution que sa manière de jouer annonçait, ailleurs qu'en musique. Daniel Blanchard et moi avions peut-être entendu parler des beatniks, mais je ne me souviens pas d'avoir rien lu d'eux : *On the road* de Jack Kerouac ne fut publié, à New York, qu'en 1959. La nouvelle vague française n'a encore rien produit : je ne connais Truffaut, Godard et Chabrol que parce que, comme moi et une poignée de cinéphiles fanatiques, ils occupent les premiers rangs (autant que possible, le premier, le nez sur l'écran !) des rares cinémas projetant les classiques américains en version originale, le Studio Cardinet, le MacMahon, le Studio Parnasse. Quant à *Et Dieu créa la femme* de Vadim, fanion d'une nouvelle manière de voir le sexe, qu'on aurait pu voir au cinéma dès 56, nous nous serions indignés si on nous avait suggéré d'y trouver un sens révolutionnaire : se pencher sur Bardot, quelle dérision ! Je ne suis pas sûr que, même mieux informés, nous aurions été capables de sortir de la bulle dans laquelle nous enfermait notre équation : étudiants égal ouvriers. Faute d'inspiration, nous rabâchons. Tirant souvent à la ligne, nous nous penchons sur des sujets extrêmement vaseux, tels que : « Les étudiants comme instruments de la société d'exploitation » ou encore le « Découpage du savoir en tranches. » Nous pourfendons l'ambition des sociologues industriels de vouloir « intégrer le prolétariat dans le système capitaliste » et cassons du sucre aussi souvent que possible sur le dos des organisations « dites ouvrières ».

Nous n'étions pas trop contents de nous-mêmes, nos adversaires encore moins. Vendant le Bulletin à la porte de la Sorbonne, je fus renversé par un étudiant excité. Ayant la jambe dans le plâtre, à la suite d'un accident de ski, je devins pour quelques heures un martyre de l'oppression des stals (staliniens). La fureur de nos ennemis cependant ne fut pas ce qui nous fit arrêter le Bulletin - ce fut sa pauvreté qui le condamna. De toute façon, la fabrication et la distribution de Pouvoir Ouvrier réclamaient notre présence : nous lâchâmes, sans regret, la proie (la révolution culturelle en cours) pour l'ombre (la révolution du prolétariat qui ne vint jamais).

*

* *

Au cours des trois années à venir, 59, 60, 61, les effectifs du groupe bondirent - relativement. De la vingtaine que nous étions en 57, le groupe compta en 1961 une centaine de membres, répartis entre Paris et plusieurs villes de province. La quasi-totalité de ces nouveaux adhérents étaient des étudiants, recrutés non par le biais de l'ex-Bulletin, mais par l'intermédiaire de deux enseignants, Jean-François Lyotard (dans le groupe : François Laborde), le futur inventeur de la postmodernité, professeur de philosophie et Pierre Souyri (Pierre Brune), qui enseignait l'histoire. Tous deux avaient rejoint le groupe en 1955, mais, comme ils enseignaient en Algérie, on les connaissait peu, sauf indirectement par leurs articles dans la revue, touchant à l'Algérie (Lyotard) et à la Chine (Souyri). Les liens entre les deux et nous se resserrèrent lorsqu'ils furent mutés, le premier à St Lô, le second à Caen. En 1960 ces liens se renforcèrent encore plus, s'agissant de Lyotard, puisqu'il accéda à un poste d'enseignant de philosophie à la Sorbonne.

Les recrues de Lyotard et de Souyri représentaient un type que je ne connaissais pas. Ayant traîné à terminer mes études, j'avais trois, quatre ou cinq ans de plus que la majorité d'entre eux, il me semblait qu'il existait, entre nous, une éternité. J'avais été élevé dans le respect des anciens et avais apporté ce trait démodé au groupe : Petit, Véga, Signorelli, Castoriadis, me figeaient d'admiration, en leur présence la langue me collait au palais. Les nouveaux abordaient les fondateurs avec une aisance que j'avais du mal à admettre, discutaient de leurs positions comme si tout le monde, dans ce domaine, était égal. J'avais participé moi-même à la querelle du siècle, celle de l'autorité, mais je n'aurais jamais pensé introduire cette querelle au sein du groupe : c'est ce que firent les nouveaux. De quel droit, protestaient les membres d'une cellule de province, le Comité de coordination se trouve-t-il à Paris ? Pourquoi les anciens monopolisent-ils la parole lors des assemblées ? Était-il démocratique que celles-ci suivent servilement un plan préétabli ? Parmi les récriminations, beaucoup tournaient autour du « problème Chaulieu » (l'un des noms de clandestinité de Castoriadis). Pourquoi avait-il toujours le dernier mot ? La revue était-elle la sienne pour qu'il y étende ses articles comme si personne d'autre ne comptait ?

La composition essentiellement étudiante du groupe pesa sur son fonctionnement. L'état d'étudiant étant transitoire, la plupart des membres du groupe devinrent des points flottants sur lesquels il était difficile de compter. Tel militant disparaissait. Telle cellule cessait de donner des signes d'existence. Véga, qui avait la charge de gérer les relations entre Paris et les cellules de province, se désespérait : Que faites-vous ? Donnez au moins quelques nouvelles !

*

* *

L'action ? Les années 58, 59, 60, furent bien moins tumultueuses que prévu et les occasions d'action plus rares. Nous pensions glaner celles-ci à pleines mains ; ce que nous recueillîmes, ce furent des gerbes de regrets. La guerre d'Algérie fut l'une de ces occasions de fumée. Nous avions imaginé que De Gaulle se montrant impuissant à contenir l'armée et ses généraux et le fascisme passant la Méditerranée pour s'établir sur le continent, la classe ouvrière finirait par sortir de sa léthargie. Un mouvement populaire naîtrait, indépendant des partis : dans ce mouvement, nous aurions évidemment notre rôle à jouer. Rien de cela n'eut lieu. De Gaulle, de manœuvre en manœuvre, réussit à reprendre l'armée en main et surtout à couper les liens entre celle-ci et les ultras algérois. Sans cesser de renforcer l'effort militaire, il mit en route la machine des négociations. « Quant à la tactique, je devrais régler la marche par étapes, avec précaution. Ce n'est que progressivement, en utilisant chaque secousse comme l'occasion d'aller plus loin, que j'obtiendrais un courant de consentement assez fort pour emporter tout. » (*Mémoires d'espoir*)

Un Français moyen saisissait aisément la manœuvre du Général, nous moins facilement. Nous possédions cependant plus de lucidité que n'en avait la Gauche ; assez rapidement nous avions compris que De Gaulle l'emporterait sur les généraux et parviendrait à dégager la France de ce reste d'empire colonial qui collait tragiquement aux basques du pays. Donc pas de fascisme en France ! Restait l'Algérie : que s'y passait-il ? Quel en serait l'avenir ? Quelle devait être notre attitude ? La réponse à ces questions revenait à Jean-François Lyotard, que je n'ai pas encore présenté bien que son rôle fut important au sein de SouB.

À l'époque où je l'ai connu et avant que la célébrité ne se soit emparée de lui comme inventeur de la postmodernité, c'était un homme sec comme un coup de trique, mince, brillant, totalement honnête. Il vous écoutait intensément, sans vous interrompre puis, vous ayant laissé achever, résumait vos paroles mieux que vous n'auriez pu le faire. On se pavanait avant, consterné, de l'entendre détruire, morceau par morceau, le raisonnement dont on était si fier. Lorsque, en 1968, je le rencontrai dans un ascenseur à Nanterre, au début des « événements », il me fixa de son regard vrillant : « Ah, les rats rejoignent le navire !» Il avait la parole rare, vache et souvent vraie. Avant d'être le philosophe de la postmodernité et d'avoir, apparemment, adopté un autre concept du discours, c'était la limpidité faite homme. Pour qui était mystifié par la phénoménologie, un Que-Sais-je de lui sur ce sujet disait tout ce qu'il fallait en savoir. Devant passer un certificat comportant un sujet relatif à l'épistémologie et n'ayant, à quelques jours de l'examen, que quelques idées fumeuses sur le sujet, j'allai voir Lyotard en catastrophe. Il me fit faire plusieurs fois le tour du jardin qui entourait l'immeuble de banlieue où il vivait avec sa famille : après une heure d'allers et retours parmi les buissons, j'en sus assez pour subir mon examen avec succès, quelques jours plus tard.

Marxiste pur et dur (il n'avait pas encore inventé « la fin des metarécits »), il mit sa capacité analytique au service de l'élucidation de la guerre d'Algérie. Il décomposa en forces distinctes celles qui s'y manifestaient confusément, aussi bien du côté des Algériens que chez les Français. Ici, l'armée gaulliste, les parachutistes et officiers SAS qui tendaient à imiter leur adversaire, le FLN, et qui aspiraient à la direction totalitaire des populations, les ultras du colonialisme et en France le grand capital. Côté algérien, le paysannat, la grande force de la rébellion, la bourgeoisie algérienne, faible, et l'appareil militaire-bureaucratique de l'ALN-FLN. De l'analyse de ces forces et de leurs relations résultait deux évidences : les ultras algérois n'étaient pas de force à s'opposer aux visées du grand capitalisme français, lequel n'avait pas le moindre intérêt à voir la France empêtrée dans une aventure coloniale désuète ; et, du côté algérien, la faible bourgeoisie algérienne était incapable de résister à l'appareil de l'ALN-FLN. En France, victoire du capitalisme moderne, en Algérie avènement d'une classe bureaucratique - verdict rude et sans appel, bien dans le style râpeux du Lyotard d'alors et que l'histoire confirma.

Fallait-il soutenir la lutte des Algériens ? Oui, affirmait Lyotard, car elle marquait leur volonté, toutes classes confondues, d'être traités comme des hommes. Appuyer leur cause, on devait le faire, car elle était juste fondamentalement et non pas, comme le voulaient les gens de la gauche, parce que l'indépendance de l'Algérie serait à la longue profitable à la France ; ou bien au motif extraordinaire qu'une Algérie indépendante nous aiderait à renverser le capitalisme français, thèse de *Notre guerre* de Francis Jeanson (celui-ci, ex-directeur des Temps Modernes, était le créateur du célèbre réseau des « porteurs de valise » qui acheminaient vers la Suisse les fonds récoltés par le FLN auprès des ouvriers algériens travaillant en France). Devait-on, du même coup, aider pratiquement le FLN, voire devenir soi-même un militant de cette organisation, comme Francis Jeanson finit par l'être ? La question ne fut jamais discutée au sein du groupe : c'était, sur ce sujet, chacun pour soi. (Lyotard, après coup, reconnut qu'il avait été parmi les « porteurs de valise »)

Sartre, s'appuyant sur Frantz Fanon, psychiatre, dont il préfaça *Les Damnés de la terre*, vermillonna son image quelque peu atteinte par sa transformation en compagnon de route des communistes, en faisant l'apologie du meurtre des Européens : « Abattre un Européen, c'est faire d'une pierre deux coups, supprimer en même temps un oppresseur et un opprimé : restent un homme libre et un homme mort ; le survivant, pour la première fois, sent un sol national sous ses pieds. » Cette position ne fut pas celle de SouB ni de Lyotard. Nous étions pour l'indépendance, pour la raison que Lyotard avait énoncée ; mais, comme Arendt (sans la connaître), nous distinguions libération et liberté. Pour accéder à la véritable liberté et à la totale responsabilité d'eux-mêmes, les Algériens, une fois l'indépendance acquise, devaient s'émanciper de la direction de la bureaucratie du FLN : il fallait pour cela l'aide d'une France révolutionnaire. Faciliter l'avènement de celle-ci était notre tâche prioritaire.

Quant à ma propre participation à la guerre d'Algérie, et celle de plusieurs des étudiants de SouB, nous y avons coupé, grâce au jeu des sursis d'études et des réformes. Fallait-il accepter le sort des autres jeunes Français et passer plus de deux ans de notre vie à « tirer sur le fellouze », comme on nous l'enseignait à la caserne ? Notre choix fut raisonnable et sans noblesse.

*

*   *

La guerre d'Algérie passa donc, sans donner au groupe l'occasion de saisir l'action aux cheveux, ni moi de me changer en héros. Autre occasion manquée : la rationalisation du capitalisme. De Gaulle s'y employa sans provoquer les remous que nous attendions. Comme les soldats du *Désert des Tartares*, nous attendions sans cesse un combat qui ne venait pas. Mothé, depuis son poste de guet chez Renault, scrutait le désert sans voir rien venir. Face à la politique, écrivit-il dans un article rédigé après le référendum qui, en janvier 59, donna une majorité écrasante à De Gaulle, les ouvriers « adoptent l'attitude de spectateurs sceptiques. » Ceux qui osent s'exprimer murmurent, sur le ton de la confidence : « De Gaulle ? Pourquoi pas ? » - « Où est-il le temps, demande Mothé, où la moindre discussion qui avait le malheur de toucher la politique déchaînait passion et insultes ? La politique ne passionne plus, mais elle semble effrayer. » Pour expliquer cette dépolitisation soudaine, Mothé se tourne vers ce qu'on n'avait pas encore appelé « la consommation » : le frigidaire, la télé, le pavillon à crédit. Seuls les jeunes sont étrangers à ces soucis ; « les autres ont perdu leur dynamisme au cours des dernières années, ils vieillissent dans les ateliers en s'aménageant coûte que coûte une vie la plus confortable possible. Tous leurs espoirs finissent par se tourner vers leurs propres problèmes personnels. » Les ouvriers se percevaient avec des yeux de capitalistes : comme des « machines à bouffer » qu'il faut alimenter sans cesse dans le but simplement de les voir revenir au travail. Conclusion : « La classe ouvrière est aujourd'hui désorientée, dominée par une absence totale d'espoir et de perspective. »

Le temps passe. Nous consacrons nos nuits à ronéoter Pouvoir Ouvrier, nous nous levons à l'aube pour distribuer le journal aux portes de quelques usines autour de Paris, expédions les exemplaires aux abonnés et aux cellules qui donnent signe de vie. Les chiffres de diffusion sont décourageants, nous tirons 1.200 exemplaires, avons 200 abonnés : c'est notre maximum. La revue nous occupe aussi, et sort, irrégulièrement. Nous, les jeunes à Paris, faisons le tour des librairies du Quartier Latin pour placer la revue. Maspero, libraire de gauche, fait partie de ceux qui refusent de vendre Socialisme ou Barbarie.

Je n'ai pas encore présenté Garros (Signorelli) dans la cave duquel nous, les jeunes, ronéotions PO. C'était l'un de ces hommes tenaces, attentifs, réservés, sur lesquels toutes les organisations se reposent pour l'accomplissement des tâches d'ordonnance. Le groupe, c'était lui : il était là au début et sera là à la fin. Cet homme pratique avait aussi la passion des idées. Les intellectuels, les Castoriadis, les Lefort, les Lyotard le fascinaient et l'agaçaient : pourquoi parlent-ils tant ? Pourquoi ne sont-ils pas plus clairs ? Mais il étudiait attentivement nos théoriciens. Il regrettait l'écart qui se creusait entre les grandes têtes du groupe et les autres membres et passait de nombreuses heures à augmenter ses connaissances afin de combler cette brèche. Il parlait peu, mais, quand il le faisait, on était frappé par la rigueur de ses analyses. Représentant de matériel pour les dentistes, il avait créé, avec des collègues, une société de distribution : patron à un moment, collègue à un autre, militant dans un autre département de sa vie, l'ambiguïté de sa condition augmentait une patience qui lui était naturelle (patience qu'il manifestait à mon égard avec une pointe d'ironie : qu'il est agaçant, disait-il de moi !). Bien que totalement soudé aux idées révolutionnaires, il savait que, dans la vie, rien n'était tiré au cordeau. Visitant ses clients dentistes en province, il lui fallait encaisser les propos les plus navrants, participer à des dîners désespérants, après quoi il pouvait respirer un air plus pur en rendant visite à un membre du groupe isolé et jeter avec lui quelques tracts dans les boîtes à lettres, petites bombes destinées à faire sauter un monde dont quelques heures plus tôt il tentait d'accroître la prospérité. Je connaîtrai moi aussi, assez vite, cette existence divisée : aucun moment n'est sans ombre, aucune phrase tout à fait honnête, aucun moi le moi total.

Pour le contenu de la revue, c'était, comme disent les Américains, « Business as usual » ! Castoriadis pensait et écrivait des choses profondes (Dylan : « Les princes disent ce qu'il faut voir »). Daniel Blanchard exécuta les sociologues industriels qui avaient osé pénétrer dans un domaine qui nous était réservé : celui de la classe ouvrière. Moi-même me trouvai bizarrement affecté au rôle de spécialiste de l'Afrique. Je démontrai que De Gaulle n'accordait l'indépendance à l'Afrique ex-française que pour accroître l'exploitation des peuples indigènes. Quand le Congo prit feu et obligea les Français et les Belges à quitter les lieux en hâte, j'exposai, à partir d'un livre qui m'était tombé dans les mains, que la société africaine traditionnelle possédait sa propre version du mir russe : un organe de délibération à la dimension du village. De là, je déduisis que les Africains n'étaient pas dans l'obligation de passer par l'industrialisation pour accéder au socialisme ! Harassé par mes tâches militantes, les yeux rougis comme je l'avais rêvé, la voix cassée et le geste las, tiraillé aussi par l'absurdité de ma thèse du « chemin court au communisme pour les Africains », je perdis une partie de mon champ visuel, devins incapable de lire : c'est que je n'étais pas aussi solide que Brunet ! Quelques jours à la montagne me remirent en selle.

Il y eut, dans la revue des choses bien meilleures que mes inventions africaines. Parmi les contributions les plus importantes furent celles de Pierre Souyri à propos de la Chine. Souyri fut l'un des très rares qui, dès 58, exposèrent la grotesque mystification entourant Mao Tsé-toung et son régime, ceci treize ans avant Simon Leys et sa définitive analyse du communisme chinois, *Les Habits neufs du président Mao* (1971). En 1955, Sartre avait ramené de Chine ces perles : « Ce qui caractérise la Chine d'aujourd'hui, c'est que le mur de la solitude a été brisé ». Les masses « s'éduquent elles-mêmes, elles approfondissent leurs liens, elles élèvent en même temps le niveau de la production et de l'amitié. » Ou encore, en Chine « l'amitié est le moteur de la production. » Sartre n'était pas le seul à ânonner. Pour les intellectuels, les journalistes, les politiques, de droite comme de gauche, la Chine était un conte de fées.

Souyri, marxiste rigoureux, pour qui la lutte de classe était une vérité première, eut l'immense mérite de jeter une lumière adulte sur ce qui se passait dans l'empire. Je l'ai peu connu. Je me souviens d'un homme grand, aux gestes placides, taiseux, qui vous regardait avec amitié. Son hypothèse était celle que faisait le groupe : la Chine était une copie de la Russie. La direction du pays était entre les mains d'une vaste classe bureaucratique ; celle-ci arrachait à la paysannerie et au prolétariat la plus-value qui lui était nécessaire d'abord pour entretenir son existence, ensuite pour développer l'industrie. Exploités, exténués de travail, surveillés par la police, n'ayant pas un mot à dire sur leurs conditions de vie, les ouvriers et les paysans chinois ne manqueraient pas de se révolter.

Dépouillant la presse officielle (dans sa version anglaise ; il me semble qu'il ne lisait pas le chinois) avec l'idée d'y découvrir une dynamique révolutionnaire, Souyri constata, dans les journaux de l'automne de 1956 (auxquels il accédait avec un retard important) un « changement de ton », lequel manifestait « un premier symptôme de la révolte ouvrière et paysanne ». N'y lisait-on pas, en effet, que les coopératives au sein desquelles les paysans furent forcés de se regrouper n'étaient pas capables de remplir leurs objectifs ? Les paysans, se lamentait la presse, négligeaient les terres et les troupeaux collectivisés et se rendaient en masse vers les villes pour y vendre ce qu'ils avaient produit sur les lopins personnels qui leur avaient été laissés. D'où un effondrement du rendement de l'agriculture, la réduction des rations de riz et de farine, les magasins vides et le marché noir.

Poursuivant ses recherches, Souyri constata l'apparition d'une opposition organisée. « Des incidents se produisent en novembre (SD : 1956) à Shanghaï. Des affiches oppositionnelles sont collées dans les usines, les rues, les venelles des vieux quartiers ouvriers…

Il est hors de doute qu'il existe à l'origine de tout cela des noyaux révolutionnaires clandestins. [...] Des ouvriers, des employés d'usine, auxquels se joignent des chômeurs et des paysans qui ont fui les coopératives, créent de "l'agitation et des troubles". Des manifestations s'organisent qui réclament une hausse des salaires, de meilleures conditions de vie, une amélioration du ravitaillement. [...] Au printemps (SD : de 1957), concluait Souyri, la lutte du prolétariat est en train de déboucher sur une mise en question des fondements mêmes de la société bureaucratique. »

Il ne vint pas à l'esprit marxiste de Souyri (ni à aucun autre membre du groupe) que ce qui menait la Chine c'était moins les conflits entre la bureaucratie et le prolétariat que les luttes à l'intérieur de l'appareil dirigeant ; que cet appareil puisse être frappé de folie ; que cette folie ait sa source dans le cerveau artiste et mégalomane de Mao Tsé-toung. Souyri ne s'attendait pas que l'appareil, s'éveillant, constaterait que Mao conduisait le pays au désastre, se révolterait et remiserait le Grand Timonier dans un poste honorifique et sans pouvoir ; que, à partir de cette position de potiche, Mao conspirerait pendant des années, avant de déclencher, en 1967 (au-delà de la période étudiée par Souyri), la « révolution culturelle », troisième catastrophe à son compte, après « les cent fleurs » et le « grand bond ».

Malgré leurs œillères marxistes, Souyri, et Lyotard firent souffler, sur le groupe et venant du groupe, un vent réaliste. L'un et l'autre ont posé, pour la Chine et l'Algérie, un diagnostic sinon toujours adéquat aux faits du moins infiniment distant des mythes diffusés à ce moment-là : ils eurent le courage d'être cruels. Non, la Chine, ce n'était pas l'amitié généralisée ; non, l'Algérie indépendante, ce ne serait pas le fellah libéré !

*

*   *

À la fin de 1960, la lutte de classes, que Souyri guettait en Chine, se réveille à un jet de pierre de Paris - en Belgique. Entre le 20 décembre 1960 et le 18 janvier de l'année suivante, une impressionnante vague de grèves parcourt la Wallonie. D'immenses foules envahissent les rues, affluent vers Bruxelles ;

parmi les pancartes qu'elles agitent, certaines proclament : « Les usines aux ouvriers ». À Paris, le groupe s'enthousiasme : il était réconfortant de savoir que l'Histoire nous rendait raison en Chine, de l'autre côté du monde, mais plus encore lorsque cela se passait devant notre propre porte. Castoriadis déclare que cette « vague de grèves qui a couvert la Belgique et étonné le monde est sans doute, après les événements de Pologne et de Hongrie en 1956, l'événement le plus marquant du mouvement ouvrier depuis la guerre. » Le groupe entre en ébullition, dix d'entre nous vont en Belgique pour rendre compte de la lutte et pour établir avec les militants belges d'avant-garde les linéaments d'une future organisation commune. Cependant les syndicats belges, après quelques semaines de flottement, parviennent à reprendre la main. « Nulle part, diagnostique Mothé, on ne discerne une tentative des travailleurs de former leur propre direction autonome. » Pour Castoriadis, la faute en revient à la bureaucratie qui, se chargeant des affaires du prolétariat, lui a « désappris » de prendre sa vie en charge.

Avec Mothé, nous ragions. Un grand mouvement révolutionnaire attendait dans les coulisses, les conditions étaient toutes rassemblées, « les travailleurs en grève occupaient en fait toute une partie du territoire belge. Qui les empêchait de s'en proclamer les maîtres et d'agir en conséquence ? » Et Mothé dressait la liste des mesures que ces nouveaux maîtres auraient pu appliquer : installer la gestion ouvrière au sein des usines, confier le gouvernement régional aux comités ouvriers, proclamer toutes les richesses de la Wallonie « propriété collective » - « Il y avait les travailleurs, il y avait la combativité, mais il manquait le courage et la détermination de leurs chefs, et cette combativité… s'est tournée souvent vers des actes de désespoir : le sabotage et la bagarre avec la police. »

Pendant ce temps, le doute germait dans mon esprit. Combien de fois peut-on prophétiser l'avènement de la révolution ? Combien de fois affirmer que le mouvement de l'histoire porte les ouvriers à diriger leurs propres affaires et constater qu'ils confient à d'autres la responsabilité de mener leurs luttes ? Combien d'organisations révolutionnaires faudra-t-il semer avant d'en voir une prendre racine ? Combien de journaux ouvriers mourront à peine créés avant que l'un d'entre eux soit lu par les ouvriers ? Vais-je passer ma vie à contempler le désert des Tartares ?

Alors que ces questions menaient dans mon esprit leur travail de termite, Castoriadis, dont la tendance était de mener sa vie de rupture en rupture, jeta dans le groupe un brûlot qui provoqua une nouvelle scission, scission dont SouB, Pouvoir ouvrier et la revue finirent par mourir.

CHAPITRE 10 : LA CRÉATION DU DRAME

Castoriadis, entre fidélité et trahison - Quitter la maison de Marx - Les ouvriers ne sont plus les seuls héros de l'Histoire - Travailleurs en col blanc - Passivité politique du prolétariat - Usine-société : la césure - Le cauchemar climatisé - Vie privée et consommation : la nouvelle oppression capitaliste - La société en crise - Expansion du projet révolutionnaire : tout le monde s'y met - Castoriadis condamné pour « existentialisme » - SouB et Pouvoir ouvrier se séparent - Guillaume : destinée de l'aristocrate - Sa folie : de l'OCDE à l'usine - Cruauté des scissions - Mon analyse du cinéma américain : la crise au sein de l'individu - Moi, à l'usine - Organisateur - Découverte de la cybernétique - L'usine tourne, quand même - Mes collègues : des types bien quoique banals - En moi : lutte de fidélités ou vulgaire ambition ?

*

* *

Dans un entretien qu'il eut en 1989 avec le sociologue suisse, Philippe Gottraux, Castoriadis répondit ainsi à une question concernant le rôle du leader d'un groupe comme SouB : « C'est celui qui dans la collectivité crée le drame. À la fois parce qu'il polarise des sympathies, des antipathies, des amours et des haines et parce que, si c'est vraiment un leader, il essaie de tirer en avant. »

L'âme du leader de SouB était partagée entre deux tendances : celle de la fidélité et celle de la trahison. Dans un cours qu'il professa en 1986 à l'École des hautes études en sciences sociales, Castoriadis fit à Platon, qu'il admirait follement et critiquait tout autant, le reproche d'avoir été infidèle à Athènes et de ne pas avoir aimé la cité dont il était l'enfant, tout comme Alcibiade, d'ailleurs. « Pour Alcibiade, exposa-t-il, Athènes est purement et simplement l'instrument de sa propre puissance. Lorsque les Athéniens le révoquent de Sicile, il passe du côté de Sparte, puis il revient à Athènes. De même, Platon est complètement indifférent par rapport à Athènes, il l'accable et pas seulement la démocratie. Pour ce qui est du contenu et de la substance d'Athènes, de la création historique athénienne, il la déteste. »

On peut se représenter Castoriadis comme incarnant le sujet fréquent de la peinture chinoise : le ruisseau bondissant de la montagne, sautant les ravins, bondissant au-dessus des blocs qui s'accrochent aux flancs des précipices où s'attache une végétation obstinée, détruisant tout ce qui s'oppose à son passage, puis se jetant vers la plaine où son cours devient celui d'un fleuve assagi, roulant paisiblement, puissamment, entre des rivages qui s'écartent respectueusement devant son passage ; dans un coin du tableau, un philosophe, petite figure à peine visible, médite. Les grands fleuves qui avaient formé la culture occidentale, que Castoriadis admirait et dont c'était un enchantement de l'entendre les commenter, ne se souvenaient plus du ruisseau qu'ils avaient été. Pas de création sans dépassement, pas de grande œuvre sans trahison.

Cela valait pour Platon comme pour Castoriadis : il se sentait la mission, et la capacité, de rejoindre les grands créateurs de la culture occidentale et donc d'avoir la licence de trahir. Il se savait grand fleuve. Prétention ? Orgueil déplacé ? Non ! Castoriadis, comme Sartre qu'il détestait et qui n'avait jamais voulu dialoguer avec lui, avait tout du génie. C'était, comme Sartre, un puits de science, une fontaine d'énergie qui portait à toute chose et à toute personne un intérêt naïf, une intelligence toujours en éveil qui pouvait énoncer, à propos de n'importe quel sujet, les propos les plus stimulants. Voilà pourtant que, au milieu de sa vie, il se voyait comme Laocoon, le prêtre martyrisé pour avoir prévenu les Troyens de la ruse dont ils allaient être les victimes, le corps et ceux de ses enfants (les membres de SouB) cernés, enlacés, ligaturés par des serpents, sujet fréquent de l'art grec et de celui de la Renaissance. Qu'avait-il fait de sa vie, qu'avait-il créé ? Il se convainquit que la pauvreté du chemin qu'il avait parcouru résultait de la pensée à laquelle il s'était attaché : il lui fallait s'arracher de ces serpents, Marx et son culte, qui le serraient et l'empêchaient de donner sa mesure.

Castoriadis admirait Marx presque autant que Platon : qu'on se souvienne du « granit » de l'éditorial du premier numéro de la revue. Mais comme tout ce qu'il admirait, il le faisait le couteau entre les dents, comme dans la Bible, les premiers pasteurs d'Israël et leur troupeau humain adoraient Dieu tout en le vouant périodiquement aux enfers. L'amour du premier et des seconds était sincère : certains amants se quittent sans jamais se quitter ! J'ai toujours entendu Castoriadis parler de Marx avec révérence même quand il s'employait de ruiner les idées du maître. C'était, pour lui, un grand parmi les grands : or, paradoxe supplémentaire de cet homme qui en était empli, Castoriadis, qui avait voué sa vie à la défense des petits, ne s'intéressait qu'aux grands. Parlez-lui d'un artiste de seconde zone, d'un penseur marginal, de quelqu'un qui avait apporté sa pierre sans pour autant édifier une citadelle, et il vous écoutait aimablement, se renseignait, puis parlait d'un vrai « grand », de Shakespeare, de Cervantes, de Goethe, de Tolstoï, au-dessus desquels trônaient les deux grands parmi les grands, Platon et Marx (Freud viendra plus tard).

Voici donc que Castoriadis-Laocoon va se débarrasser de ses serpents. La libération demande un motif. Les imprécations des Juifs avaient pour motif que Dieu n'avait pas tenu ses promesses, avait berné son peuple d'illusions. Quels reproches Castoriadis faisait-il à Marx ?

Parmi ces reproches, il y en a un qui n'est jamais sorti des lèvres de Castoriadis, du moins de celui du temps de Socialisme ou Barbarie : celui d'avoir promis à l'humanité un paradis futur. Dieu a constamment réitéré la promesse qu'il faisait aux Israéliens de leur donner une terre qui leur appartiendrait ; Marx, Castoriadis et tout un peuple de pasteurs mineurs de l'humanité ont toujours maintenu qu'il existait un monde au sein duquel l'homme atteindrait à la totale disposition de lui-même. Avec le temps, chez Castoriadis, ce monde a changé de nature : après avoir promis la gestion par chacun de son travail, puis avoir élargi cette promesse au gouvernement de la vie dans sa totalité (comme nous le verrons dans un instant), Castoriadis offrit la lucidité : on vivrait avec des sens dégrisés, dans un monde d'où les nuées trompeuses de l'imaginaire capitaliste auraient été chassées (ce sera pour plus tard dans mon récit).

Parmi les reproches faits à Marx, certains étaient relativement secondaires, ne remuaient pas terre et ciel et d'ailleurs se trouvaient sous d'autres plumes et dans d'autres milieux. Que Marx ait opté, dans sa maturité, pour une explication de l'histoire en termes seulement économiques, ignorant tous les autres facteurs, la chose avait été notée par bien d'autres, et réitérée par le groupe. Qu'il n'ait jamais été capable d'énoncer clairement le contenu de l'objectif qu'il donnait à l'humanité, le socialisme, Castoriadis en avait fait le motif de son propre « Contenu du socialisme » : cette critique avait passé la censure des conservateurs de SouB. Le scandale était ailleurs : s'il fallait abandonner Marx, selon Castoriadis, c'était que sa doctrine au lieu d'éclairer la route obscurcissait le chemin. Le marxisme : un mur, non une fenêtre ouverte sur le monde. Voir les choses sainement, c'était les voir sans Marx.

À l'automne de 1959, Castoriadis sentit que le moment était venu de « tirer le groupe en avant » et de lancer le drame de l'abandon de Marx ; il commença de répandre ses idées publiquement. En premier lieu, dit-il, il fallait reconnaître que les protagonistes du combat découpés par le phare marxiste avaient changé : l'ouvrier n'en était plus le héros unique. Ces employés que je joignais honteusement dans le trolleybus, quelques années auparavant, ne me trouvant pas de taille à côtoyer les ouvriers, rejoignaient maintenant la troupe des acteurs de l'histoire : mieux, ils semblaient destinés à en tenir les rôles principaux. La tendance était indéniable, qui montrait que les hommes en blousons de cuir et aux mains noircies seraient rapidement noyés par l'immense catégorie des travailleurs en col blanc : les employés de bureau, les vendeuses et vendeurs, les techniciens, les réparateurs de postes de télévision, les infirmières... ; mille métiers nouveaux apparaissaient occupant ce type de travailleur, mille vieux métiers cessaient d'être des métiers « de main » pour devenir des métiers « de tête ». Ces travailleurs d'un type nouveau étaient soumis à des conditions de travail identiques à ceux des ouvriers dans un aspect essentiel : la séparation des fonctions de direction et d'exécution, le fait qu'en haut on tranchait de tout et qu'en bas il ne restait qu'à s'aligner. Grâce à ce changement sociologique, le nombre de gens qui étaient concernés par une transformation révolutionnaire de la société s'était immensément accru.

Quant aux ouvriers, les hommes en cuir du fond du trolley, avaient-ils encore envie de conduire le monde ? Depuis la fin de la Seconde Guerre mondiale, le prolétariat ne s'était manifestée de manière révolutionnaire, qu'une seule fois - en Hongrie, durant l'insurrection de 1956. En dehors de ce moment, le monde avait fonctionné comme s'il n'y avait pas eu de classe ouvrière, au moins sur le plan politique. Les gouvernements et les régimes s'étaient succédé, la classe ouvrière leur avait arraché quelques concessions, mais à aucun moment elle ne s'était battue explicitement pour une autre organisation de la société, jamais elle n'avait lutté ouvertement pour que les conseils d'usine gèrent la production et assument tous les pouvoirs. On pouvait se consoler en constatant que, dans les usines, le combat faisait rage pour modifier les cadences, améliorer les conditions de travail, ouvrir à l'initiative ouvrière un champ plus large, damer le pion à la hiérarchie. Les correspondances que SouB recevait d'Angleterre, de Belgique, des États-Unis confirmaient que, au sein des ateliers, les ouvriers conquéraient des positions de force, imposaient leurs solutions et mettaient en place des formes de gestion qui préfiguraient les conseils d'usine lesquels, lors de la révolution, assumeraient le pouvoir. Mothé nous en disait autant s'agissant de la France. Cependant, dès qu'il s'agissait de dépasser le clos de l'atelier, rien ne suivait.

Entre l'usine et la société se trouvait une césure que Marx n'avait pas prévue et que sa doctrine nous empêchait même de voir. On pouvait se rassurer : les ouvriers n'avaient pas encore compris que leur sort dépendait d'une modification globale de la société. Mais cela viendrait ! D'où ? Pas de la contrainte économique, avertissait Castoriadis ! Utilisant les données dont il disposait au sein du service des études de l'OCDE (Organisation de Coopération et de Développement Européen) où il travaillait comme économiste, il rappela ce qui est devenu une évidence : depuis la fin des années 40, le niveau de vie ne cessait de s'élever, les salaires augmentaient régulièrement, le chômage disparaissait presque totalement, la production industrielle était en progrès constant. (On était entré dans les Trente Glorieuses.) L'élévation du niveau de vie n'était pas un accident : la population fournissait au capitalisme son marché, la croissance de ses besoins permettait à l'expansion économique de se poursuivre indéfiniment, sans qu'aucune loi de surproduction ne vienne l'arrêter.

Les acteurs de l'histoire désignés par Marx avaient lâché les manettes de la révolution, c'était entendu, quel serait donc l'avenir de la révolution ? Le frigidaire et la voiture achetés à crédit, avaient-ils tué le projet de refaire la société autrement ? Pour répondre à cette question, il fallait sortir de la maison de Marx. Henry Miller, revenu aux États-Unis après avoir longuement séjourné en Europe, voulut voir ce qu'était devenu son pays. Il fut effrayé de constater que l'Amérique s'était transformée en un « cauchemar climatisé » (titre du livre dans lequel il relata son retour en Amérique). Le monde sur lequel Castoriadis voulait que les révolutionnaires jettent leur regard était celui que peignait Miller. Un monde de misère ? Certainement pas ! Un monde de lutte ? Pas non plus ! Ce que percevait un œil honnête, qui ne voulait pas se berner d'illusions, c'était « l'insertion de chaque individu dans une petite alvéole d'un grand ensemble productif où il est astreint à un travail aliéné et aliénant, c'est la destruction du sens du travail et de toute collectivité, c'est la réduction de la vie à la vie privée hors du travail et de toute activité collective, c'est la réduction de cette vie privée à la consommation matérielle, c'est l'aliénation dans le domaine de la consommation elle-même par la manipulation permanente de l'individu en tant que consommateur. »

Le travail aliéné et aliénant, nous connaissions, la destruction du sens du travail également : nous en avions beaucoup traité dans la revue. Mais la destruction de la collectivité, la réduction de la vie à la vie privée, la manipulation de l'individu en tant que consommateur étaient des thèmes nouveaux, chez nous comme ailleurs. C'était la nouvelle réalité, celle qui expliquait la passivité du prolétariat et de la population en général. Dans le cauchemar climatisé qu'était devenue la société contemporaine, « l'idée qu'une activité collective puisse déterminer le cours des choses à l'échelle de la société a perdu son sens. »

Émoi dans le groupe : que faire, alors ! Et n'était-ce pas là une exagération de la puissance du capitalisme ? N'y avait-il pas là le signe de quelque chose que certains commençaient de chuchoter à l'égard de Castoriadis, qu'il avait envie de lâcher le mouvement ouvrier et de se contenter de la belle place qu'il s'était faite chez les capitalistes ! Ne s'était-il pas élevé au sein de la hiérarchie de l'OCDE, organisme de régulation des nations capitalistes européennes ? Pourtant, celui qui écoutait Castoriadis avec sympathie (c'était mon cas) comprenait que son analyse ne rejetait pas la révolution, elle l'approfondissait au contraire et en rendait l'avènement plus certain.

Approfondissement de la révolution : celle-ci n'était plus limitée comme étant seulement l'avènement du contrôle de la production par les ouvriers. Il s'agissait désormais que chacun (les employés, les femmes, les jeunes gens, les vieilles personnes, les malades etc.) puisse accéder au gouvernement de sa vie. Grâce à la révolution, le sens allait réintégrer la société et faire en sorte que toutes les catégories, pas seulement les producteurs, pourraient réaliser leur potentiel humain.

La révolution plus certaine : si la crise de la société devait intéresser plus que la production et les producteurs (ce que nous considérions précédemment), mais s'élargissait à tous les aspects de la vie et à toutes les catégories de la population, cette crise avait plus de chances de déboucher dans la révolution. On ne pouvait vivre sans sens : ceci était vrai pour chacun et aussi pour la société elle-même. Celle-ci, disait Castoriadis, « prise dans un mouvement d'accélération croissante, ne pourrait vivre un instant si même les plus humbles de ses membres n'apportaient leur contribution à cette rénovation perpétuelle - en assimilant et en rendant humainement praticables de nouvelles techniques, en se prêtant à d'autres modes d'organisation et en en inventant, en modifiant leur consommation et leur manière de vivre, en transformant leurs idées et leur vue du monde. » On retrouvait donc, pour la société entière, la contradiction que Mothé et Castoriadis avaient repérée dans les usines : d'une part on traitait les exécutants (entendre désormais : toute la population) comme des objets, des machines à produire et à consommer, d'autre part on les invitait à se comporter en sujets. Cette contradiction ne pouvait que pousser les gens à substituer à la société actuelle une autre, au sein de laquelle chacun pourrait être pleinement ce sujet qu'on lui demandait d'être tout en lui interdisant ce statut.

Le nouveau discours de Castoriadis réveilla ma confiance, qui commençait de fléchir, et enragea une partie du groupe qui se contentait de reprocher à Marx d'avoir sous-estimé la capacité révolutionnaire des masses et d'avoir substitué à celle-ci le jeu des lois économiques : mais était-ce une raison pour quitter sa maison ? Le comité directeur refusa de publier dans la revue le texte qui résumait les nouvelles idées, l'une des cellules menaça de quitter le groupe si cela devait être fait. Castoriadis, ulcéré, réclama de bénéficier des droits qu'avait tout minoritaire, selon les statuts du groupe, de faire connaître ses thèses. Pendant un an la polémique prospéra. Les adversaires du texte, une vingtaine de personnes, regroupés autour de Véga, Guillaume, Souyri et Lyotard, attribuèrent à Castoriadis une liste d'intentions maléfiques : il tournait le dos à l'action, minimisait les problèmes économiques, niait l'existence de la classe ouvrière. Lyotard, le plus dur de tous, le plus fin aussi, accusa Castoriadis et ceux qui le soutenaient (dont j'étais) de s'être changés en existentialistes et de remplacer la lutte de classes par la « crise de la vie », qui serait « la nouvelle réalité » : « Nous connaissons ces nouveautés, concluait Lyotard, elles sont vieilles comme la philosophie. » Existentialistes, philosophes ! C'était dur, et voulait l'être.

La majorité du comité directeur admit finalement les droits de Castoriadis. « Le mouvement révolutionnaire face au capitalisme moderne » fut publié en trois livraisons, entre décembre 1960 et décembre-février 1962. Pendant ce temps, les positions des uns et des autres, partisans et adversaires, se cimentèrent. Comme lors de la dispute avec Lefort, la polémique remplaça le débat et dégénéra en caricature. Castoriadis et les siens : des fumistes, des rêveurs, des philosophes, pires ! - des existentialistes. Véga et sa bande ? Des cerveaux sclérosés, des paléomarxistes pour lesquels le monde n'avait pas changé depuis la Révolution russe. L'amitié, le respect, la reconnaissance qui s'étaient établis entre nous après des années d'efforts communs furent une nouvelle fois blessés à mort, comme lors de la scission précédente.

*

* *

La complicité, de Cyrille de Beauplan (Guillaume, dans le groupe) et de Castoriadis, fut une victime pitoyable de la querelle. Beauplan avait été l'un des fondateurs du groupe et le premier gérant de la revue. Ce fut lui qui fit entrer Castoriadis à l'OCDE. Entre lui et Castoriadis, se trouvait tout un passé que nous ne connaissions pas, mais qu'ils suggéraient par nombre de plaisanteries et d'allusions parfois grivoises (en bon aristocrate, Guillaume n'était pas ennemi de la langue verte !) : il nous semblait que les deux formaient un monument de fidélité.

Guillaume venait de lâcher sa position enviable au sein de l'OCDE pour se faire ouvrier. La tentation de l'usine pince toujours un cœur révolutionnaire : de ne pas trimer dans l'enfer de la production est un reproche que bien des militants bourgeois se sont fait, mais peu prennent le risque de franchir le portail fatal. Pourquoi donc ce pas ? Un aristocrate appartient à une catégorie qui n'a pas sa place dans la société moderne. Celle-ci ne comprend rien à ses souvenirs, à ses valeurs, à ses manières, à ses délicatesses, à sa solitude. Contrairement aux enfants de la bourgeoisie, l'aristocrate n'est pas né pour entrer dans le monde, mais pour planer au-dessus, avec les dieux. Cette destinée curieuse en tête, il roule d'ici à là, sans avoir conscience d'une place à occuper. Pour gagner sa vie, pour mériter l'estime des autres, il fait le bourgeois, joue le statisticien à l'OCDE, s'imagine une carrière : subterfuges ! Sa vie est une suite de rôles dont aucun ne peut effacer la différence qui lui colle à la peau : peut-être Cyrille de Beauplan voulait-il mettre fin au jeu, fermer la porte du théâtre, éteindre les lumières de la scène et se retrouver face à lui-même. Peut-être, plus simplement, était-il fatigué d'annoncer la prochaine arrivée de la révolution et voulait-il précipiter sa venue. Ou encore, ayant attendu depuis toujours que quelque chose de grand visite sa vie, s'était-il dit que, avec De Gaulle au pouvoir et le fascisme aux portes, le moment était arrivé de montrer de quoi on était fait !

Le voilà maintenant, lui qui n'a ni le cerveau ni le corps habitués à cela, OS à servir en pièces à polir une machine dangereuse, dans un « monde où l'on finit par violer toutes les lois humaines et naturelles » : « C'est bien pour cela que je suis venu, admet-il, pour connaître ce monde et le vivre. » À l'usine, Guillaume rencontre ce qu'il recherchait : l'enfer. Ni son cerveau, qui réfléchit trop, ni son corps aux muscles peu exercés, sont faits pour ce nouvel univers. Chaque journée est un supplice, allant de surprise en surprise, d'incident en incident, de catastrophe en catastrophe. Incapable de faire ses temps, il a les chefs sur le dos. Plus vite, plus vite, plus vite ! On court pour attraper le métro, pour franchir le portail de l'usine, pour le franchir dans l'autre sens quelques heures plus tard, on sprinte à nouveau vers le métro. Au restaurant, les serveuses, elles aussi courent : le plat à peine commandé est déjà devant le client, avec la note. Pourquoi donc est-il là, en atelier ? D'aimables employées du service du personnel l'interrogent. Lui « qui a ses deux bacs », ne serait-il pas mieux dans les bureaux ? Il refuse, s'agrippant à sa croix. La coopération des copains ? Un Algérien ici, un Sénégalais là, quelques paroles de sympathie, l'esquisse d'un geste d'aide, rien de plus - le Golgotha se grimpe seul !

Durant une pause due à un léger accident, il tente de mettre de l'ordre dans ses idées (cela donnera un article : « Dix semaines en usine »). Soit sa nouvelle existence. Autour de lui : des esclaves. Au-dessus de lui, dans les bureaux où le travail se dessine, s'organise, se planifie, d'autres esclaves. Le but : la production. La récompense : la consommation. « On prend des gens par dizaines et par centaines de millions, on les fait produire pendant neuf ou dix heures par jour comme des dingues des produits qui n'ont d'autre utilité réelle que de leur faire oublier pendant quelques rares heures leur vie de travail. Et toute la morale de l'histoire consiste à produire toujours plus et toujours plus vite. »

Entre Guillaume et Castoriadis, quelle différence ? Tous deux situent le drame ouvrier dans un contexte plus large : celui de la société de consommation, chacun dans son style, Guillaume de manière brutale, naïve, Castoriadis avec hauteur. Pourtant Guillaume hait l'analyse de Castoriadis, l'accuse d'exagérer les performances du capitalisme contemporain, lui reproche de sous-estimer les revendications du prolétariat (car l'argent est aussi, rappelle-t-il, une affaire de dignité), et lui jette à la figure les ouvriers que le capitalisme « sacrifie ». Castoriadis, d'abord surpris par ces attaques de l'un de ses plus vieux amis, croise le fer, argumente, réfute, puis, tandis que son contradicteur vide bière après bière et construit devant lui un mur de soucoupes, crie qu'il lui est impossible de parler avec un soûlard. Nous assistions, consternés, à la rupture des liens entre les deux hommes.

*

* *

« Le mouvement révolutionnaire… » en cours de parution et la scission pas encore là, nous formâmes avec Castoriadis ce que nous appelâmes la Tendance. Tout en affirmant que nous voulions nous aussi agir au sein d'une organisation révolutionnaire, nous nous préoccupions essentiellement de la revue. L'une de nos premières décisions fut d'établir une liste des articles que nous pourrions écrire pour illustrer cette « crise de la société » qui occupait maintenant la place centrale parmi nos idées. Il fut question de la femme, des jeunes. Je proposai divers travaux, dont un sur le cinéma américain. Les opposants, eux, se regroupèrent dans L'anti-Tendance : Véga, Souyri, Lyotard écrivirent des textes critiquant la nouvelle orientation, puis retournèrent à leur véritable intérêt : l'organisation militante Pouvoir ouvrier, les contacts avec la classe ouvrière, le recrutement, la publication d'un journal ouvrier.

Nous nous séparâmes durant l'été 1963, la Tendance, Castoriadis et son groupe, gardant la revue et le nom Socialisme ou Barbarie, et s'affirmant les continuateurs du mouvement SouB, l'anti-Tendance (Véga et les siens) conservant Pouvoir ouvrier, le nom et le journal. Ce partage se fit sans querelle, chaque groupe considérant que ce que prenait l'autre avait peu de valeur en comparaison de ce qu'il retenait, lui.

Véga fut celui dont je m'éloignai avec le plus de peine. Lorsque je me trouvais dans l'appartement modeste qu'il partageait avec sa compagne, Martine, j'avais le sentiment de remonter le temps, de rentrer dans l'histoire, d'être en train de m'entretenir avec un bolchevik d'avant Octobre 17 et de débattre avec lui de mes tâches, ou encore de me trouver dans une casemate sur le front espagnol en 36, à côté d'un homme qui m'apprenait l'art du combat, le bruit du trafic sur la rue de Rennes contrefaisant celui des canons franquistes. Constatant combien les idées de Castoriadis m'enchantaient, l'ancien combattant d'Espagne me balayait de ses yeux tristes, hochait la tête et murmurait qu'il ne voyait rien de bien nouveau dans les textes que j'admirais : « D'ailleurs, ajoutait-il, y a-t-il jamais rien de neuf dans le monde ? » Le pire, dans les scissions, n'était pas seulement la rupture des relations, c'était que ceux de l'autre bord, qu'on avait aimés et respectés, on était porté à les accabler, à caricaturer leurs positions, à tourner en ridicule leurs manières de parler : je ne pus m'empêcher d'utiliser le « jamais rien de neuf dans le monde » pour me tailler du succès dans mon camp. Quand on veut sauver le monde, on devient facilement salaud !

*

* *

Je sacrifiai nombre de soirées et de week-ends à écrire mon étude sur le cinéma américain. Je ronéotai le texte et le distribuai aussi vite que je le pus aux membres de la Tendance. Mon idée était de profiter de ma connaissance du cinéma américain, pour creuser encore davantage le sillon que Castoriadis avait tracé : Hollywood, depuis la fin de la guerre, avait multiplié les films traitant de la fameuse « crise de la société ». Une autre motivation me soutenait. Je portais ces films en moi depuis des années, sans savoir qu'en faire. Depuis que je m'étais entiché de cinéma, il m'avait toujours semblé que ce qui se passait sur l'écran était bien plus véridique que ce qui m'arrivait, à moi, dans la vraie vie. Sorti de la salle, clignotant des yeux dans la rue, je me découvrais nul, fantomatique, le meilleur de moi étant resté collé à l'écran. Mon étude était une manière de me récupérer, de donner un sens à toutes ces heures passées au cinéma, à toutes ces heures à me perdre.

Typique des films que j'analysai fut *La mort d'un commis voyageur*, transposition au cinéma de la pièce d'Arthur Miller. Le héros du film, Willy Loman, un représentant, s'est démis de son autonomie en confiant aux autres l'image qu'il a de lui-même, son respect de soi, sa fierté : il pense être autorisé à avoir une bonne opinion de lui-même, car les autres, ses chefs, ses collègues, ses clients l'ont, cette excellente opinion ! Tout cela s'écroule lorsque Loman, trop âgé selon son patron, est licencié. « Willy est totalement dépendant des hommes parmi lesquels il vit : il ne dispose d'aucune armure d'indifférence, de mépris, de sagesse derrière laquelle un homme peut se protéger des coups qu'il reçoit : les sourires qui s'évanouissent l'atteignent au cœur, le convainquent de son néant. » Willy Loman aurait voulu que son fils, Biff, suive le même chemin, soit estimé des autres, ait une excellente réputation et une bonne situation, comme son père. Biff rejette cette voie, se libère des « idées meurtrières » du père et du père lui-même. La leçon du film : les fils « savent désormais qu'ils n'ont à attendre de la société ni amour, ni estime, ni reconnaissance de leur valeur. Ils savent qu'ils doivent trouver en eux-mêmes et par eux-mêmes la force de grandir et de se développer, la confiance en ce qu'ils sont, la sagesse qui consiste à accepter ses limites. »

Je voyais dans les films que j'analysais deux rôles : celui du conformiste et celui de l'homme libre. Certains de mes films, comme *La mort d'un commis voyageur,* attribuaient ces rôles à deux individus distincts, d'autres opposaient l'homme libre à toute une collectivité. C'était le cas de *High noon* (*Le train sifflera trois fois,* Fred Zinnemann, 1952), où le shérif incarné par Gary Cooper, abandonné par ses électeurs, affronte, seul, une bande de tueurs. Le schéma servait à nombre d'œuvres. Le western *Shane* (*L'homme des vallées perdues*, George Stevens, 1952), par exemple, montre un justicier, sortant de l'anonymat où il s'était cloîtré, s'opposant seul, lui aussi, à des bandits aux ordres des gros propriétaires, tandis que les villageois, apeurés, regardent la scène de loin.

Cependant, ce qui m'intéressait encore plus, ce fut l'association des deux tendances du conformisme et de la liberté dans le même cœur - car il me semblait que tel était le sort des hommes dans la société capitaliste : à la fois saisis par le besoin d'autonomie et attirés profondément par les avantages qu'apportait le conformisme. J'analysai plusieurs films qui montraient ce lien intime, dont *Le grand couteau* de Robert Aldrich (1955, d'après la pièce de Clifford Odets), interprété par Jack Palance. Ici, on trouve un acteur que déchirent deux forces : l'une le pousse à continuer sur la voie de la facilité, l'autre voudrait qu'il retourne à des rôles plus ambitieux et redevienne l'acteur qu'il avait été. Incapable de faire le choix, il se suicide. J'explore, pour expliquer ce drame, la notion de faute. « Le personnage construit par Palance donne en effet l'impression d'avoir commis une faute impardonnable et de considérer que son destin ne puisse être désormais que d'expier cette faute. Cependant, en même temps que le héros aspire à sa propre destruction, il est dominé par le besoin de vivre, de s'extérioriser, de se développer. » J'avais en tête l'image d'hommes qui, ayant su se faire une place dans le système capitaliste, n'en finissent pas de regretter d'avoir perdu leur liberté et d'avoir opté pour de fausses valeurs (ma propre destinée ?).

Une partie de mon étude portait sur les films consacrés à la jeunesse. Je voulais montrer, à travers leur exemple, comment se posait aux jeunes gens le problème de leur identité. Le fait que la plupart des parents soient pris par le système capitaliste, aient été placés dans une alvéole de la pyramide et assignés à une tâche sans grande signification (selon le schéma de Castoriadis), privait les enfants d'un modèle à adopter, ou encore à combattre. Je n'entendais pas cependant transformer les jeunes gens en victimes : ce qui m'intéressait, c'était comment, malgré tout, ils se faisaient une vie, construisaient leur identité, découvraient les valeurs qui les guideraient. Parmi les films que j'analysai, les plus connus furent ceux de James Dean : *East of Eden* (d'après le roman de John Steinbeck, d'Elia Kazan, 1955) et *Rebel without a cause* (*La fureur de vivre*, Nicholas Ray, 1955). Dans ces deux films, comme dans la plupart de ceux consacrés au même sujet durant les années cinquante aux États-Unis, on est présenté au gouffre séparant le monde de la jeunesse et celui des adultes. Ces derniers ne semblent pas avoir la moindre idée de ce qui se passe dans l'esprit de leurs enfants et n'ont donc aucun conseil à leur donner qui puisse leur être utile. Ainsi le père de *La fureur de vivre*, à qui son fils demande conseil, réclame « que l'on ne fasse rien sans réfléchir » et propose de prendre une feuille de papier afin d'y inscrire la « liste des problèmes ». Celui d'*East of Eden* a une solution plus radicale : qualifier son fils (toujours le même James Dean) comme l'héritier du « mauvais côté de la famille ». Face à ces conseils grotesques et à ces attitudes mortelles, le jeune homme doit se débrouiller seul et faire son chemin lui-même. Pour cela, il doit se libérer de ses parents. Cal, le héros du film, commence par vivre l'image que son père a projetée sur lui et devient le « mauvais » dans la famille. Ce n'est que lorsqu'il retrouve une vie à lui, des besoins qui lui sont propres, qu'il peut enfin confronter son père et être finalement accepté par lui.

*

*   *

Depuis le début de l'année 1960, je n'étais plus l'étudiant qui, en 56, avait adhéré à SouB : je travaillais. L'entreprise au sein de laquelle j'entrai était la succursale d'un groupe international suisse - laquelle fabriquait des turbines hydrauliques, à vapeur et à gaz. L'usine et les bureaux de l'affaire se trouvaient dans la banlieue nord de Paris ; un collègue de mon père m'avait proposé, à la mort de celui-ci, d'y faire un stage, à la suite de quoi, éventuellement, on m'embaucherait. J'avais connu Danielle, j'en étais amoureux. Nous voulions nous marier : il fallait que je gagne ma vie. En outre, l'idée de continuer mes études de philosophie me semblait bien fade : devenir le salarié d'un groupe international me parut une forme d'héroïsme plus adapté au destin d'un militant révolutionnaire (Castoriadis ne travaillait-il pas dans le département des études de l'OCDE !). Je téléphonai donc à l'ami de mon père, l'affaire fut faite immédiatement : en ce temps, le travail ne manquait pas !

D'emblée, l'usine fut un enfer : cela me ravit. Jour après jour, je m'exaltai à noter la noirceur et les vices de l'existence que j'embrassais, modeste martyre de la noble cause révolutionnaire. « Lorsque, le lundi matin, écrivis-je, l'on revoit au bout de la rue la silhouette des bâtiments dans lesquels l'on vit sa vie de travailleur, c'est toujours avec le même découragement, le même ennui anticipé : même les hommes qui aiment leur travail et qui, à travers ce qu'ils font pour gagner leur vie parviennent à réaliser des aspirations surgies des recoins les plus secrets de leur être, même ceux-là ont un mouvement de recul devant ces lieux sans âme. » Je continuai de la même veine, évoquant le choc qu'éprouvent ceux qui travaillent pour la première fois (en vérité : moi-même), « qui découvrent à quel point il est désespérant de ne jamais accomplir un seul acte réellement important et de rétrécir l'immense domaine de son âme aux minuscules frontières d'une fonction et d'un poste. »

À vrai dire, on me donna, durant ma première année, de quoi désespérer ! Je fus affecté au Service du personnel, où, parmi toutes les tâches qui n'embrassaient certainement pas l'immense domaine de mon âme, j'écrivis une note (refusée plusieurs fois par mon chef) annonçant l'augmentation du prix du pain à la cantine ; j'accompagnai chez le Directeur général les ouvriers à qui la société accordait un prêt pour la construction de leur maison (l'ouvrier roulant sa casquette entre ses doigts et le Directeur encore plus gêné que lui) ; je rédigeai pour l'école d'apprentissage de la Société une histoire universelle couvrant tous les temps ; je créai une bible décrivant toutes les opérations relatives à la gestion du personnel, dont j'appris ultérieurement que le but en était de réaliser la paie par carte perforée. La stupidité et l'obscurité des ces tâches m'enthousiasmaient, car j'avais décidé de devenir le Gogol de la bureaucratie moderne. J'écrivis plusieurs nouvelles qui devaient exprimer, avec l'ironie de Gogol et la sécheresse des écrivains américains que j'admirais (Hemingway, Dos Passos, Dashiell Hammett), l'horreur du travail dans la société capitaliste.

L'une de mes nouvelles portait sur l'un de mes collègues au Service du personnel. Cet homme, d'une quarantaine d'années, en arrivant au bureau le matin, déposait sa veste sur le dossier de sa chaise, s'asseyait à sa place et, agitant des bras musclés (il portait des chemises à manches courtes), distribuait sur sa table tout un peuple de notes et de dossiers dont il passait la plus grande partie de sa journée à modifier la répartition. À six heures, fin de la journée, notes et dossiers repartaient vers leur point d'origine, ou un autre sans doute plus judicieux. Je n'ai jamais su ce que faisait l'homme aux bras musclés, sauf que c'était un sportif - du moins il le disait. Pour le prouver, il poussait de temps en temps un long et bruyant soupir et frottait énergiquement ses mains l'une contre l'autre : « Une habitude de stade » m'expliquait-il, l'œil allumé.

Un autre de mes collègues, qui avait quelque autorité sur moi (ce fut lui qui me chargea de l'Histoire universelle pour les apprentis), bondissait sans cesse sur des chaussures à épaisse semelle de crêpe (détail qui me frappa, car je n'appréciais que les fins escarpins des Italiens) et, le sang aux joues, passait de son bureau à celui de notre chef en passant à travers le nôtre, le visage hilare ou bien défait, jetant à la cantonade des « c'est incroyable », des « je l'avais juré », des « ah l'esprit des gens », exclamations auxquelles mon collègue sportif et moi-même réagissions en secouant la tête hypocritement.

Notre chef, quant à lui, avait quelque chose à voir avec les organisations de jeunesse catholiques. Il avait un visage de scout, clair, lumineux, avec des yeux qui plongeaient dans les vôtres, l'air de dire : grimpons ensemble vers les hautes cimes ! C'était un chef comme dans les livres : il parlait peu, écoutait, prenait son temps, choisissait son heure. Le silence était son arme. Quand on le saluait, il serrait votre main avec vigueur, fichait ses yeux dans vos yeux, sans rien dire ; on balbutiait son bonjour, alors il hochait la tête et passait son chemin. Le cœur battant, envahi de haine pour le petit tyran, j'étais néanmoins aux anges : encore du matériel pour mes nouvelles gogoliennes !

L'ex-scout fit une dépression et disparut. Ma bible avait eu un certain effet : on m'affecta à un groupe dit « d'organisation » qui devait rationaliser les relations entre les services d'études, de dessin, de méthodes et de production. Je commençai alors d'apprendre quelle était la réalité de l'entreprise. J'eus des tâches qui avaient un sens, des collègues attachants et des chefs estimables, souvent surprenants. Le monde que je découvrais était loin d'être une farce, je m'y intéressai de plus en plus. J'étais passé du côté du soleil, « on the sunny side of the street » selon les paroles de la célèbre chanson de jazz. Ce fut la première rupture entre mes opinions et ma vie : mes opinions étaient celles de Castoriadis, ma vie à l'usine disait quelque chose que j'osais à peine m'avouer.

Lorsque j'avais lu les relations de Romano et de Mothé sur le travail de l'ouvrier, j'avais sympathisé : dans des bureaux lointains, des gens obsédés de contrôle avaient décomposé le travail en une liste d'actes que l'ouvrier devait accomplir, mécaniquement, sans réfléchir ; il semblait évident que les ouvriers ne pouvaient que se révolter contre cette limitation de leur liberté. Mais suivant à revers le flux du travail, je constatai que ces listes étaient le dernier mot d'un processus qui commençait au premier stade de la conception du produit. Tout travail, dans une usine moderne, devait être d'abord analysé, décomposé. Avant de fabriquer, il fallait savoir quoi et comment, avec quels outillages, dans quelles matières, dans quelles quantités, dans quel temps, à quel coût. Avant d'en arriver à ce stade, il fallait avoir encore précisé le besoin, identifié le type de clientèle, repéré la concurrence.

Analysant ces processus au sein de mon usine, je me passionnai d'organisation, constatant que se trouvait là un des traits essentiels de la modernité. Au café, j'observais comment les garçons servaient les clients, répétaient leurs ordres, piquaient la fiche de commande sur un clou. Je comparai leur efficacité ici et là, dans tel établissement et dans tel autre, remarquant que dans celui-ci le client qui se présentait au comptoir avait surtout affaire à des dos tandis que dans celui-là c'était un visage qui l'accueillait. Passant devant les teintureries, je regardais les repasseuses travaillant entre le stock des commandes à faire et, pendues, celles faites, et je voyais la patronne écrire les ordres sur un carnet dont elle donnait au client un feuillet. Partout je voyais le signe de l'organisation et je me disais que celle-ci était moins motivée par le souci d'humilier les exécutants que par celui de l'efficacité.

Je vis que, dans les bureaux, une bonne partie des relations entre les gens portaient sur le travail : ce qu'il était, les problèmes qu'il posait, les solutions à apporter. Je constatai que le cheminement par la voie hiérarchique n'était pas le plus fréquent. Les informations, les spécifications, les ordres allaient de fonction en fonction, non de chef en chef : ils constituaient les conditions du travail bien plus que des « instructions » dans le sens traditionnel, il n'y avait rien de sacré en eux. Je participai à des réunions où des personnes venant de services différents, sans trop s'occuper des niveaux hiérarchiques, tentaient de revoir ensemble les données qu'elles échangeaient entre elles.

Je voyais maintenant l'entreprise comme un organe de production plutôt que comme une institution faite pour opprimer, contrôler, exploiter, et la production comme une sorte de lutte contre la complexité du réel, complexité à laquelle les hommes contribuaient eux-mêmes avec leurs intérêts divergents, leurs préjugés, leur tendance à l'agressivité et à l'irresponsabilité. Mon travail faisait que j'étais aux premières loges pour assister aux conflits entre les services. Je comprenais que beaucoup de ceux-ci étaient liés aux frontières séparant les services les uns des autres : chaque chef de service avait pour tendance à vouloir modifier ces frontières à son avantage et à l'avantage de ses subordonnés. Les luttes de frontière ne pouvant être réglées au niveau des services, celles-ci montaient inévitablement vers le haut, où d'autres intérêts s'opposaient : d'où des décisions (ou leur absence !) qui n'avaient plus grand-chose à voir avec les problèmes de départ. Un de mes chefs au groupe d'Organisation me donna un conseil pour rester au-dessus des conflits auxquels on voulait souvent me joindre : le mouchoir ! Moi : « Comment, le mouchoir ? - Eh oui, expliquait mon chef, le plus réaliste des hommes, sympathisez et pleurez, cela suffira, ne vous engagez surtout pas ! » Une autre fois : « Quel est l'outil du chef ? » Moi, sûr de mon coup : « Le mouchoir ! - Mais non, Sébastien..., et il lève son pantalon : Le mollet ! Un chef, ça doit marcher ! »

Un directeur général nous arriva qui me délivra de ces stratégies de néanderthalien. C'était un ingénieur, encore jeune, le cheveu rebelle dans le style de James Dean, qui sortait de la grande université américaine, le MIT, et qui, aussitôt en place, se mit à expliquer la cybernétique aux cadres médusés et sceptiques (j'étais moi aussi médusé, mais nullement sceptique !). Devant un tableau en papier (il fut le premier à utiliser cet instrument) il dessina un cercle à gauche, un autre à droite, et les lia par deux flèches, l'une orientée dans un sens, l'autre dans le sens inverse (« Nous voilà chez les Indiens ! » soupira un de mes voisins). « L'entreprise, expliqua notre dynamique professeur-patron, c'est un réseau d'actions et de réactions. C'est évident, n'est-ce pas ? » Il jetait son crayon en l'air, attendant une réponse : son état-major, assis autour de lui et auquel je rêvais d'appartenir, grommela discrètement que cela l'était, en effet. « Eh bien, non, trancha mon héros pendant que son équipe piquait du nez, honteuse, ce n'est pas évident. On donne des ordres et on oublie la réaction. Tous nos problèmes viennent de là : on escamote le retour en arrière. » Ce retour en arrière, il nous expliqua que les Américains l'appelaient : feedback. Sans feedback, pas de progrès ! Le nouveau directeur inaugura donc un système de « feuillets action-réaction », tous les problèmes relatifs à l'exécution des ordres venant d'en haut devaient y être notés et suivis jusqu'à leur solution. Notre groupe d'organisation fut ignoré dans le grand chambardement et dut se contenter de tâches qui ne touchaient en rien à la grande révolution du feedback.

Celle-ci eut cependant son thermidor. Les ennemis de la conception « indienne » vainquirent mon héros, il disparut soudain pour être remplacé par un nouveau patron : « Le papier, le papier, tonnait-il du haut de son immense carcasse, je ne veux pas de papier ! ». Le géant parcourait l'usine en bottes de cent lieux, partisan de la théorie du mollet ; les ouvriers l'adoptèrent, écrivant à la craie sur l'un des accès aux ateliers : « Porte de Zorro ! » Tout cela me déçut : j'avais été mordu par la conception « indienne ». Il me sembla que le travail étant un flux d'informations, ce flux pourrait être traité avantageusement, rationnellement et sans conflit par les ordinateurs. Je décidai de me consacrer à cette nouvelle manière de voir les choses, démissionnai de mon entreprise et entrai chez Bull, l'affaire française d'ordinateurs que l'américain General Electric venait d'acheter à notre gouvernement.

*

*　*

Mes années à l'usine eurent un effet radical : elles me délivrèrent de l'ironie à la Gogol, du moins lorsqu'elle s'appliquait à des gens modestes. L'un de mes plus proches amis, dans l'usine, s'appelait Bébert : je découvris avec lui qu'on pouvait être à la fois un type banal et un type bien. La leçon me servit pour toujours.

Banal, Bébert l'était. Sorti de l'école d'apprentissage de la Société, bien vu, il avait fait un passage dans les ateliers, avait été promu au service des Méthodes ; de là il était passé chez nous, à l'Organisation. C'était un homme solidement bâti, à la poigne de fer et aux yeux francs, poli envers la hiérarchie, jamais servile. Tandis que nous autres, cadres, portions nos vestes de ville, il était lui en blouse grise, la tenue des techniciens. Je voulus le piquer à ce propos : « Pourquoi tu n'es pas en veste, comme moi ? » - « T'es cadre, moi pas » rétorqua-t-il froidement. Indifférent à cette forme de discrimination ? Peut-être pas ! Un jeune ingénieur qui passa quelques mois dans notre groupe parlait fréquemment de tennis. Bébert, tout en avouant qu'il n'y connaissait rien, lui proposa une partie. Le service mécanographique, dont nous étions voisins, nous accompagna jusqu'au court. Bébert, qui avait été un champion de ping-pong (à cette époque, c'était la seule forme de tennis que pratiquait le peuple), servit à la cuiller et renvoya les balles mollement, les plaçant dans tous les angles. Défait, essoufflé, le front en sueur, l'ingénieur murmura que ce n'était pas du jeu. Bébert, l'œil brillant, le reconnut : c'était un homme qui savait attendre son heure.

Pour tous les aspects matériels de l'existence, Bébert était mon maître. Un problème de plomberie, une serrure dont on avait perdu la clé, la meilleure assurance pour la voiture - il connaissait la solution. Il avait bâti sa maison lui-même, et, lorsque nous nous connûmes, venait d'achever la construction d'une caravane destinée aux loisirs de sa famille. Celle-ci se composait de deux enfants timides et d'une femme, timide elle aussi, jolie, qui, disait Bébert, avait « des problèmes de tuyauterie ». J'étais pour lui un mystère, qu'il acceptait comme il acceptait la vie : j'étais comme ça… il en riait quand même. Quand je me mariai, je n'en dis rien. Danielle, ma femme, tombant enceinte de notre premier enfant, je dus annoncer mon état matrimonial au Service du personnel, Bébert l'apprit : « Alors, sourit-il, t'es marida ! » Lorsqu'il me fallut acheter une voiture, je choisis une anglaise sportive. « Ah, les pannes ! » prédit-il. En effet, assez rapidement ma belle cracha ses entrailles à la sortie de Clermont-Ferrand. Face à la vie, je me sentais peu de chose à côté de Bébert !

Radar, qui travaillait à la mécanographie et qui avait perdu une jambe, m'aida, lui aussi, à me défaire du mépris qu'ont les gens instruits (plus ou moins) vis-à-vis de ceux qui le sont moins. À travers les vitres qui séparaient nos deux services, je le voyais qui boitait d'une machine à cartes perforées à une autre, de celle-ci à l'imprimante pour revenir à la trieuse - toujours en mouvement malgré son infirmité, souriant, blaguant et ne témoignant de la souffrance qui ne le quittait pas que par un vernis de sueur sur le front. Lui aussi avait été ouvrier, à l'entretien. Un pont roulant, mis en mouvement par quelqu'un qui ne savait pas que quelqu'un se trouvait là haut à cheval sur les rails, lui était passé sur la jambe, la sectionnant à la hanche. Cet accident lui avait permis de sortir de la misère. Sa première maison, me dit-il, avait un sol en terre battue.

Faute d'avoir les moyens de payer une sage-femme, il avait accouché lui-même son épouse. Il avait maintenant un emploi de bureau, une maison confortable, plusieurs enfants nés à la clinique. Ni lui ni Bébert n'étaient le genre d'hommes devant lesquels il fallait ironiser sur la consommation ni suspecter l'élévation du niveau de vie de les avoir transformés en moutons. Ils vivaient le mieux qu'ils pouvaient, pensaient à leurs enfants et laissaient à d'autres le soin de diriger le monde : je ne pouvais leur en vouloir !

*

*   *

Grâce à l'usine, j'étais entré dans le monde, mais, nouveau-né qu'on n'a pas été encore tout à fait arraché du ventre de sa mère, une partie de moi était encore à SouB. Je vivais dans la confusion et pensais le blanc et le noir, simultanément. Selon le moi qui appartenait encore à SouB, l'entreprise était une institution oppressive, même si cette oppression avait pris un aspect indirect, psychologique. Plutôt que d'être contraint, le salarié se contraignait maintenant lui-même : de Marx on était passé à Kafka, du *Capital* au *Château* ; un monde cruel avait cédé la place à un système absurde, improductif et gâcheur. Le moi qui travaillait constatait cependant que l'usine tournait et que ses grilles s'ouvraient périodiquement pour laisser passer d'immenses et étincelantes turbines, en route pour les centrales électriques clientes. Que les gens qui y étaient employés ne se comportaient pas nécessairement en victimes. Que beaucoup s'intéressaient à ce qu'ils faisaient. Que le fond du travail était en vérité passionnant. Que la solution des problèmes qui se posaient captivait l'intérêt. Qu'il se trouvait du sens dans cet univers.

Deux fidélités luttaient en moi. L'une était celle que j'avais nouée quelques années auparavant avec SouB, elle avait donné un sens à ma vie. L'autre était celle dont j'étais en cours de subir l'attraction. Il y avait deux moi en moi. Le Moi-SouB soufflait : « Nous avions raison, nous, ceux de la Tendance… la société est en crise… tu la vis toi-même, cette crise… non pas en raison de la misère du prolétariat, mais à cause de l'absurdité du travail que l'on doit accomplir… à cause de la condamnation à la vie privée et à la consommation… » Le second moi, le Moi-Monde disait : « Crise ? Peut-être, mais examine tout ce qui se passe autour de toi… comme c'est passionnant !… sois curieux… vois comment les gens donnent du sens à leur vie… intéresse-toi à ton travail… fais de l'entreprise ta maison… » Je tentai de lier les deux moi l'un à l'autre. Mais mon âge n'était pas celui des compromis : j'étais bien incapable d'être ceci et cela en même temps. Il me fallait un investissement total : je laissais peu à peu le Moi-Monde couvrir de sa voix le Moi-SouB.

CHAPITRE 11 : L'AUTRE REVOLUTION

L'assaut de la liberté - Critiques américaines - Baudelaire : la théorie des écuries - Libération des besoins - Pousser les vieux murs - Enfants : un plaisir - Éducation : par soi - Finie la malédiction du Père - Nature, soleil, style scandinave - Le confort et la position couchée - Femmes : le changement - Kerouac : On the road, la génération du mouvement - Godard : À bout de souffle - La vraie vie - Cinéma, photographie : tout chaud du front - Le be-bop libère le jazz - Libération du travail : moins de dos courbés - Peter Drucker : la responsabilité au plus bas niveau - L'État bienfaisant et la déresponsabilisation du citoyen - Langage mystificateur - L'Européen à la fois seigneur et serf.

*

* *

À la fin des années cinquante, la liberté lança son assaut final sur l'Occident. Elle avait déjà lancé quelques commandos pour avertir de sa venue, comme je l'ai rappelé dans ce livre. Elle se mit maintenant sérieusement à la tâche, s'installa dans ses meubles, déclara que rien ne devait pouvoir s'opposer à elle et, en un tournemain, changea tout : elle changea les relations entre les gens, entre les sexes, entre les âges, entre les niveaux sociaux ; elle changea la manière de s'exprimer, de marcher, de s'habiller, de se loger, de se meubler ; elle changea la littérature, le cinéma, la musique, la peinture, l'éducation, les sports, les loisirs. Elle pénétra profondément dans les âmes, bouleversa les valeurs, bouscula la religion, chamboula la manière habituelle de voir le monde. Elle influença même la manière de travailler.

Les nouveaux libérés tournèrent le dos aux politiciens et à tous ceux qui avaient la prétention de conduire le monde : « On vous tient à l'œil, de temps en temps on regardera ce que vous avez fait, décevez-nous et on vous replacera par d'autres. » Quant à l'État et à ses bureaucraties bienveillantes, qui multiplièrent leur nombre après la guerre, on se félicita de leur arrivée: « Vous avez décidé de vous occuper de nous, de prélever sur nos salaires de quoi soigner nos maladies, nous aider en cas de chômage et constituer un pécule pour nos retraites... faites, faites, entamez largement dans nos droits à la condition que votre sollicitude ne nous empêche pas de jouir de notre nouvelle liberté. » Ainsi se noua un curieux mariage entre la liberté et la servitude.

*

* *

SouB, comme tout le peuple intellectuel, accueillit avec indifférence l'invasion de la liberté. Ce qui l'intéressait, ce qui captivait particulièrement les étudiants de la Tendance, c'était de repérer tous les signes de la crise de la société contemporaine dans ce que nous appelions « la vie quotidienne » : de là viendrait la révolution. D'Amérique venait une littérature sociologique et philosophique qui mettait en accusation le type d'homme que le capitalisme produisait et le type d'existence qu'il offrait à ses créatures : nous bondîmes dessus.

Hélène Gérard, une étudiante américaine de la seconde vague des adhérents à SouB, fit la critique d'*Éros et civilisation* de Herbert Marcuse (paru aux États-Unis en 1955, traduit en français seulement en 64). Elle approuva Marcuse d'avoir combiné le marxisme et la psychanalyse pour décrire « les nouvelles formes de la domination et de la manipulation auxquelles la société de masse soumet l'individu », tout en regrettant son incapacité de définir « les conditions d'une société non répressive ». Selon l'analyse de Marcuse (telle que rapportée par Hélène Gérard), l'homme est, entre les doigts de la société, une pâte malléable à volonté. « L'enfant est conditionné depuis sa naissance à envisager tout en termes du rapport dominant-dominé... (il) intériorise les notions de performance et de compétition. [...] Le moi est préparé à l'action et à la productivité, avant même qu'une occasion spécifique fasse appel à une telle attitude. » Marcuse ne doute pas que l'homme d'aujourd'hui ne soit totalement asservi : les médias, la télévision, les journaux, les magazines, l'éducation, le conditionnement social dans son ensemble sont l'instrument de cet asservissement. Pour en connaître la cause profonde, cependant, il faut se tourner, avec Freud, vers la répression par la civilisation des deux instincts qui gouvernent l'humanité : l'instinct de vie, Éros et celui de mort, Thanatos. L'énergie, dégagée par ces instincts, a été déviée vers la reproduction génitale (pour assurer la continuité de l'espèce) et vers le travail (afin de produire la subsistance des hommes). Dans les étages supérieurs comme dans les soubassements, tout était organisé pour assurer l'enfermement de l'homme : tel était le sentiment que nous tirions de Marcuse.

Je m'attelai moi aussi à l'exploitation de cette littérature critique américaine. Je rendis compte dans la revue de *La foule solitaire* de David Riesman, de *L'homme de l'organisation* de William Whyte, des livres de Vance Packard (*The Hidden persuaders*, sur la publicité, *The Waste makers*, sur les produits inutiles, *The Status seekers* et *The Pyramid climbers* qui traitaient de l'ambition). Tous ces livres présentaient une image désolante de la vie dans la société capitaliste - solitaire, consacrée à un travail répétitif et sans signification, mangée par le désir de réussir, et récompensée par la seule consommation. J'étais heureux de charger la barque capitaliste sans sacrifier aux vieilles thèses marxistes de la misère et de l'exploitation : cependant, je n'étais qu'à moitié convaincu. Lorsque les Américains affirmaient que les hommes contemporains n'avaient plus de conscience et ne se souciaient que de se conformer à l'opinion générale (la thèse de Riesman et de Whyte), lorsqu'ils posaient que les gens étaient entièrement dominés par les agences de publicité et que les grandes sociétés fabriquaient pour eux des produits inutiles et d'une fragilité calculée (l'hypothèse de Packard), lorsque, comme Marcuse, ils s'appuyaient sur Freud pour affirmer que tout travail dans la société moderne était une pure répression de l'instinct de plaisir et que la sexualité y était limitée à la seule reproduction de l'espèce, il me semblait qu'ils poussaient la critique trop loin et « jetaient le bébé avec l'eau du bain » (expression fréquente sur les lèvres de Castoriadis, donc très en faveur chez les jeunes du groupe). Où était l'autonomie suscitée malgré lui par le système ? Où se trouvait la partie positive de la « contradiction du capitalisme », cette prise en main de leur vie par les gens ? Lorsque je considérais l'existence que je menais, le travail que je faisais, les gens que j'y rencontrais, lorsque je pensais à Danielle, la jeune femme avec laquelle je partageais mes jours désormais, je me révoltais des simplifications des Américains et du mépris qui sourdait de leurs analyses.

Je me souvenais de ces lignes de Baudelaire : « Il n'existe que trois êtres respectables : le prêtre, le guerrier, le poète. Savoir, tuer, créer. Les autres hommes sont taillables et corvéables, faits pour l'écurie, c'est-à-dire pour exercer ce qu'on appelle des professions. » La grande leçon de SouB n'était-elle pas que tout se passait dans les écuries ? Depuis que je travaillais, je me sentais y appartenir, moi aussi. Plus le temps passait, plus j'eus la certitude que, au cœur des écuries, sous mes yeux, une révolution se produisait, qui contredisait les thèses que nous rapportions. En regardant autour de moi, en écoutant les gens ordinaires, en vivant moi-même une vie ordinaire, je me rendis compte que l'on avait cessé de considérer l'existence sous l'angle antique de la souffrance, de la privation, de la contrainte. Les besoins, que l'on considérait auparavant avec suspicion - pourquoi vivre avec si l'on peut survivre sans ? - étaient en passe d'être libérés. À toute demande, l'industrie et le commerce offraient une réponse, un produit ou un service. Pour en profiter, il suffisait de travailler. Huit heures, dix heures par jour, pour un faible salaire ? Peu importe, on pouvait ainsi améliorer sa vie, accéder au confort, disposer d'une maison bien chauffée, manger correctement, mourir un peu plus tard. Telle était l'opinion de l'écurie.

La vie profonde, celle de l'âme, s'émancipait elle aussi de la sévère étreinte du sacrifice, de la peine et de la solitude. Notre Moi n'était plus cette citadelle dans laquelle on s'enfermait tristement, mais une force que l'on portait en soi et qu'il n'était que de libérer. Vivre, c'était cueillir sans cesse de nouveaux plaisirs, découvrir en soi de nouveaux dons, aller vers des nouveaux horizons, multiplier les aventures, pousser plus loin les vieux murs. Faire des enfants n'était plus considéré comme étant l'entrée dans une nouvelle vallée de larmes. La classe intellectuelle pouvait tendre une oreille sympathique à la critique de la génitalité à la Marcuse et ironiser sur la continuité de l'espèce, l'écurie, elle, s'était prise de passion pour les enfants. On les faisait en grand nombre et surtout on s'y intéressait comme à des êtres humains à part entière, ce qui n'avait encore jamais eu lieu. Nous eûmes rapidement, Danielle et moi, deux enfants. Danielle se pencha sur les œuvres du Dr Spock, célèbre pédiatre américain, à quoi elle ajouta les livres et articles de la journaliste française Laurence Pernoud : nous découvrîmes ensemble comment on élevait désormais les enfants. Pas d'énervement : faisons que l'apprentissage soit un plaisir pour nous comme pour nos enfants. Observons-les, communiquons avec eux, laissons les faire autant que possible. Ne jugeons pas : acceptons que chacun soit différent. Ne décidons pas, aujourd'hui, de ce qu'ils seront demain : ce sera à eux de choisir leur vie. « Nos enfants ne sont pas nos enfants, disait Danielle, citant Khalil Gibran, ils viennent à travers nous, mais non de nous, et bien qu'ils soient avec nous, ils ne nous appartiennent pas. »

Nous - l'écurie ! – allions faire en sorte que le monde échapperait aux malédictions qui tourmentaient depuis toujours l'éducation des enfants. La découverte faite par chacun remplacerait le calvaire de l'école : à bas la mémoire ! Pour l'art : pas d'enseignement, mais des jeux, pas de crayon ni de pinceau, mais les doigts trempés dans la peinture. Pour les mathématiques, revenir au plus simple, au calcul binaire ; remplacer la froide démonstration par l'évidence des ensembles. Pour la lecture, privilégier la perception globale : à bas l'alphabet, à bas la grammaire. Pour toutes les matières, rendre l'initiative à l'enfant, lui donner la responsabilité de s'enseigner lui-même, faire en sorte qu'il soit à la fois le maître et l'élève. La malédiction la plus amère, celle du Père écrasant sa progéniture, modelant celle-ci à son image, nous allions la vaincre, elle aussi. J'admirais follement Kafka et sa « Lettre au Père », mais j'étais persuadé que, chez nous, il n'y aurait pas une telle lettre. Nous allions, nous, élever une génération d'enfants qui seraient en relation d'égalité avec le Père, gais, entreprenants, confiants en eux-mêmes, créatifs, des enfants qui seraient aussi nos amis, nos plus proches compagnons à travers le voyage de la vie, qui porteraient des vêtements identiques aux nôtres, et avec qui nous écouterions la même musique, escaladerions les mêmes montagnes, naviguerions les mêmes océans, manifesterions pour des causes partagées.

Hier, on vivait dans l'histoire, on allait quelque part, on avançait : la vie menait dans un seul sens. Désormais la marche en avant fut accompagnée de la nostalgie du retour. Lorsque, avec Danielle, nous descendions vers le Sud dans notre deux-chevaux bringuebalante, nous avions le sentiment de revenir aux origines de l'humanité. Allongés sur le sable, dans le Midi, en Corse, sauvages redevenus, nous sentions s'évaporer les couches de conventions qui nous avaient recouverts : nous nous retrouvions enfin nous-mêmes. Le soleil, en alliance avec la nature, devint la grande cause de l'Occident. Pour qu'une maison soit agréable, il fallait la présence du soleil. Les architectes se tournèrent vers les Scandinaves qui, adonnés déjà à la religion de la vie au grand air, avaient conçu un style destiné à laisser entrer la lumière chez eux ; les matériaux de leurs maisons, bois brut et roche à peine équarrie, rappelaient l'antique relation des hommes et de la nature. La simplicité était la marque du style scandinave : celle-ci se répandit à travers l'Europe, on dénuda les murs, on remplaça les armoires par des penderies et les portes par des cloisons coulissantes, on ne s'assit plus que sur les volumes les plus épurés.

Le confort fut une autre grande cause de la révolution des mœurs. Le laisser-aller devint une manière d'être. Plutôt que les fauteuils rigides de nos ancêtres, nous voulions des sièges en mousse - une nouvelle matière - où nous puissions nous affaler et être nous-mêmes, comme nous l'étions sur le sable. Plutôt que de vivre verticalement, la tête perchée au-dessus d'une colonne vertébrale rigidifiée, plantée dans le sol, notre idéal était l'horizontalité. Lorsque Philips (puis Sony) mit sur le marché des téléviseurs portables, nous les plaçâmes aussitôt au sol, où, ayant fait le vide, nous nous étendions sur des tapis en haute laine, appuyés contre de gros coussins. Quant à nos vêtements, nous ne voulions pas les respecter comme on nous l'avait appris, ni les plier, ni les mettre sur des cintres, ni les repasser ; les deux sexes mirent des jeans, la maille, bien plus pratique et confortable, remplaça les tissages, les chaussures de tennis celles en cuir, rigides, inconfortables, réclamant des soins constants.

Au centre du changement, les femmes changèrent. Brigitte Bardot fut l'icône de cette mutation. (Quand je rencontrai Danielle, elle portait une courte jupe à carreaux vichy, une matière réservée précédemment aux tables de bistrot et aux blouses d'enfants, dont Brigitte Bardot avait lancé la mode). *Et Dieu créa la femme* (1956), permit à Vadim, le réalisateur du film et le mari de Bardot, de mettre en scène explicitement et scandaleusement (l'époque n'en demandait pas beaucoup !) l'image de la nouvelle femme. « Elle (Brigitte Bardot), écrivit Vadim quelques années plus tard, manifestait vis-à-vis du sexe une attitude entièrement nouvelle, à l'opposée de celle qui prévalait dans le cinéma auparavant. Elle n'était pas soumise, ni était-elle une putain. [...] C'était la première fois qu'un film déclarait que l'amour était un plaisir, et non un péché. La manière dont nous voyions la vie en tant que jeunes gens - spécialement notre attitude amorale vis-à-vis du sexe - était si différente que j'en déduisais que nous étions aux abords d'un grand changement. »

La littérature voulut exprimer elle aussi ce « grand changement ». La française se perdit dans des recherches qui eurent peu de partisans, le « nouveau roman » tomba des doigts : le refus de dire les choses directement s'accordait mal avec l'esprit du temps. On se rattrapa en lisant *On the road* de Jack Kerouac.

*

*   *

Publié en 1957 après des années de réécriture et de traverses, *On the road*, le plus connu des romans de Jack Kerouac, signale l'avènement des temps nouveaux tout en rappelant ceux dont on vient. C'est un livre de transition. L'ouvrage de Kerouac renoue en effet avec la grande tradition des romans américains, lesquels, de Melville et de Jack London jusqu'à John Dos Passos, ont pour héros l'Amérique elle-même, ses espaces sans limites, ses ciels immenses, ses routes qui filent à perte de vue, ses populations au sein desquelles se comptent toutes les races, toutes les couleurs de peau, toutes les langues, toutes les coutumes. *On the road* est aussi le roman d'un temps nouveau. Son style est celui de ce moment : chaotique, peu soucieux de grammaire, souvent argotique, toujours pressé - comme l'époque. Ses personnages, aucune littérature ne les avait encore jamais représentés, intoxiqués par une drogue encore plus impériale que celles qui pouvaient s'ingurgiter ou se fumer : celle du changement. Leur vie : un vagabondage parmi les possibles.

Dean Moriarty, le héros du roman (Neal Cassady dans la vie réelle), incarne ce nouveau type humain. Sorti d'une maison de redressement à la suite d'années de larcins, Dean se trouve à New York pour qu'on lui explique Nietzsche et comment écrire. Sal Paradise (Jack Kerouac), écrivain qui tente de compléter son premier roman, l'observe, fasciné : c'est un tourbillon imprévisible qui s'émerveille à tout propos et « dig » (creuse) constamment, « dig » les gens, jette à l'un : « Oui, oui, oui, tu es dans le mille », à l'autre : « Continue, tu es formidable », « dig » les femmes, les idées, les auteurs, « dig » le jazz qu'il écoute, transfiguré, les yeux hors de la tête, le front perlé de sueur, encourageant les musiciens par une litanie de « blow, blow, blow » (soufflez !) avant de sombrer, les bras en croix, parmi tables, chaises, bouteilles et jambes, boit comme un trou, fume tout ce qu'il peut et surtout du « thé » (marijuana), se précipite d'un endroit à l'autre, lance un projet, puis un autre, toujours hors de lui, ne connaissant qu'une manière d'être : le mouvement. Pour Sal Paradise qui n'est qu'intériorité, doute, et hésitations, cet homme tout en extériorité exubérante, éclipse le livre sur lequel il s'épuise. Il promet de passer par Denver où habite Dean, le printemps suivant, lorsque le « bug » (la puce) du mouvement l'aura mordu.

On en arrive à la première des quatre traversées de l'Amérique relatées par *On the road*. Parti en stop, l'écrivain se livre au vent et à la pluie sur le bord des routes, se jette sur les bancs des stations de bus où il peut s'étendre et dormir, et surtout observe les gens qui, comme lui, se déplacent à travers l'immensité américaine : étudiants en goguette, vagabonds allant vers le chaud, ouvriers cherchant du travail, soldats, marins, femmes en fuite, prisonniers libérés dans leur costume tout neuf offert par l'Administration, chauffeurs de camion, représentants de commerce, agriculteurs. Sal les « dig » comme Dean lui a appris, note leurs noms, leurs répliques, leur histoire. Intéressantes ces histoires ? Non, mais c'est justement là leur intérêt : Sal exprime le nouveau génie de l'époque - le génie de trouver du génie partout.

Dean est à Denver, avec une partie du groupe des étudiants de Columbia qu'il a connus à New York, dont Carlo Marx (le poète Allen Ginsberg). Il vit avec deux femmes, dans deux quartiers, se passionne pour tout et pour tous, parle sans cesse, se saoule avec Carlo Marx, quand tous deux ne sont pas occupés à se dire tout, assis l'un face à l'autre, se remémorant l'intégralité des mots qu'ils ont échangés depuis qu'ils se connaissent, récapitulant la gamme des sentiments qu'ils ont ressentis réciproquement. Le remue-ménage est tel que Sal ne peut guère approcher Dean. Il continue son voyage, passe à San Francisco, où l'attend un ami avec lequel il devait s'embarquer comme matelot sur un navire de commerce, se retrouve à Hollywood où il place et reprend un scénario, tombe amoureux d'une jeune femme d'origine mexicaine, vit avec elle dans un village de toile de migrants, tente de participer à leur travail, puis, le « bug » ne le mordant plus, quitte l'amour de sa vie et revient à l'Est.

Une année passe. Sal est en visite chez sa sœur en Virginie, avec sa tante. Arrive Dean, crasseux, le t-shirt taché, le pantalon pendant sur les hanches, se caressant sans façon le ventre, une fontaine de paroles. Consternation dans la famille. Apprenant que la tante doit déménager une partie de son mobilier, Dean se propose aussitôt de remonter à New York pour faire l'opération : aussi dit, aussitôt fait, c'est le début de la seconde traversée. Pendant que le pneu gauche de la voiture, lancée à son maximum, suce la ligne jaune, Dean, au volant, jubile : « Nous laissons la confusion et le non-sens derrière nous et réalisons l'unique et noble fonction de ce temps : nous bougeons ! » La besogne faite, on repart pour le Texas, pour rendre visite à Old Bull Lee (l'écrivain William Burroughs) que Kerouac décrit ainsi : « Old Bull avait sept personnalités, chacune pire que l'autre… en haut se trouvait un lord anglais, en bas un fou furieux. » De Dean, on ne pouvait en dire autant : impossible de le segmenter d'aucune manière. Cependant Sal note, surpris, que l'explosion ambulante, insécable, qu'est Dean, est de plus en plus balbutiante. Le voilà qui s'enthousiasme d'une personne dont il vient de faire la connaissance : « Si tu l'aimes, tu saisiras finalement ça ! - Quoi :

ça ? - Je te l'expliquerai, maintenant le temps manque. » Sal s'interroge : se trouve-t-il, derrière les balbutiements de Dean, une vérité qu'il n'arrive pas à articuler, derrière son agitation, la poursuite d'une béatitude qui lui échappe ? Dean : vagabond mystique ? Saint moderne ?

Une autre année passe, c'est la troisième traversée de l'Amérique. Sal a un peu d'argent, venant de la liquidation de sa bourse de soldat : il décide de s'installer à Denver. Paysages, routes, ville, personnages : Sal, comme d'habitude, note tout, restitue tout. Dean n'est pas à Denver. Avant de continuer vers San Francisco, Sal se promène dans le quartier noir de la ville. « Le mieux que le monde blanc a à donner n'offre pas assez d'extase pour moi, pas assez de vie, de joie, de coups de fouet, de musique, de nuit. » Il rêve d'être un noir. Pensée morose qui ne serait jamais venue à l'esprit du Dean des années précédentes. Sal retrouve celui-ci à San Francisco, ratatiné, coincé entre ses deux femmes, le pouce entamé au tiers et entouré d'un immense pansement noirci. Avant, tout lui appartenait : sa folle énergie, son enthousiasme infini, sa confiance illimitée en lui-même lui permettaient de faire ce qu'il voulait du monde ; maintenant c'est lui qui appartient au monde, il file doux, prend les choses comme elles sont, se tait : « As-tu remarqué que je parle moins ? » Lui qui séduisait qui il voulait (et il voulait séduire tout le monde) ne séduit plus. Camille, l'une de ses femmes a qui il a fait un enfant, l'a mis à la porte. Un cousin avec lequel il était très lié par des souvenirs d'enfance veut le rencontrer - joie de Dean ! Mais c'est pour lui faire signer des papiers relatifs à la famille. « Je ne crois plus en toi ! » dit lapidairement l'ami d'enfance. La signature obtenue, il lui tourne le dos. Un vieux copain, fermier, le reçoit sans affection, regardant avec méfiance la Cadillac flambant neuve que nos deux héros doivent convoyer à Chicago : Dean, toujours mystificateur, explique que la voiture appartient à Sal. Le copain hoche la tête, froidement : Sal comprend qu'il n'avale pas le mensonge et juge que la voiture a été volée. Lui aussi a perdu confiance en Dean.

Le cœur de Sal se serre : « Jamais le diable n'est tombé aussi bas ! » Avance rapide de quelques mois. : nos deux héros vivent à New York. Dean travaille dans un parking à Manhattan. Il a une nouvelle femme, qui attend un enfant. Lui qui s'abîmait dans l'action, dans n'importe quelle action, maintenant rêve : « L'été prochain, articule-t-il, nous vivrons dans une ferme en Pennsylvanie… station-wagon pour me donner un peu de plaisir à New York… belle maison… dans les années à venir, une tapée d'enfants. » Pourtant, comme Sal, il a encore le « bug » : si le monde l'appelle, il répondra à la convocation. « Ma valise est toujours sous le lit, je suis prêt à partir ou à être jeté dehors. » Mais ce n'est plus lui qui prendra l'initiative : « J'ai décidé de ne plus rien contrôler. » Sal, qui a fini et vendu son livre, décide de découvrir le Mexique. Nouvelle traversée de l'Amérique, nouvelles nuits au bord des routes, nouvelles connaissances, nouveau journal de voyage. Dean le rejoint à Denver : il a vidé son compte en banque et acheté une voiture. Les voilà traversant un autre monde : chaleur, gentillesse et nonchalance de la population mexicaine, foule de putains le long des murs, vendeurs de « thé » en abondance, présence constante de la musique. Dean, qui croit renaître, s'injecte une dose d'enthousiasme, s'extasie sur « la douceur inimaginable » du pays, de son air, de ses habitants et de ses mœurs, et admire qu'il n'y ait là « aucune suspicion ».

Les dernières scènes du roman montrent Dean, qui a fixé ses errances à Denver, rendant visite à Sal à New York. Pourquoi cette rencontre ? Sur ce sujet, comme sur d'autres, Dean est muet : « Je ne sais plus parler… mais tu vois, il n'est plus nécessaire de parler… » Il montre à Sal une flûte en bois dont il a joué sur les divers trains qu'il a empruntés pour traverser le pays : le grelot incertain de l'instrument a remplacé la parole. Sur la table, il a posé le Proust taché que Sal lui connaît depuis longtemps : « Ah Proust, il m'a appris tant de choses… si je te les disais ! ». *On the road* se termine ainsi par une évocation de la *Recherche du temps perdu* : ce n'est pas un hasard. Proust comme Kerouac ont tous deux comme matériau unique leurs propres souvenirs. L'un comme l'autre ont voulu ressusciter le passé et saisir le lent mouvement par lequel le temps fait des hommes de vagues contrefaçons de ce qu'ils partaient pour être ou encore, comme Kerouac l'écrit dans les dernières lignes de son livre, des « rags » (guenilles). On ne domine pas le temps, même quand on déclenche la fureur de la liberté. Cependant, on peut écrire un livre qui rende honneur à ces contrefaçons et à ces guenilles : c'est ce que firent Proust et Kerouac.

*

* *

La manière et le fond de Kerouac contaminèrent les jeunes cinéastes, non nécessairement que ce fussent ses disciples, mais parce que l'époque parlait à travers lui. Il s'agissait d'être « vrai », et que la liberté du réalisateur fasse exploser la croûte de conventions, de préjugés et d'hypocrisie qui emprisonnaient le réel. Le film de Jean-Luc Godard, *À bout de souffle*, m'enthousiasma. La « vraie vie » y était présente, tout au long : on feuilletait de vrais journaux, on écoutait de vraies émissions de radio, on marchait dans de vraies rues, on vivait dans de vraies chambres d'hôtel. Mais ce qui m'impressionnait encore davantage était la vérité du caractère central, joué par Belmondo : « Belmondo est le seul qui soit à l'aise dans sa peau. Il ne trahit personne, parce que finalement il ne croit en rien suffisamment pour pouvoir le faire. Il ne vole pas : il se sert des choses et les abandonne. Il ne joue pas la comédie parce qu'il n'a aucun personnage à jouer, aucune position sociale à défendre et à représenter. Il ne cherche pas à établir une image de lui-même. » Il me semblait que ce personnage représentait l'essence de la jeunesse contemporaine, et je voyais là la raison du succès de l'œuvre de Godard : « Depuis qu'on fait du cinéma en France, c'est la première fois qu'une fraction de la population se retrouve dans un film. » Mes amis et moi fûmes aussi sensibles à la forme d'*À bout de souffle* : tournant la caméra à l'épaule, délivré du souci de la belle image, montant à la va-vite, comme s'il s'agissait d'un reportage de guerre qui venait du front et qu'on était pressé de projeter, Godard indiquait une nouvelle direction pour le cinéma, plus pur. (John Cassavetes avait déjà réalisé *Shadows*, le premier film de cette nouvelle tendance, mais nous ne le connûmes que plus tard).

La photographie voulait elle aussi représenter le réel de la manière la plus authentique, la plus rude, lavée de tout préjugé. Mon ami de pensionnat, François Weulersse, m'initia aux nouveaux appareils de photo à visée directe et au maniement des cellules photo-électriques. C'était un garçon grave, de peu de paroles, d'une sincérité totale, un paquet de muscles ; quelques années plus tard, avec l'équipe qui tournait l'émission « Cinq colonnes à la une », il chassait à travers la planète cette réalité qui nous fascinait. (Il fut également l'un des créateurs de la caméra 16mm Aaton, instrument conçu pour capter le réel dans son immédiateté.) François me communiqua sa passion d'images crues, saisies dans la seconde, prises dans une lumière incertaine, cadrées comme si le photographe n'avait pas eu le temps de mettre l'œil au viseur, ayant eu à peine celui de se cacher dans l'encoignure d'une porte afin de se protéger des balles. François m'apprit à aimer les pellicules ultra-sensibles, à gros grains. Lorsque nous tirions nos photos nous-mêmes, dans sa salle de bains obscurcie, nous nous arrangions pour que l'image qui émergeait des bains offre les contrastes les plus sévères. Baudelaire, s'agissant de l'un de ses poèmes, disait qu'il aurait voulu faire « encore plus affreux ». Il semblait que c'était là le vœu de Robert Frank, le photographe des beatniks, ou de William Klein : leur parti prix de laideur nous enchanta - à bas le beau, vive ce qui scandalise et fait passer un frisson le long de la colonne vertébrale !

Le jazz exprima, à sa manière, la nouvelle sensibilité. La plupart d'entre nous n'avaient pas de culture musicale (c'était mon cas) et n'auraient pu expliquer ce que faisaient exactement les Charlie Parker, Lester Young, Dizzie Gillespie et autres musiciens du be-bop. On sentait cependant que cette nouvelle forme de jazz, qui accélérait le rythme et augmentait le débit des notes, laissait à l'improvisation un champ plus vaste, déliait le musicien et nous libérait, nous aussi, les auditeurs, nous permettant soit de voyager avec lui à travers les paysages qu'il explorait, ayant lâché la mélodie, soit de suivre notre propre chemin, restant froids, bien enfermés en nos propres rêves, attendant sans impatience, comme Proust écoutant la composition de Vinteuil, le retour de la « petite phrase », laquelle, aussitôt suggérée par le musicien, disparaissait pour qu'une autre aventure nous soit offerte. Le be-bop : musique du moi ayant lâché les amarres.

Dans cette révolution qui ébranlait le monde, le travail lui aussi changea. Dans son roman *Drôle de jeu* (1946) l'écrivain communiste Roger Vailland, ancien surréaliste, attribue au héros de son roman, le résistant Marat, cette pensée désastreuse : que la révolution, après la Libération, rate son coup, que les trusts contrôlent la gauche, que, s'agissant des ouvriers, « on leur donne huit jours de congés payés pour qu'ils restent tranquilles ». À la place du militant qui transforme l'usine en champ de bataille, se présente, selon ce scénario catastrophique, un triste personnage : l'ouvrier « qui veut s'en sortir, qui rampe, lèche ou ruse pour devenir contremaître ou chef de rayon, chef de bureau, épicier en gros », et n'a pas d'autre ambition que de « s'acheter une minable bicoque en banlieue ». Mais ce n'est là qu'un mauvais rêve, Marat s'en débarrasse en lisant les célèbres mots prononcés par Xénophon à l'attention des mercenaires grecs abandonnés en pays perse, les Dix-Mille : « Aucun homme n'est adoré par vous comme étant votre maître. » Le militant ouvrier ne garantit-il pas que le prolétariat, conduit par ses Xénophons, ne courbera jamais le dos devant ses maîtres ? Voilà que, quinze ans plus tard, les craintes de Marat-Vailland se vérifient, mais partiellement. Si l'ouvrier militant disparaît en faveur de celui qui veut s'acheter « une bicoque en banlieue », l'usine ne se peuple pas pour autant de dos courbés : au contraire, on s'y redresse. Le théoricien de ce redressement des dos au travail fut Peter Drucker.

*

* *

En 1937, un homme, jeune encore puisqu'il lui manque encore deux ans pour atteindre la trentaine, arrive aux États-Unis : c'est Peter Drucker. Né à Vienne dans une famille protestante et bourgeoise, il a appris le droit international à l'Université de Hambourg tout en combinant ses études avec l'analyse financière pratiquée dans une banque d'affaires et le journalisme. Après l'arrivée au pouvoir des nazis, il s'installe en Angleterre, où il suit des cours à Cambridge, notamment ceux de l'économiste John Maynard Keynes. Le voilà maintenant mettant le pied sur le continent nord-américain.

En Allemagne, Drucker a observé la montée du nazisme. Dans ses mémoires, il raconte ceci. L'un de ses collègues d'Université, à

Hambourg, lui rend visite. On est en 1933 : Hitler arrive au pouvoir. Le camarade est heureux. Tout comme Drucker, il n'est pas dépourvu de réticences à l'égard du nazisme : mais il possède la carte du parti national-socialiste avec un très petit numéro, indiquant une ancienne appartenance. « Grâce à mon numéro, se réjouit l'étudiant, ma carrière est faite. » Drucker va emporter avec lui ce souvenir des « petits numéros ». L'une des raisons du succès du nazisme, comprend-il, c'est qu'il offre à chaque Allemand non seulement une fierté, celle d'appartenir à une nation respectée par les autres, mais aussi une chance : la chance de pouvoir grimper dans la hiérarchie et de se faire une place dans le système. Drucker n'oubliera jamais cette leçon : une institution sociale, quelle que soit sa nature, doit apporter quelque chose à ses membres qui nourrisse plus que l'estomac.

Dans ses bagages, Drucker a emporté le manuscrit de son premier livre : *La Fin de l'homme économique*. L'idée en était populaire dans les milieux intellectuels : l'homme n'est pas, comme on le croyait au 19e siècle, animé seulement par l'appât du gain, il cherche d'autres avantages. C'est ce que Hitler et Staline ont compris : d'où leur succès. Le livre est publié rapidement et connaît un certain succès. Il faut un autre sujet a Drucker : ce sera la critique des entreprises américaines qui, elles, n'ont pas encore compris la leçon des « petits numéros », ne perçoivent leurs salariés que comme des « hommes économiques », ignorent leur besoin d'appartenance, de fierté, de sens. Drucker n'a pas la moindre expérience de la vie industrielle, n'a pas mis le pied dans la moindre usine, est un émigré de fraîche date : mais il a du culot. Le voilà donc qui, sur la réputation de son livre précédent, publie sa critique de l'industrie américaine sous le titre de *The Future of industrial man*. Le cœur de son livre réside dans la démonstration qu'il existe une contradiction absolue entre les valeurs américaines - indépendance d'esprit, autonomie, initiative, sens de la communauté - et la glaciale organisation de l'usine américaine, où l'homme n'est qu'un élément secondaire de la chaîne de production, et où sévissent discipline, subordination, stricte exécution des ordres, isolement de chacun.

The Future coula comme une pierre au fond d'un puits. Du monde universitaire tomba un jugement sévère : un ouvrage de journaliste - « journaliste » : l'une des pires critiques qu'un universitaire puisse adresser à un auteur. Or Drucker, pour gagner sa vie, avait en effet repris le métier de journaliste au sein du groupe Time-Life : il lui fallut y retourner, abandonnant son rêve de devenir un des grands esprits du temps. Un jour cependant, un coup de téléphone bouleversa sa vie. Au bout du fil, un homme déclara que lui-même et ses collègues avaient été fort intéressés par le livre de Drucker. Ils se posaient des questions identiques à celles qu'il soulevait lui, Drucker, sur la gouvernance des grandes entreprises et la relation de ces entreprises avec la société. L'auteur aurait-il le temps de jeter un coup d'œil sur le groupe auquel cet homme et ses collègues appartenaient ? L'interlocuteur de Peter Drucker était Donaldson Brown, l'un des grands patrons de General Motors, le plus grand fabricant d'automobiles au monde et l'une des plus importantes firmes américaines.

En plongeant dans la vie quotidienne de l'empire qu'était General Motors, avec ses 500.000 salariés, la moitié ayant été recrutés pour faire face à la production de guerre, et ses 500 managers de premier et de second rang, avec ses centaines d'usines, de bureaux, de laboratoires, d'agences, Drucker, découvrit le principe de la décentralisation. La General Motors n'était pas une pyramide, en effet, comme c'était le cas pour la plupart des sociétés américaines, mais une fédération, avec, au centre, un gouvernement fort, et, localement, des départements autonomes. Les managers que Drucker interviewa, lorsqu'il fit son bilan du groupe, n'étaient pas là pour faire exécuter des ordres tombant du haut, mais pour atteindre certains résultats. Ils possédaient des budgets, des moyens, une zone d'autonomie : c'était à eux d'utiliser ces éléments comme ils l'entendaient. Il leur fallait choisir, risquer, avoir peur, s'enthousiasmer, engager leur propre sort et entraîner d'autres hommes derrière eux. Bref, c'étaient des hommes parmi les hommes, pas les rouages d'une machinerie. Drucker conceptualisa ses observations dans un nouveau livre, *The Concept of the corporation*. Toujours culotté, il affirma que G.M. aurait pu aller plus loin, découper l'entreprise en des tranches plus petites, pousser responsabilité, chance d'initiative et sens de l'appartenance plus bas, et faire de chacune des divisions du groupe une véritable communauté humaine, ce que, selon lui, elles n'étaient pas. Les dos courbés étaient moins nombreux chez G.M. qu'ailleurs : Drucker aurait voulu qu'il n'y en ait plus du tout. (Les patrons de General Motors, dont Alfred Sloan, le « big boss », ne lui pardonnèrent pas ce jugement et, après la publication du *Concept*, rompirent tout lien avec lui)

The Concept of the corporation fut le premier grand succès de Drucker. Son livre répondait à l'esprit du temps. Un million de jeunes gens revenaient d'Europe et du Pacifique où beaucoup s'étaient comportés en personnes responsables. Pour survivre, pour aider leurs copains ou leurs hommes, pour faire reculer l'ennemi, ils avaient puisé en eux. Ils cherchaient l'occasion de trouver, au travail, l'occasion de pouvoir continuer de puiser en eux, pareillement. Rien ne leur répugnait plus que de rentrer dans le rang et de retrouver, à la chaîne, derrière le comptoir, à leurs bureaux, la posture de l'exécutant.

De grandes industries américaines furent sensibles à cette demande venant du front. Ford en fit partie. L'empire d'Henry Ford périclitait. Après avoir occupé le premier rang dans l'industrie automobile, possédant les deux tiers du marché, le groupe était tombé, avant la guerre, à un rang beaucoup plus modeste. Henry Ford dirigeait la compagnie qu'il avait créée d'une main de fer, prenait toutes les décisions, embauchait et sacquait à sa guise. Pour l'aider, il avait non un état-major, mais une police, des espions, des agents doubles. Sa haine des managers était proverbiale : il les voyait comme une charge inutile et s'il en avait besoin dans l'instant, s'en défaisait aussi vite que possible. Le client était, lui aussi, un sujet d'agacement. Durant les années quarante, il apparut que, sous la direction de Henry Ford, la compagnie allait à sa perte. Le fils unique d'Henry Ford, Edsel Ford, à qui son entourage attribuait la capacité de redresser la compagnie, mourut du cancer en 1943. La famille imposa à la direction de la compagnie l'aîné des fils d'Edsel, Henry Ford II, qui accéda à la présidence de Ford en 45, à 28 ans. Le jeune homme comprit immédiatement que la compagnie devait mettre une croix sur le système despotique et policier du grand-père. La seule chance pour Ford était d'imiter le concurrent et désormais leader, G.M..

Ce fut chez Ford une immense révolution. Les séides d'Henry Ford, dont son directeur de police, furent licenciés, la compagnie fut morcelée en unités autonomes, on créa une direction forte, centralisée, chargée comme chez G.M. de définir les objectifs et de préparer l'avenir. Henry Ford II comprit que l'essentiel était encore loin : ce qu'il fallait changer dans son groupe ce n'était pas seulement les structures, mais aussi les mentalités. Il s'adressa donc à Drucker. Par son livre, qu'il était fortement conseillé aux cadres de lire, par le biais de ses entretiens et de ses séminaires, Drucker aida un vent de liberté à souffler à travers les divisons de Ford. Pendant que le groupe changeait, d'autres sociétés changeaient elles aussi, les unes après les autres. Elles modifiaient leurs structures, réformaient leur style de direction, sabraient les échelons hiérarchiques, poussaient la prise de décision le plus près possible du niveau de l'exécution des tâches. Cette renaissance de l'initiative au sein de l'industrie américaine atteignit rapidement l'Europe : comme en Amérique, les dos courbés y furent moins nombreux.

*

*   *

Enthousiasmés par la révolution des les mœurs qui avait changé leur vie, les Européens furent cependant loin d'être indifférents à l'expansion de la bienveillance de l'État et à la croissance de sa bureaucratie. La constitution d'une retraite pour chacun, le remboursement des frais de maladie, le paiement des jours de chômage, mesures que l'Angleterre et la France adoptèrent dès la fin de la guerre : qui pouvait protester contre cela ? Qui aurait senti que se mettait en place un système de déresponsabilisation, lequel, une fois installé, s'étendrait à bien d'autres secteurs de la vie ? Tout était fait pour qu'on ne comprenne rien à l'arrivée de la nouvelle dictature douce.

Le vocabulaire lui-même créait la confusion et relevait du « newspeak » du *1984* d'Orwell. On appela « assurance » ce qui n'était aucunement une assurance au sens traditionnel du terme. Une assurance était un contrat que l'on signait librement avec un assureur choisi parmi d'autres, et que l'on pouvait, d'ailleurs, ne pas signer du tout (sauf en ce concernait la possession d'une auto) ; l'Assurance sociale, elle, était obligatoire, s'imposait à chaque salarié et le mettait en présence d'un organisme unique, la compétition étant inexistante et impossible la recherche d'un meilleur service. Une assurance banale comportait des conditions diverses, des remboursements différents correspondant à des tarifs particuliers ; l'Assurance sociale ne se négociait pas, on payait ce qu'elle disait et on avait le service qu'elle avait décidé de donner.

Nous étions en général persuadés (dans la mesure où le sujet nous intéressait !) que les montants déduits de notre salaire au titre de la retraite formaient, progressivement, un capital dont on pourrait bénéficier à la fin de sa vie, de « l'argent mis de côté pour nos vieux jours » (si nous devions y arriver, ce à quoi, nous, les jeunes, ne croyions pas !) Je n'ai jamais rencontré, à cette époque, quelqu'un se rendant compte que les montants déduits de nos salaires filaient immédiatement au règlement des retraites en cours, ni quiconque ayant compris que chaque génération payait les retraites de la génération d'avant, avec l'espoir que celle qui suivrait la sienne, lorsqu'elle serait elle-même à la retraite, pourrait continuer ce jeu. La retraite que l'on déduisait de nos salaires, c'était celle des autres, pas la nôtre.

Autre exemple du « newspeak » orwellien : la « part patronale ». Nos cotisations sociales étaient minimes, nous le constations en voyant nos feuilles de paie : c'était, nous disait-on, le patron qui payait la plus grande part de notre « assurance ». En réalité par « part patronale » il fallait entendre « notre part payée par le patron ». En effet, cette part était prestement déduite de notre salaire avant que la feuille de paie ne soit imprimée. Mieux valait, devaient penser nos bienfaiteurs, masquer l'ampleur des montants déduits de nos salaires - plus d'un tiers ! Mieux valait éviter que des salariés, notamment les jeunes, puissent se dire qu'après tout, ils se fichaient bien de leur retraite et de leurs futures et rares maladies et en viennent à réclamer que leurs salaires soient augmentés de moitié.

La bonté de l'État anesthésia le public ; SouB était anesthésié, lui aussi. Alors que nous disions constamment que l'on devait prendre sa vie en main, et que le but de la révolution était de faire en sorte que ce soit le cas, jamais nous ne nous sommes penchés sur l'Assurance sociale comme un exemple de désappropriation de la responsabilité. Les lignes suivantes auraient pu être de nous, mais ne le furent pas : « Si les gens ne pouvaient exercer aucun choix sur des sujets concernant certains des aspects les plus importants de leur vie, tels que leur santé, leur emploi, leur domicile ou leur retraite… ; si certains services devenaient le seul domaine de l'Etat et si certaines professions - dans la médecine, l'éducation, les assurances - existaient seulement comme des hiérarchies bureaucratiques », alors concluait l'auteur, c'était bien qu'une autorité extérieure, tournant totalement le dos à la démocratie, décidait arbitrairement du sort de la population. Ces lignes furent rédigées par l'économiste libéral anglais-autrichien Friedrich von Hayek, auteur de *La route de la servitude* (publié pendant la guerre et traduit en français en 1945) et de « *La constitution de la liberté* (sorti en 1960, traduit en 1994, dont est tirée cette citation).

Ainsi se noua en Europe l'étrange mariage de la liberté et de la servitude, douce, bienveillante servitude dont les rets, au fil des ans, s'étendirent à tous les domaines. Tandis que beaucoup, dans leur vie privée, couraient au-devant du danger et du risque, y voyant le prix de la liberté, les acceptant aussi dans leur travail, l'État fabriqua à tour de bras des dépendants et répandit son aide à gauche et à droite, à l'aide d'une bureaucratie de plus en plus nombreuse : aide administrée parfois de force non seulement à ceux que la vie avait mal traités, mais aussi à ceux qui étaient fort capables de se tenir sur leurs deux jambes ; aide aux parents ; aide aux élèves et aux étudiants ; aide aux artistes ; aide aux sportifs (y compris aux alpinistes dont j'ai décrit les exploits) ; aide à ceux qui étaient nés avec une certaine couleur de peau, dans certains quartiers, avec tels goûts sexuels ; aide à la myriade d'associations qui se formèrent pour recevoir les subventions de l'État ; aide à la moindre fête organisée par la plus modeste commune, autour du thème le plus dérisoire - et une myriade d'autres aides encore qu'il faudrait un bottin téléphonique pour répertorier.

Un Européen à personnalité dédoublée vint à naître : mi-adulte explorant avec enthousiasme les avenues de la liberté, mi-enfant timoré s'enfonçant dans les jupes de maman-État et qui ne se souciait pas du coût, humain et financier, des caresses ainsi reçues, combinaison que SouB ignora bien qu'elle annonçait une crise qui, un demi-siècle plus tard, devait commencer de submerger ce à quoi le groupe croyait le plus profondément - la responsabilité des hommes face à leur vie.

CHAPITRE 12 : L'ENVOL DU PHÉNIX

La dernière scission : enfin seuls ! - Recommencer la révolution ! - Charivari dans la revue - Absence de ligne - Castoriadis prépare son envol - Marx exécuté une nouvelle fois - Critique du savoir absolu - Qu'est-ce qu'une société ? Un imaginaire partagé ! - Renverser l'imaginaire capitaliste - Le délire hiérarchique - Autres délires capitalistes - Proust : les déambulations de l'amour mourant - Mes hésitations - Retour à l'alpinisme - Dissolution du groupe - Disparition de la classe ouvrière, superficialité des intellectuels, immaturité de la jeunesse : on ferme la maison - Les deux tendances de « Socialisme ou Barbarie » : curiosité et constructivisme - La fenêtre se ferme - Tout vient des gens.

*

* *

Enfin seuls ! Après le départ des gens de Pouvoir ouvrier, nous pouvons continuer notre chemin ! La revue, qui est désormais totalement la nôtre, annonce, sous le titre de « Recommencer la révolution », que la lutte continue. La scission était indispensable. Les Végas, les Lyotard, les Souyri se croyaient encore en 1917, ignoraient tout des transformations du capitalisme : nous allons reprendre le combat sans être arrêtés par ces hommes-cavernes, par leurs pensées en forme de stalactite. Les pieds soulevant la cendrée de la piste, nous jaillirons de nos starting-blocks, légers et triomphants.

Toute séparation donne la chance de revenir au point de départ et de retrouver l'énergie des commencements. L'homme divorcé, la femme qui refait sa vie, se louent un appartement de célibataire, ouvrent leurs vieux carnets d'adresses, jouissent, le matin, de prendre leur petit-déjeuner au bistrot du coin, et assis au soleil, le café crème fumant sous le nez, revivent leur jeunesse. Pour nous aussi, c'était revenir aux premiers temps de SouB, renouer avec l'audace des premiers temps. Plus de manœuvres obscures au sein d'une organisation divisée, plus de stations épuisantes et inutiles devant des portes d'usine, à tendre des brûlots à des mains qui s'écartaient ! Nous retournions à la pensée, avec la mission de faire éclater la vérité.

En 1949 il s'agissait de dénoncer les mystifications du stalinisme. En 64 il fallait combattre l'illusion de la vie privée (ou, comme nous disions : de la privatisation) et de la consommation. En 49 nous parlions aux ouvriers « évolués », exclusivement. Depuis, des millions de tertiaires avaient envahi usines et bureaux, noyant les manuels de leur nombre. La jeunesse avait crû en nombre et en importance, elle rejetait le monde des adultes ; les écoles et universités étaient devenues des foyers de révolte. Les femmes ajoutaient leur mécontentement au mécontentement général. Notre public avait explosé.

En 49, la crise du capitalisme se circonscrivait dans les usines. Depuis, elle s'était généralisée. Elle atteignait maintenant la société entière et posait la question du sens non seulement du travail, mais de l'existence elle-même dans tous ses départements.

À la création de SouB, la division au sein de la société paraissait claire, évidente : en haut, un petit nombre de dirigeants, en bas la masse ouvrière, et, sur la touche, les autres. En 64, il n'y avait plus d'« autres » : tout le monde était dans le coup, quelques-uns en haut, avec les dirigeants, d'autres tout en bas avec les purs exécutants, un grand nombre se trouvant à cheval sur la frontière, exécutants vis-à-vis des échelons supérieurs, dirigeants vis-à-vis de ceux d'en bas. Or tous ceux-là, ces cadres intermédiaires, qu'on aurait confondus autrefois avec les dirigeants et les capitalistes, étaient en réalité tout aussi bien du côté des exécutants. Ils vivaient les mêmes problèmes qu'eux, ressentaient la même crise, éprouvaient le même dégoût.

Il nous sembla qu'un immense vent soufflait désormais et qu'il emplirait nos voiles. « Recommencer la révolution » décrivit la tourmente qui allait faire filer notre barque : « caractère inhumain et absurde du travail » - « monstruosité de la hiérarchie et son absence de justification » - « énorme gaspillage dû à l'incapacité des dirigeants » - « délabrement des communautés » - « déshumanisation des rapports entre les individus » - « monstruosité des villes » - « double oppression imposée aux femmes et aux jeunes ». Il y avait à faire !

Cependant, malgré nos efforts, la revue ne fut plus, pendant les deux dernières années de son existence, que l'ombre de ce qu'elle avait été. On ne détruit pas l'amitié sans en payer le prix, ni ne dénoue-t-on les liens de l'affection sans perdre une partie de son âme. Les « anti-Tendance » avaient l'esprit étroit, mais au moins maintenaient-ils le groupe et la revue sur une ligne. Après leur départ, Socialisme ou Barbarie partit dans une danse d'homme ivre. Notre idée était d'en faire un organe exprimant la crise « globale » de la société ; nous voulions aussi nous adresser à d'autres rédacteurs que ceux venant du groupe. Le résultat fut un fourre-tout, avec du bon, du prometteur, du mauvais, du très mauvais, et surtout de l'incohérent.

Le premier numéro d'après-rupture de la revue, le 36e, fut un exemple de ce charivari. Son sommaire annonçait cinq articles majeurs : un texte de Castoriadis, la relation d'un combat de paysans brésiliens, un texte sur la jeunesse, un extrait de roman, et une étude sur un moment de la révolution russe.

« Marxisme et théorie révolutionnaire » de Castoriadis était le début d'un texte qui finit par prendre les dimensions d'un livre et s'étendre sur les cinq derniers numéros de la revue : c'était, comme nous le verrons plus loin, son adieu au groupe et à la politique. « Impressions du Brésil » de Benno Sarel, ancien membre du groupe, auteur d'articles sur l'Allemagne de l'Est parus dans la revue, marquait une différence avec ce que nous publions habituellement (à l'exception des textes de Mothé.). Vif, relatant une expérience réelle de Sarel, procédant par images plutôt que par des énoncés théoriques, il faisait vivre sur la page le meneur paysan, le revolver à la hanche, rapace, le syndicaliste quelque peu suicidaire, les enfants assis au sol d'un restaurant populaire à qui les clients jetaient leurs restes, le chanteur aveugle passant entre les tables. Autre caractère nouveau et réjouissant de ce texte : il ne donnait pas de leçon et ne tirait aucune conclusion.

L'extrait de roman relevait de la même veine réaliste. *La vie dans le Palais de Cristal*, c'était le titre du roman, avait pour auteur l'américain Hal Harrington que personne à SouB ne connaissait (dans mon souvenir, au moins). Harrington, comme je le découvris bien plus tard, était lié aux écrivains beatniks et à Kerouac. Sous le nom de Hal Hingham, *On the road* donne une description assez poignante de cet homme haut et filiforme, silhouette à la Giacometti, « disant toujours des choses drôles » et qui « détournait la tête quand il vous parlait ». Après l'avoir tapé de cinq dollars, Kerouac (Sal) et Cassady (Dean) le quittent : « C'était triste, écrivit Kerouac, de voir ce long corps s'effaçant dans l'obscurité tandis que nous le quittions, lui et tous les autres, à New York et à la New Orléans : ils se tiennent de manière incertaine sous d'immenses cieux, tout est noyé autour d'eux. Où aller, quoi faire, pourquoi ? Dormir ! » L'auteur de *La vie dans le Palais de Cristal* (et d'autres romans), avait sans doute moins de doutes sur ce qu'il voulait faire que Kerouac ne lui en prêtait. L'extrait publié par la revue montrait un esprit sarcastique dont la démarche était claire : critiquer en louant exagérément.

Le narrateur travaille dans une puissante société, « l'une des plus importantes des États-Unis » dont on ne pouvait dire, il le reconnaissait avec un certain regret, que du bien. On y jouissait des avantages les plus enviables en matière d'assurances maladie, de retraite, de sécurité de l'emploi, de conditions de travail. Les patrons étaient « de braves types », les collègues plus qu'agréables. Tout se discutait et se décidait en groupe, on ne risquait pas de s'angoisser, personne n'ayant jamais eu à faire, seul, un choix. Peut-être, se demande le narrateur, une once de tension aurait été une bonne chose, un peu d'agressivité utile, un brin d'ambition stimulant : l'efficacité de la compagnie en aurait été améliorée et la vie rendue plus excitante. Il était vrai que, en raison de la douceur qui prévalait dans les méthodes de la compagnie, celle-ci arrivait à la bonne décision avec trois ans de retard, mais au moins y arrivait-elle, ce retard n'ayant d'ailleurs nulle conséquence négative étant donné la position de monopole de la compagnie sur ses marchés. Bref on n'avait aucun souci à se faire. C'était du SouB, le sourire en plus.

En passant à l'étude sur « Les jeunes et le yé-yé » on tombait de haut. N'ayant été aidé par aucun des « anciens », l'auteur, un jeune adhérent, voulut appliquer aux mœurs de la jeunesse, ses musiques, ses danses, ses violences, le schéma classique de SouB, comme je l'avais fait moi-même quelques années auparavant, avec le Bulletin étudiant. Le twist, la nouvelle danse, était l'équivalent de la révolte ouvrière. Par son agitation, la jeunesse exprimait sa critique d'« un monde plat, où les relations humaines ont perdu toute authenticité », monde qui « n'offre rien aux hommes en dehors de l'accroissement de la consommation ». Il fallait qu'apparaissent les capitalistes manipulateurs : les voici ! Afin de désamorcer la poudrière que représentait la jeunesse, les hommes d'affaires avaient façonné des idoles bien-pensantes et une musique fade ; les marchands s'étaient jetés sur le nouveau marché de la consommation avec leurs émissions de radio et leurs revues (la plus influente des deux étant « Salut les copains »), leurs vêtements et scoubidous. Conclusion de l'auteur (qui mûrira considérablement, comme nous tous, pour devenir un estimable sociologue) : le twist et les idoles étaient à la fois l'expression de la révolte des jeunes et une arme pour contenir cette révolte.

L'étude sur l'Opposition ouvrière (une fraction du parti bolchevik), écrite par un homme qui courait les milieux d'extrême gauche, nous faisait revenir à ce dont nous avions décidé de nous éloigner : à l'hagiographie marxiste, au retour du bon temps de la révolution, celui de Trotski, de Lénine, d'Alexandra Kollontaï.

Au cours des deux années à venir, la ligne de la revue continua de zigzaguer. Qui en avait d'ailleurs le souci ? À chacune des quatre parutions à venir, l'opus final de Castoriadis coiffait un salmigondis de textes dont on voyait mal la relation avec notre intention de « dire la crise de la société ». Parmi les parutions, on trouvait de la philosophie politique (Edgar Morin : « L'homme révolutionné et l'homme révolutionnaire » et Georges Lapassade, un ancien de SouB : « Bureaucratie dominante et esclavage politique », sur la bureaucratie orientale), du reportage (« La foire de New York », description ironique d'une exposition affichant les merveilles du monde de demain, par Marvin Garson, futur leader des révoltes à l'université de Berkeley) des analyses d'événements (nous publiâmes un dossier sur les révoltes étudiantes aux États-Unis).

Deux textes seulement évoquaient explicitement les nouvelles réalités sociales. L'un, drôle et vif, un peu dans l'esprit du *Palais de cristal*, venant de Mothé, peignait le profil modernisé des cadres des services du personnel : « De Monsieur First à Monsieur Next, les Grands Chefs des Relations sociales ». L'autre était de moi : « Hiérarchie et gestion collective ». Mon cœur battait, romantiquement, pour la gestion collective tandis que ma raison argumentait en faveur de la hiérarchie. Décrivant ce dont j'avais été le témoin, je montrais que l'organisation hiérarchique de l'usine était tempérée par des relations horizontales et par des communications venant de bas vers le haut : je constatais que ce système fonctionnait fort bien. Castoriadis ne me dit jamais un mot sur cet article, qui contredisait son dogme. Que mon article, contraire aux thèses du groupe et de son leader, ait pu figurer en tête de deux parutions de la revue, sans déclencher la moindre réaction, ni réponse, ni même justifier un en-tête du style : « D'accord ... mais », prouvait bien dans quel laisser-aller se trouvait SouB.

Le seul qui aurait pu mettre de l'ordre dans la revue et lui imposer une ligne, Castoriadis, n'était plus là : son corps oui, était présent, installé derrière sa table au Tambour ou ailleurs, encadré du mur habituel de dossiers, accomplissant comme mécaniquement la fonction d'animateur suprême du groupe, orchestrant les phases rituelles : nouvelles, questions pratiques, discussions de fond. Mais Castoriadis conducteur, idéologue, phare, était absent. Signes de cette absence, ses yeux brillaient moins derrière les lunettes sans cerclage, ses gestes étaient moins vifs, les veines que l'enthousiasme faisait gonfler sur son crâne étaient moins visibles, la voix était plate. Castoriadis s'ennuyait. Plus tard il dira à Philippe Gottraux, que le groupe ne lui apportait plus rien : cela se sentait ! Son esprit n'était plus avec nous : il se trouvait dans son opus en cours. Tant que celui-ci n'était pas achevé, nous survivions. Le juge, chez Staline, ayant encore à écrire, l'accusé pouvait respirer. La page achevée, c'était, au bout du couloir, la balle dans la tête. Castoriadis n'était certainement pas Staline, mais telle était la situation : dès que Castoriadis serait arrivé au bout de ses idées, il était certain que SouB serait exécuté. Quelle était donc la quête du fondateur de SouB et qu'était la page sur laquelle il peinait ?

*

* *

« Marxisme et théorie révolutionnaire » était bien plus que ce que son titre annonçait. L'opus était en vérité un adieu à la politique et le début de la translation de Castoriadis du rôle d'animateur d'un groupuscule politique obscur à celui d'un des grands esprits de ce temps, translation qu'il mena avec la détermination, le courage et la ruse d'Ulysse.

À l'OCDE, il est monté de grade et dirige maintenant le service des études. Cela lui permet de fermer la porte de son bureau et de s'isoler pendant de longues heures. Il se donne le temps de réfléchir, le stylo à la main. Tout d'abord, il règle son compte à Marx, une nouvelle fois. En 1949 les jeunes créateurs de SouB applaudissaient dans le marxisme son caractère granitique. Granit : la roche qui ne bouge pas, sur laquelle, comme les alpinistes le savent, on laisse la peau de ses doigts. C'est ce caractère que Castoriadis reproche maintenant à Marx : sa prétention de tout expliquer, passé, présent et futur, son indifférence aux hommes, que l'histoire, selon lui, manipule comme elle le veut et conduit là où cela lui convient. Le côté « savoir absolu » a permis à la bureaucratie soviétique de justifier ses crimes : quand on sait tout, on peut tout. Ravager le pays, affamer la paysannerie, interdire aux ouvriers de quitter leurs usines, parquer des millions d'hommes dans la steppe sibérienne, c'est la voie nécessaire au socialisme – le savoir prouve et autorise.

Le stylo court toujours, secrétaire et collaborateurs, passant la tête dans la porte, sont gentiment invités à revenir un peu plus tard, les organes de l'OCDE, fortement huilés, n'ont pas besoin de chefs pour tourner. Après l'exécution de Marx, on tombe sur la question inévitable : comment éviter de commettre son erreur ? Comment ne pas faire de la pensée de SouB (c'est à dire de Castoriadis) un savoir absolu ? Castoriadis tire à la ligne, entasse les feuillets. Pendant qu'il musarde, une direction de pensée lui vient, se clarifie, s'impose : Marx a-t-il jamais vraiment compris ce qui faisait qu'une société était justement une société ? Pour lui, celle-ci était un système de production, des esclaves bêchant la terre, des bœufs tirant des charrues, des machines tournant des pièces : du matériel ! Erreur : ce qui fait une société, pense Castoriadis dans une illumination, c'est l'imaginaire. L'homme de la rupture avait trouvé le thème qui lui permettra de s'arracher aux serpents de Laocoon.

Il teste son idée. « Toute société jusqu'ici a essayé de donner une réponse à quelques questions fondamentales : qui sommes-nous, comme collectivité ? que sommes-nous, les uns pour les autres ? où et dans quoi sommes nous ? que voulons-nous, que désirons-nous ? que pouvons-nous manger ?... » Qui répondra à ces questions dont la réponse ne se trouve certes pas sous les sabots d'un cheval ? Écartons l'expérience et la raison : celles-ci fonctionnent au sein du réel. Les réponses que nous cherchons ne peuvent venir que d'une fonction qui précède le réel et le constitue : l'imagination.

L'imagination vous empoigne, saisit vos pensées, occupe vos rêves, guide vos actes, forme vos perceptions. Le monde n'est pas ce qu'il est, mais ce que vous imaginez qu'il est. Castoriadis vient de commencer une psychanalyse : comme tout analysé, on peut penser qu'il a été soufflé de découvrir à quel point sa vie a été menée en opposition à ce qui lui a toujours importé le plus - la lucidité. Entre l'individu et la société, n'y aurait-il pas une analogie ? Castoriadis se plonge dans les travaux des anthropologues américaines, Ruth Benedict et Margaret Mead, dans l'œuvre de Malinowski, dans celle de Lévi-Strauss, et y entraîne son lecteur. Celui-ci, habitué que la revue se soucie davantage de paysages plus industriels, est éberlué de se trouver traîné sur les bords d'un fleuve amazonien ou sur les flancs d'une colline à Java. Pendant que le lecteur patauge, Castoriadis est, comme d'habitude, devant. Son verdict tombe : l'hypothèse tient le coup, toute société en effet est taillée dans l'imaginaire.

Un exemple : le découpage de la population entre gens d'en haut et gens d'en bas, serfs et seigneurs, bourgeois et nobles, ouvriers et capitalistes. Selon les marxistes, cette division démarre à partir du moment où, la productivité du travail agricole ayant augmenté, un surplus arrive : que faire de ce surplus, comment le répartir ? Réponse traditionnelle : il reviendra, ce surplus, à ceux qui sont les plus forts militairement, les guerriers, ou aux plus respectés du fait de leurs fonctions religieuses, les prêtres. Ce serait l'origine de la première division. Stupidité ! tranche Castoriadis. Comment différencier les hommes si on n'a pas en tête l'idée qu'il puisse exister, d'abord, une différence, comment hiérarchiser ces différences si on ne dispose pas de l'idée que certains hommes sont supérieurs à d'autres ? Il faut donc creuser, et en creusant on tombe, évidemment, sur l'imagination. Voilà le lecteur entraîné aux premiers jours de l'aventure humaine. « À partir d'un "moment" - ce moment, Castoriadis le place tout au début des temps historiques - les hommes se sont vus et se sont agis les uns les autres non pas comme alliés à aider, rivaux à surclasser, ennemis à exterminer ou même à manger, mais comme "objets à posséder". » C'est l'imagination qui suggère que tel homme, appartenant à tel type, n'est pas ce qu'il est en réalité, un homme, mais une bête de somme ! C'est du délire, évidemment, puisque ces bêtes de somme sont en vérité des hommes, des esclaves, des serfs, des ouvriers. Mais ce délire s'est perpétué de siècle en siècle, si bien que lorsqu'un manager aujourd'hui donne un ordre à un subordonné, il est l'objet d'une folie plusieurs fois millénaire.

Castoriadis peut capuchonner son stylo : l'essentiel de sa théorie se trouve sur les feuillets qui s'accumulent sur sa table. Reste à énoncer les délires qui constituent le capitalisme, ce qui est vite fait, tant le constat de ses folies court déjà le monde. Délire de la technique. Celle-ci s'est déchaînée : elle a elle-même pour but, et n'a, en dehors de cette autoréférence, aucune « fin assignable. » Elle s'est autonomisée, progressant et se répandant pour elle-même. Délire de l'économie : « L'économie du capitalisme moderne ne peut exister qu'en tant qu'elle répond à des besoins qu'elle confectionne elle-même. » Délire dans l'organisation de la production. Les ouvriers sont réduits à quelques gestes et n'ont à mettre en œuvre que quelques portions de leur intelligence. Délire qui voit le schéma technique, l'arbre hiérarchique, le réseau des messages, remplacer la réalité : « La réalité n'existe que pour autant qu'elle est enregistrée, à la limite le vrai n'est rien et le seul document est vrai ».

En lisant la nouvelle théorie de Castoriadis, il me semblait qu'il s'agissait là d'un adieu à tout ce que nous avions cru précédemment, grâce à lui, mais aussi du fait des contributions des Lefort, Mothé et autres, du fait aussi de la culture du groupe, création collective. SouB, c'était, essentiellement, l'idée que l'histoire n'était pas faite d'en haut, par les grands hommes et les organisations, mais était l'œuvre des gens d'en bas, ouvriers, employés, techniciens, jeunes gens, femmes, artistes, alpinistes et sportifs de tous genres. Nous n'acceptions pas l'idée du berger et rejetions la notion selon laquelle les masses étaient manipulées et conduites par les appareils : en l'homme existait une tendance à l'autonomie qu'aucune force, à la longue, ne pouvait contraindre. Or voici que Castoriadis, saisi par une sorte de pessimisme abyssal, vouait la totalité de la société, du bas jusqu'au sommet, à un imaginaire fou, à un rêve suicidaire. Je sentais qu'il existait une clientèle pour cette thèse (qu'il n'avait certainement pas convoquée, lui), composée d'intellectuels, de politiciens et de bureaucrates qui prédisaient la course du monde vers le malheur, tout en considérant détenir la clé de sa sauvegarde : « Suivez-nous ou bien… ! » Je constatai avec amertume que Castoriadis, qui affirmait avec tant de force que les hommes faisaient collectivement l'histoire, en venait maintenant à professer le contraire : c'était l'imaginaire capitaliste qui menait le monde.

(Trente-ans plus tard, je suis au Japon où me conduit fréquemment mon travail. Pour combattre les effets du jet-lag et trouver ainsi le sommeil, je dors devant la télévision allumée, le son coupé. Cette nuit-là (ou était-ce le jour ?), je m'éveille soudain pour me trouver face à l'image de Cornelius Castoriadis : grand crane nu, sourire qui allume son visage rond, regard étincelant, il est tout là. Je mets le son mais la voix off en japonais m'empêche de comprendre ce qu'il dit. L'homme qui avait vécu dans l'obscurité est maintenant assez connu pour que son image puisse voyager à travers l'espace et porter son message aux quatre coins du globe. J'avais gardé son numéro de téléphone, je l'appelle. Une voix chargée d'énergie, que je reconnais aussitôt, m'accueille : c'est lui. La nostalgie me mord le cœur. Nous prenons rendez-vous pour se revoir à Paris. La rencontre est retardée pour des raisons dont je ne me souviens pas. Quelque temps après, en vacances dans mon chalet de montagne, j'ouvre Le Monde et lis l'annonce de sa mort.)

*

* *

Proust a décrit, dans *Un amour de Swann*, la longue déambulation de l'amour mourant. Tandis que déjà il s'éloigne, l'amant ralentit son pas et se persuade que la relation qu'il a avec la personne aimée peut être sauvée : un peu plus de compréhension et tout ira pour le mieux. L'idée de la séparation lui perce le cœur, le souvenir d'un sourire, de quelques bons mots, vient soutenir l'optimisme. Mais l'œuvre de dégradation n'est pas suspendue pour autant. Avec les bons souvenirs viennent les mauvais, les soupçons accourent. La distance entre soi et l'autre se présente à nouveau comme un gouffre s'élargissant, se creusant. Le regard que l'on jette, à travers ce gouffre, devient cruel : qu'avais-je donc trouvé à ça ! Un air de musique, pour Swann la fameuse sonate de Vinteuil, et voilà la cruauté, la méchanceté se teignant de mélancolie, mais la décision est prise : quoi qu'il en soit, les jeux sont faits, je vivrai désormais seul, bardé de toutes sortes de défenses contre le retour de la passion. Est-on arrivé au bout du chemin ? Non, il faut encore quelques tours. L'amant n'est-il pas trop cruel pour lui-même ? Ne devrait-il pas se ménager ? Pourquoi ne pas accepter une passion diminuée, indulgente, qui ne fasse pas de mal ? Sur le chemin de la rupture, l'amant s'arrête une fois de plus, pensif. Puis repart, car au bout du chemin l'attend, impatient, celui qui brûle de prononcer le jugement fatal : « Dire que j'ai gâché des années de ma vie, que j'ai voulu mourir, que j'ai eu mon plus grand amour, pour une femme qui ne me plaisait pas, qui n'était pas mon genre. »

Je ne me souviens pas qu'il y ait eu un événement précis qui ait soudain planté dans mon esprit cette idée extraordinaire, scandaleuse : SouB, ce n'est pas pour moi, ce n'est pas mon genre ! Je n'étais pas en désaccord avec les positions que le groupe avait prises au moment de la dernière scission : j'adhérais à tout ce que Castoriadis avait écrit durant et après cet épisode. Mon étude sur la hiérarchie contredisait rudement les positions de Castoriadis, mais je ne m'en rendais pas compte : je croyais décrire la « crise de la société » comme elle était. La pensée du groupe, la pensée de Castoriadis, c'était encore la mienne. Quant aux tâches qui revenaient à tout membre du groupe, je les accomplissais volontiers. Je rédigeais des articles, faisais des critiques de livres, prenais la parole, au sein du groupe et en public. Entre moi et le groupe, je ne sentais pas de coupure. La division, elle était en moi.

Le sentiment que j'étais deux en moi finit par me clouer la langue. Il arriva que je me trouvais, un soir, devant une assemblée d'étudiants. Je suis au-dessus d'eux, sur une petite estrade, mes auditeurs sont assis sur le sol, jambes croisées, visages levés vers moi, attentifs. Nous sommes dans une sorte d'atelier. On me présente : « Un camarade de Socialisme ou Barbarie qui va nous parler de son groupe ». Silence, on attend. J'ouvre la bouche, mais rien ne sort de ma gorge. Une éternité semble passer, que je romps soudain en empoignant mes papiers, des tracts et quelques numéros de la revue et, faisant un chemin parmi mon public, je me lance dans l'escalier lâchement, sans tourner la tête.

J'allai de moins en moins souvent aux réunions. Lorsque je m'y rendais, ayant grimpé l'escalier qui menait à la salle du Tambour, je retrouvais le même sentiment de bonheur que celui qui m'accueillait au début de mon adhésion au groupe. Petit avec sa vigoureuse poignée, Garros avec son regard fin, Castoriadis avec un sourire qui fendait la rondeur de son visage, m'accueillaient comme autrefois. Je saluais comme un vieux les étudiants de la dernière promotion que je connaissais mal. Je me sentais parmi les miens. Au travail, je vivais une existence de taupe. Ceux qui me saluaient, saluaient un « jeune cadre ». J'apportais, dans mes contacts avec le personnel, mes préoccupations de chef au petit pied : production, efficacité, rapidité, précision. Aux clients, je vantais la qualité d'un matériel qui restait pour moi plein de mystères. Prenant l'avion, je me trouvais avec d'autres cadres, respirant, le matin, l'odeur sucrée de leur lotion after-shave et, le soir, l'aigre sueur d'une dure journée. Allais-je devenir cela ? SouB était mon radeau de sauvetage, mes camarades étaient de vrais hommes, je pouvais être un homme vrai parmi eux, ne plus jouer de rôle, dire les choses comme elles étaient.

Le rituel de la réunion se déclenchait. D'abord les informations de l'étranger. Le peu que nous recevions mesurait suffisamment la température du monde : ici des grèves sauvages, là des syndicats qui trahissaient la classe ouvrière, là encore, en Amérique, des étudiants qui se révoltaient. Pendant qu'on notait ces bons points, une barre commençait de m'enserrer le front. Ces événements, en quoi me concernaient-ils ? Cet effort pour embrasser l'actualité du globe, voulais-je vraiment l'accomplir ? Ce langage stéréotypé était-il le mien ? Je me sentais faux au bureau, n'étais-je pas faux ici, également ? Tout le restant de la réunion ne faisait que confirmer le sentiment d'étrangeté qui avait sauté sur moi : étranger à mon travail, j'étais aussi étranger au sein du groupe. Alors je murmurais à mes voisins que, moi, je travaillais et devais me lever tôt et m'éclipsais.

Vint le soir où j'annonçai ma démission. Castoriadis tourna vers moi un regard navré. Lorsque nous nous quittâmes, à la fin de la séance que j'avais suivie cette fois jusqu'à sa fin, il me serra longuement la main : « Reviens-nous ! » C'est ce que je fis. Ce retour, je ne me l'explique pas, sinon qu'il s'agissait d'un de ces allers et retours de la passion à la Swann. Lorsque je revins, j'eus de chaleureux saluts, des « ah te voilà ! » joyeux, des « tiens, je suis content que tu sois de nouveau avec nous ! » amicaux. Castoriadis, lui, ne me dit rien : ses yeux s'illuminèrent. Fils prodigue, j'étais rentré au bercail.

*

* *

Durant ces allers-retours, je me remis à l'alpinisme que j'avais pratiqué, adolescent, pendant plusieurs années avec le guide suisse François Carron. Tous deux, nous avions parcouru le massif du mont Blanc, le Cervin, les 4.000m du Valais. Durant les années 60, Danielle et moi passions nos vacances chez ma belle-mère, en face de St Tropez. Je m'aperçus que les Alpes descendaient à quelques dizaines de kilomètres de Nice. Je m'y rendis, découvris le massif de la Vésubie, avec ses sommets granitiques et son paysage chamoniard avec mille deux mille mètres en moins. Comme j'allais grimper seul, je m'inventai un système d'autoassurance.

Celui-ci exigeait que j'escalade les passages difficiles deux fois : une première en m'assurant depuis le bas, une seconde, étant redescendu, en refaisant le même chemin, assuré par le haut. Avec ce système bricolé, je m'attaquai aux voies un peu ardues du massif.

Devinant un chemin à travers buissons et rochers, je me rendais au pied de la voie. Le ciel était encore noir, semé d'étoiles d'un bord à l'autre : le départ se faisait tôt, car les marches d'approche étaient longues, de plus l'orage éclatait régulièrement à la mi-journée, il fallait sortir de la voie avant de connaître ces déluges d'eau dont le Midi a le secret. La roche, au moment où je parvenais au pied de la voie, était encore froide. Avec un descriptif souvent imprécis, je tentais de repérer le départ, tiraillé entre la peur et l'exaltation. Une fois, avec Carron, j'avais calé : c'était au pied d'une des aiguilles de Chamonix, j'avais intensément froid aux mains ayant oublié de prendre mes gants. Carron: « Décide si on y va ou pas !» Je décidai de renoncer, emportant avec moi ma honte. En Vésubie, seul avec moi-même, il n'était pas question de faire marche arrière : trop facile ! Je me jetais en avant, déroulant mon système primitif de cordes, de mousquetons et de pitons, m'élevant progressivement sur le granit qui s'échauffait. La vue se dégageait, l'abîme se creusait, la confiance me revenait. À mes pieds des bouquetins jouaient, glissant le long des névés sur le dos. Au-dessus de nous, les aigles tournaient, puis, virant d'aile, glissaient vers d'autres courants. Je contemplais ce qu'il restait de faire. Un coup d'œil à gauche : la vire s'interrompait sur un à-pic. À droite, ce n'était pas mieux. Va pour la voie directe, bien qu'il était impossible de savoir si, derrière cette bombance qui bloquait la vue, des prises allaient s'offrir à mes doigts. Je me lançais, me disant que ma dernière heure était venue.

Décider, exécuter, craindre, triompher, être responsable de soi : ce schéma, qui me donnait tant de plaisir en montagne, je l'adoptai pour l'intégralité de ma vie, suivant ainsi la pente de l'époque. L'illumination qu'avait été la découverte du groupe, l'impression que tous mes intérêts - le jazz, le cinéma, la littérature, la philosophie - avaient trouvé leur raison d'être dans une cause majeure, le sentiment d'avoir trouvé enfin ma place au monde, l'exaltation de faire partie d'une charge héroïque contre un régime inhumain - tout cela, je l'oubliai. Certains auraient reculé pas à pas, concédant ceci, repoussant cela, assurant qu'ils étaient « fondamentalement d'accord… mais… ». Je fis comme beaucoup de jeunes gens : je passai à d'autres passions.

*

* *

Un an après la parution du dernier numéro de la revue, le quarantième, une poignée de membres du groupe, si on pouvait encore parler de membres, puisque le groupe ne se réunissait plus, acceptèrent un dernier texte de Castoriadis annonçant la dissolution de SouB et l'interruption de la publication de la revue. On se trouvait au mois de juin 1966. Le texte affirme, d'emblée : « Dans les sociétés du capitalisme moderne, l'activité politique proprement dite tend à disparaître. » D'où vient cette disparition ? De la « privatisation croissante de la population » et du fait que rien n'est venu compenser cette tendance du côté de la classe ouvrière. On aurait pu penser que « les luttes dans la production, matériellement constatées et analysées sur les cas de l'industrie anglaise et américaine, luttes qui mettent en question les relations de travail sous le capitalisme et traduisent, sous une forme embryonnaire, la tendance gestionnaire des ouvriers », se seraient multipliées : or, observe Castoriadis, cela n'a pas été le cas, en raison de « la transformation accélérée des ouvriers en employés » et « le brouillage des contours des classes »

Ne devrait-on pas, cependant, s'accrocher au projet initial du groupe, qui était d'être le promoteur d'une « organisation politique nouvelle », en attendant que le vent tourne ? Non, tranche Castoriadis, car il manque désormais les deux éléments indispensables pour créer une organisation politique : les ouvriers, qui ne voient pas en quoi une telle organisation peut leur apporter quoi que ce soit, et les intellectuels, motivés seulement par la « curiosité ». En ce qui concerne les « jeunes » qui ont voulu rejoindre la lutte, continue-t-il, ils « l'ont souvent fait à partir… de motivations qui tenaient beaucoup plus d'une révolte affective et du besoin de rompre l'isolement auquel la société condamne aujourd'hui les individus, que de l'adhésion lucide et ferme à un projet révolutionnaire. »

Il noircit le trait. Ce qui manque à la révolution c'est bien plus que des militants et un public : c'est d'être voulue. Si les gens étaient lucides, ils comprendraient qu'on ne peut vivre qu'en se prenant en charge soi-même. Mais, dans le cadre du capitalisme, la lucidité fuit ; on ne veut pas, on est voulu. « L'immense capacité des hommes à se leurrer sur ce qu'ils sont et ce qu'ils veulent s'est-elle modifiée en quoi que ce soit depuis un siècle ? » Il rappelle les illusions de Marx et de Freud : l'un et l'autre pensaient que les hommes parviendraient, plus ou moins, à accéder à la lucidité, à comprendre quelles forces les dominaient - sociales et historiques (Marx), ou plantées dans l'inconscient (Freud). « Marx pensait que la réalité forcerait les hommes à "voir avec des sens sobres leur propre existence et leurs rapports avec leurs semblables"… Freud croyait que les progrès du savoir, et ce qu'il appelait "notre dieu logos" permettraient à l'homme de modifier graduellement son rapport aux forces obscures qu'il porte en lui. » Ils avaient tort, l'un comme l'autre. Ce qui, en fin de compte, a vaincu la révolution, ce n'est pas la disparition de la classe ouvrière, ce ne sont pas les frigidaires et pavillons de banlieue ni tous les réconforts de la consommation, mais « l'immense capacité des hommes à se tromper eux-mêmes ». Dans un monde livré à l'imaginaire capitaliste, habité par des aveugles et par des demi-fous, comment croire que la révolution soit possible ? On ferme la maison !

*

*   *

Comment la poignée de jeunes gens qui, dix-huit ans auparavant, avait lancé un défi bravache aux deux puissances qui dominaient la planète, en était-elle arrivée à un constat aussi désastreux ?

Dès ses débuts, SouB avait été inspiré par deux tendances : l'une considérait le monde avec curiosité et amitié, l'autre n'en avait rien à fiche et voulait rebâtir ce monde, des fondations jusqu'au toit. L'œil d'un côté, l'imagination constructiviste de l'autre. La tendance « curiosité » fut celle qui distingua, dans le monde de l'après-guerre, des traits que la plupart des observateurs ignorèrent longtemps : la dictature d'une bureaucratie monstrueuse en Russie et la totale absence de socialisme dans son empire ; l'impossibilité que ce régime puisse durer ; la bureaucratisation du mouvement ouvrier à l'Ouest comme à l'Est ; les nouvelles relations de travail en Occident, l'auto-organisation des ouvriers, les grèves sauvages, l'élargissement de la crise de la société. La même tendance « amicale » fit que le groupe, contrairement à tous les autres groupes marxistes, et même de gauche, abandonna rapidement la thèse de la paupérisation de la classe ouvrière, admit l'élévation générale du niveau de vie, et comprit l'inanité d'une stratégie qui mettait en avant les seules revendications économiques des salariés. Le réalisme du groupe fit qu'il ne tomba pas dans le panneau de la révolution du tiers monde : libération ne voulait pas dire liberté, une classe bureaucratique et affairiste étant prête à prendre la place des colonisateurs.

La seconde tendance du groupe, la tendance « constructiviste », était fascinée par le monde à venir, dont elle fit une description minutieuse. Elle haïssait le vieux monde, à l'exemple de la plus grande partie de la classe intellectuelle : les patrons, le travail industriel, l'argent et le matérialisme, les carrières, la consommation - bref tout ce que Baudelaire détestait lui aussi : affaires d'écurie ! Le Nouveau Monde était l'exact contraire de cette fange. Il fallait que le capitalisme sombre - non seulement son système économique, mais aussi ses manières de vivre, sa culture, et maintenant, selon Castoriadis son imaginaire, celui-ci cédant la place au constructivisme des nouveaux bergers, rebaptisé « lucidité ».

Marx avait enseigné qu'on passerait de l'étable au paradis par une convulsion nécessaire : l'économie détruirait inévitablement le capitalisme et donnerait les clés de la société au prolétariat. Lénine, plus réaliste, dont le frère, agitateur maladroit, avait été pendu par le tsar, estima que seule une organisation de professionnels de la révolution était apte à pousser le capitalisme dans le fossé. SouB considéra, au contraire, que la destruction du capitalisme ne résidait pas dans une malédiction économique, qu'elle ne viendrait pas non plus des manœuvres habiles d'un parti : elle était logée dans le fait que, au sein des usines, se développait nécessairement une esquisse d'auto-organisation ouvrière, esquisse qui, en se généralisant, ferait basculer la société. Or, en vérité, la tendance de l'autonomie, que l'œil curieux de SouB avait eu le mérite de percevoir, migra hors de l'usine, s'empara des mœurs et devint l'affaire de tous. La liberté progressa, mais pas de la manière que nous prévoyions. Socialisme ou Barbarie aurait pu continuer d'être l'organe exprimant l'existence, les insuffisances, les difficultés et l'ambiguïté de ce progrès de la liberté. Nous n'en eûmes pas l'idée. En fin de compte, malgré nos efforts, les serpents de Laocoon continuèrent de nous emprisonner. Il nous fallait un paradis : faute d'en connaître le chemin, nous préférâmes nous saborder.

*

* *

Selon les vers célèbres de *La Tempête* :

« Nous sommes de la même étoffe que les songes

Et notre vie infime est cernée de sommeil. »

L'autonomie est un songe qui hante l'histoire. Il travaille toujours les hommes, ce songe, remuant ceux qui sont encore très loin de contrôler leur destinée et continuant d'être l'objet, pour ceux qui ont acquis une large zone d'indépendance dans leur vie, d'une demande d'élargissement supplémentaire. Il est vrai qu'il existe de multiples forces qui nient cette tendance et qui voudraient humilier les hommes sous les pouvoirs, les dogmatismes, les « imaginaires », et les plonger dans un sommeil sans fond. Certaines de ces forces sont religieuses, elles alimentent la haine d'une partie du monde pour l'autre et arment le bras des terroristes. D'autres relèvent de dictatures plus ou moins grotesques.

Parmi les forces hostiles à l'autonomie, il faut également compter les idéologies que notre propre monde occidental a conçues. La plus répandue de ces idéologies est celle qui attribue à notre civilisation tous les malheurs qui se sont abattus sur le monde : racisme, division, exploitation, pollution - le message est incessant. Le résultat, et sans doute le but, de ce martèlement est de courber notre fierté et de nous convaincre que, seuls, nous sommes perdus. Heureusement, de nouveaux bergers sont là qui nous conduiront là où nous ne saurions aller seuls : ils ont la carte en poche. S'il fallait une révolution, ou encore un changement profond de la société, c'est eux qui l'effectueraient, pas nous.

SouB considérait que les bergers n'avaient rien en poche et que tout ce qui était valable en matière de conduite de la société venait de la société elle-même, venait du troupeau, des écuries, venait d'en bas, des « gens », venait de leurs initiatives, de leurs inventions, de la manière dont ils percevaient le monde, des façons dont ils entendaient travailler, des relations qu'ils nouaient les uns avec les autres, de ce qu'ils faisaient de leur vie. Les gens : tour de langue qui représente le legs le plus précieux de ce groupe solitaire, courageux, taillé dans l'étoffe des songes et dont j'ai tenté de faire revivre la présence dans le fracas de l'histoire.

FIN

TABLE DES MATIERES

Récits, Mémoires, Témoignages aux éditions L'Harmattan

Dernières parutions

SAGESSE – Histoire de Mademoiselle Karine
Crespin Barbarie
Barbarie rédige à treize ans une quatrième de couverture présentant et résumant cet ouvrage ainsi : Dans une petite ville appelée : "La Marée" naquit une fille : Karine. Tout au long de ce livre vous pourrez vivre quelques moments simples de sa vie, sa rencontre avec un aveugle, ses idées, ses pensées toujours simples. Ce livre s'adresse aussi bien aux enfants à partir de treize ans qu'aux personnes âgées... L'histoire est dans la plus grande simplicité. Karine prend conscience de la vie et nous la suivrons jusqu'à ...
(Coll. Histoire de vie et formation, 19.50 euros, 184 p.)
ISBN : 978-2-336-00473-0, ISBN EBOOK : 978-2-296-51206-1

SUR LES TRACES DES SANS VISAGE
Récit d'une adoption
Frutier Elisa
Qui suis-je ? D'où viens-je ? À qui vais-je ressembler ? Pourquoi dois-je toujours expliquer que j'ai été adoptée ? Ces questions, toujours sans réponses, hantent Élisa Frutier. Ce récit est un journal de voyage et nous transporte dans le quotidien d'un orphelinat à Aracaju dans lequel elle a séjourné pendant trois mois. Une histoire vraie, poignante, parfois drôle, toujours empreinte d'humanité.
(Coll. Trans-Diversités, 13.50 euros, 124 p.) *ISBN : 978-2-296-96242-2*

TOI MON ENFANT DIFFÉRENT, MON ROI, MON ANGE
Récit d'une mère face au handicap
Sarah Linda - Préface de Philippe Pozzo di Borgo
À 26 ans Linda devient maman d'un enfant «différent». Né à six mois et demi, Yoann passe ses deux premiers mois en réanimation. Une grande bataille commence alors contre la fatalité et les pires diagnostics. Le fils de Linda vient de fêter ses trente-cinq ans, sa mère peut enfin raconter ses combats et ses victoires sur l'impossible. Ce livre témoigne de l'espoir, des doutes, des révoltes et surtout de l'amour qui a entouré cet enfant.
(17.00 euros, 170 p.) *ISBN : 978-2-296-99110-1*

VIVRE LA FRATERNITÉ AU COEUR DU MONDE
Maurin Maurice - Préface d'Hervé Janson
Dans la mouvance de Charles de Foucauld (1858-1916), la Fraternité des petits frères de Jésus essaie de vivre la fraternité au coeur du monde. Maurice Maurin rencontre les petits frères de Jésus en 1953. Cela le conduira en Algérie, au

Maroc, en Afrique centrale, en Israël, puis en Europe de l'Est. Depuis plus de vingt ans, il vit en Pologne.
(Coll. Histoire de vie et formation, 28.00 euros, 278 p.) ISBN : 978-2-296-99184-2

TEMPS DE VIE ET TRANSHUMANCE
Carnets de voyage d'une Amazone 2004-2011
Moneyron Anne - Préface de Gaston Pineau
Anne Moneyron, auteur de plusieurs ouvrages, revient ici avec un ouvrage très personnel, écrit avec sa chair, labourée par sept ans d'épreuves. En sept ans, elle a perdu un sein, la vue à un oeil après une tumeur au cerveau. Ces pertes l'ont amenée aux confins d'elle-même et du monde. Fidèle à sa pulsion d'autoformation vitale, elle a transhumé à travers et au-delà de ses terres connues, avec un feu brûlant en elle. Elle en a fait, ose-t-elle dire, un chemin de fortune, un moyen d'autoformation existentielle.
(Coll. Histoire de vie et formation, 15.50 euros, 158 p.)ISBN : 978-2-296-96765-6

SURVIVANTE
Du Kurdistan irakien aux ports du Pas-de-Calais
Rijbroek Dominique
Ce récit est basé sur le témoignage volontaire d'une femme qui vit dans la peur. Elle évoque son enfance au Kurdistan irakien dans les années 60, au sein d'une famille de communistes en lutte contre le pouvoir en place, son métier d'enseignante qu'elle exerce tout en se livrant au trafic d'armes, la vie quotidienne dans un Kurdistan ravagé par la politique de l'Anfal. Épouse d'un universitaire, Dila possède dans son pays une position sociale enviée. Jusqu'à ce jour de septembre 2000 où tout bascule...
(16.50 euros, 162 p.) *ISBN : 978-2-296-96827-1*

L'HARMATTAN, ITALIA
Via Degli Artisti 15; 10124 Torino

L'HARMATTAN HONGRIE
Könyvesbolt ; Kossuth L. u. 14-16
1053 Budapest

ESPACE L'HARMATTAN KINSHASA
Faculté des Sciences sociales,
politiques et administratives
BP243, KIN XI
Université de Kinshasa

L'HARMATTAN CONGO
67, av. E. P. Lumumba
Bât. – Congo Pharmacie (Bib. Nat.)
BP2874 Brazzaville
harmattan.congo@yahoo.fr

L'HARMATTAN GUINÉE
Almamya Rue KA 028, en face du restaurant Le Cèdre
OKB agency BP 3470 Conakry
(00224) 60 20 85 08
harmattanguinee@yahoo.fr

L'HARMATTAN CAMEROUN
BP 11486
Face à la SNI, immeuble Don Bosco
Yaoundé
(00237) 99 76 61 66
harmattancam@yahoo.fr

L'HARMATTAN CÔTE D'IVOIRE
Résidence Karl / cité des arts
Abidjan-Cocody 03 BP 1588 Abidjan 03
(00225) 05 77 87 31
etien_nda@yahoo.fr

L'HARMATTAN MAURITANIE
Espace El Kettab du livre francophone
N° 472 avenue du Palais des Congrès
BP 316 Nouakchott
(00222) 63 25 980

L'HARMATTAN SÉNÉGAL
« Villa Rose », rue de Diourbel X G, Point E
BP 45034 Dakar FANN
(00221) 33 825 98 58 / 77 242 25 08
senharmattan@gmail.com

L'HARMATTAN TOGO
1771, Bd du 13 janvier
BP 414 Lomé
Tél : 00 228 2201792
gerry@taama.net

535385 - Juillet 2013
Achevé d'imprimer par

1livre.com
du rêve à la réalité !